财经法治

中国政法大学互联网金融法律研究院文库

李爱君 主编

实务系列 01

中国大数据法治发展报告

李爱君 主编

法律出版社 LAW PRESS·CHINA

中国政法大学2016年校级科学研究专项项目
“大数据的运用与法律问题研究”（批准号16ZFZ001）
第一批资助

编 委 会

序

人类社会正在走入大数据的时代，在网络技术不断成熟的今日，大数据已成为人类未来发展的新能源，并且改变着人类的生存方式、国家政府的管理模式、企业的经营模式，深刻影响着政治、经济、文化的发展，引领人类社会发展的历史潮流。

2015 年 8 月，国务院印发《促进大数据发展行动纲要》，首次明确提出建设数据强国；2015 年 10 月，党的十八届五中全会提出“实施国家大数据战略”。党的十九大报告中提出：“加快建设制造强国，加快发展先进制造业，推动互联网、大数据、人工智能和实体经济深度融合，在中高端消费、创新引领、绿色低碳、共享经济、现代供应链、人力资本服务等领域培育新增长点、形成新动能。”为大数据的发展和应用指明了方向，即大数据已成为我国新时代实体经济的新能源、新增长点、新动能。

在大数据的发展过程中，信息安全已成为世界各国和各行各业普遍关注的热点问题。为实现十九大报告中的大数据发展方向，借鉴近几年世界各国接连完善的大数据相关法律，以期大数据在发挥其作用的同时保障其安全，我国大数据的应用与发展应纳入法治轨道，彰显法治精神，规范大数据的应用行为，明确法律责任，增进效益，保障国家安全、经济安全、人民安全。

中国政法大学《中国大数据法治发展报告》的宗旨为：以大数据应用的法制研究为核心，以推进大数据产业实现规范与发展并举、创新与风险防范并重的立法研究为目标，为以国家安全是核心、经济主体安全是关键、自然人安全是基础的大数据发展的法制环境献计献策和助力助推。报告的研究方式是对我国大数据的法治发展状况进行问卷调查和实证研究，以此发现大数据应用中的法治状况和问题，并通过状况和问题的研究为国家大数据应用法制建设提供实证和理论依据。

《中国大数据法治发展报告》以大数据"法治"为主导；以学科建设、人才培养、教育为视角；以国家、高校、机构、地方政府、企业、公民主体为维度进行调查与研究，进而提出问题和解决问题的理论与观点。《中国大数据法治发展报告》共包括十大部分：大数据法治理论研究评述、大数据法治研究机构综述、大数据立法评述、大数据监管法治现状、大数据司法实践现状、企业大数据应用法治现状、公民保护个人数据法治意识、中国大数据法治存在的问题、大数据法治发展指数报告。

《中国大数据法治发展报告》是首部就中国大数据法治发展现状进行梳理总结的报告，无论是指标体系设计，还是调查方式、范围和分析方法，都是一次尝试和探索，有待于今后的提高和完善。望在社会各界的指导、支持和呵护下，《中国大数据法治发展报告》能够为构建促进我国的大数据发展成为新时代实体经济的新能源、新增长点、新动能的法制环境和为我国成为世界数据强国贡献力量。

李爱君

2017 年 11 月 25 日

Contents

目录

一、大数据法治理论研究评述

随着大数据技术的发展成熟，其相关领域的理论研究也成为各学科近年来的科研热点。但新兴产业的发展不仅需要技术上的支持，更需要政策法规的指引和规范，大数据法治研究势在必行。

大数据法治理论研究是大数据法治的基础，对于解决大数据发展过程中面临的法律问题、构建大数据法制体系、实现大数据产业规范发展具有重要意义。由于大数据技术的特殊性，大数据法治的理论研究范畴跨民法、刑法、经济法、知识产权法、国际法等多个法学学科，包括数据与大数据的法律性质、权利属性和权利归属，数据应用法律关系，个人信息及隐私权保护，数据主权及跨境流动等多方面的法学研究。

本部分从论文、专著、研究课题几个角度介绍大数据法治理论研究的现状，并对其近几年的理论成果、研究热点进行总结，最后对大数据法治未来的理论研究趋势进行预判。

（一）研究现状综述

2013 年开始，我国就已陆续有大数据法治研究的论文发表，中国法学会也开始有相关的课题立项研究。截至 2017 年 10 月，大数据法治的理论研究已经取得了不少研究成果。4 年间，我国各类期刊发表的大数据法治研究论文达 350 余篇，出版专著 10 余部，已立项的研究课题38项(见图1-1),可见大数据法治理论研究的热度。但是总体来讲,我国的大数据法治理论研究还处于初期阶段,对于数据权属等基础性问题尚未达成较为统一的观点,研究内容也较为零散,缺乏深入、系统化的理论研究成果。

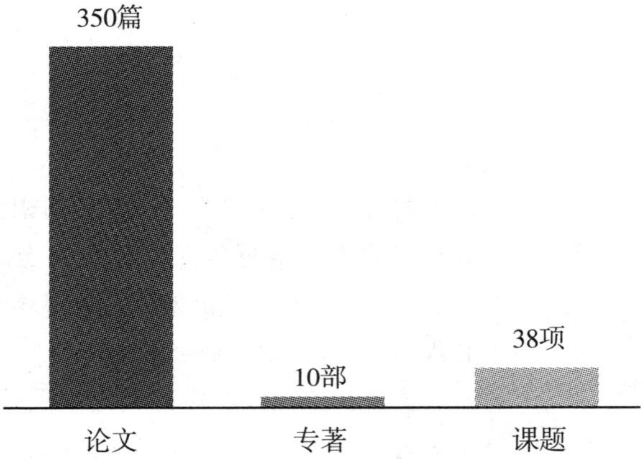

图1-1 大数据法治理论研究成果

论文方面,截至2017年7月,知网可查询的刊登于各类期刊的大数据法治研究论文达350余篇,其中刊登于列入CSSCI目录的法学核心期刊的文章为12篇。研究的主要内容集中在个人信息及隐私保护、数据的权属及应用等法律问题,被遗忘权、大数据版权问题及数据跨境流动、数据主权等问题也受到了许多学者的关注。

专著方面,提及大数据的法治问题的专著虽然不少,但多为综合性的大数据专著,部分专著探讨如何利用大数据技术完善司法和法学研究,就大数据法治相关问题进行理论研究的专著尚少。在现已出版的10余部专著中,个人信息和数据安全的保护是主要的研究方向。

课题方面,截至2017年7月,我国已立项的大数据法治理论法学研究课题共38项,其中国家社科基金课题13项,教育部人文社科基金课题6项,法学会部级课题19项(见图1-2)。从课题的研究方向来看,信息安全、隐私保护、数据交易、电子证据的收集运用、知识产权保护等问题是研究的热点,这也反映了我国大数据法治发展的现实需要。

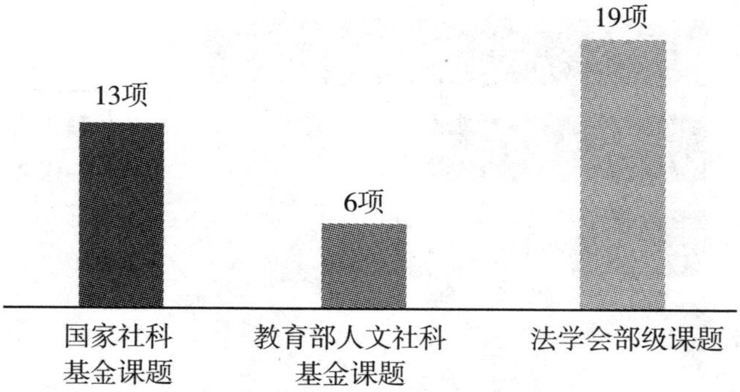

图 1-2 已立项的大数据法治理论研究课题

(二)理论研究现状评析

1. 研究趋势

本部分主要对现有大数据法治理论研究成果的数量及研究方向进行分析。

从大数据法治理论研究成果的数量来看,在论文方面,2013 年起就已有大数据法治研究的论文发表,尽管只有 8 篇,却标志着大数据法治理论研究的开始。接下来的 2014~2016 年,随着法学学者对大数据法律问题的关注度的提高和对大数据法治研究必要性的认识,相关论文的发表总数以成倍增长的趋势逐年递增。

2014 年发表的大数据法治研究论文 42 篇,其中 2 篇发表于核心期刊;2015 年发表的大数据法治研究论文 90 篇,1 篇发表于核心期刊;2016 年发表的大数据法治研究论文 162 篇,5 篇发表于核心期刊;2017 年上半年发表的大数据法治研究论文 58 篇,4 篇发表于核心期刊(见图 1-3)。大数据法治专著也随之出版,2013~2016 年,每年都有大数据法治相关研究的专著出版,但数量始终不多,2013 年 1 部、2014 年 1 部、2015 年 5 部、2016 年和 2017 年各 2 部(见图 1-4)。大数据法治研究的法学课题共 38 个,其中,在 2013 年立项的课题 5 项、2014 年 5 项、2015 年 9 项、2016 年 12 项(见图 1-5)。2017 年已公布的仅 4 项国家社科基金项目课题,其余两类课题尚未公布。从 2013~2016 年的课题总数来看,大数据法治研究的法学课题数量稳步增加,部分课题已取得了初步的研究成果,多以论文刊登的形式发表。总体来讲,大数据法治理论研究的成果在数量上正在快速增长。

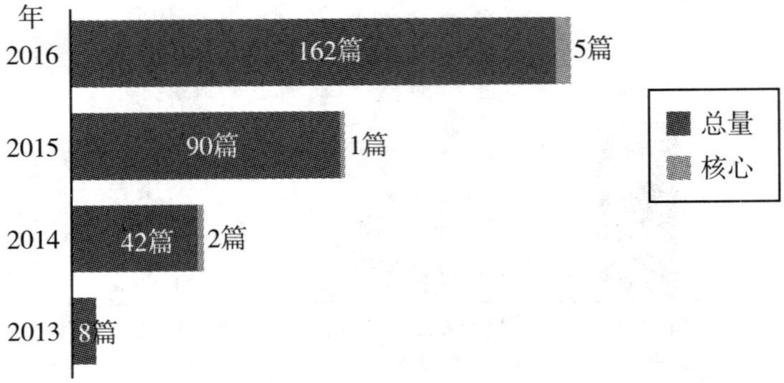

图1－3　大数据法治研究论文发表情况

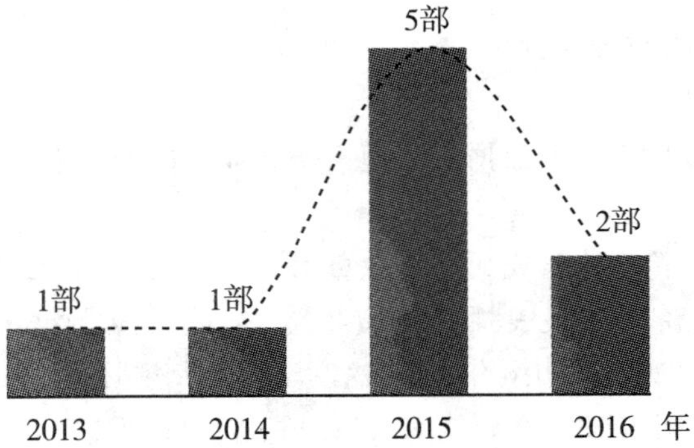

图1－4　大数据法治研究专著发表情况

尽管如此,核心期刊的论文发表量及专著数量却始终不多。从图1－4可以很直观地看出,这两项最具分量的研究成果评价指标,近几年始终数量很少且并没有明显的增长趋势。这恰恰说明,目前大数据法治理论研究虽然正被越来越多的学者关注、探索,成为一个法学界的热门话题,但相对权威、深入的大数据法治研究成果还很少。大数据法治研究仍处在初步的探索和讨论阶段。目前大数据法治研究的多项课题正在研究中(见图1－5),随着越来越多相关成果的取得,相信大数据法治的整体理论研究或许将会更加系统和深入,迈入新的发展阶段。

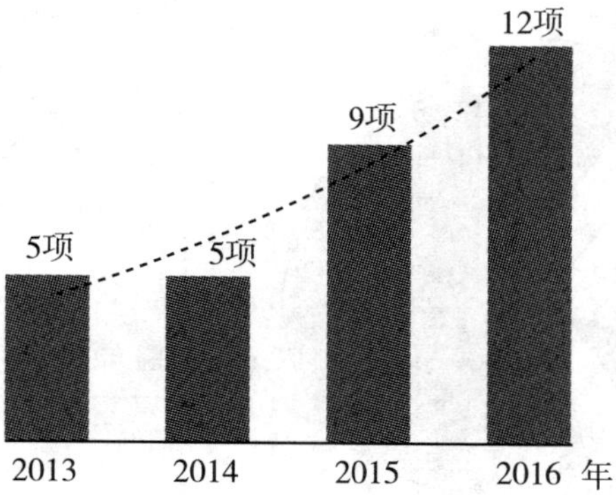

图1-5 大数据法治研究课题

就论文研究内容而言,在350余篇大数据法治论文中,关于个人信息保护问题的130余篇,对隐私保护和被遗忘权进行研究的111篇,数据属性、保护及其收集、存储、交易问题的53篇,大数据背景下的知识产权研究论文20余篇,关于数据跨境流动及数据主权研究的论文12篇(见图1-6)。其余的论文则是在大数据技术的背景下,对某一具体的法律问题进行研究,研究领域广泛、主题多样,如侦查大数据挖掘技术应用的法律指引、数字遗产的可继承性等。

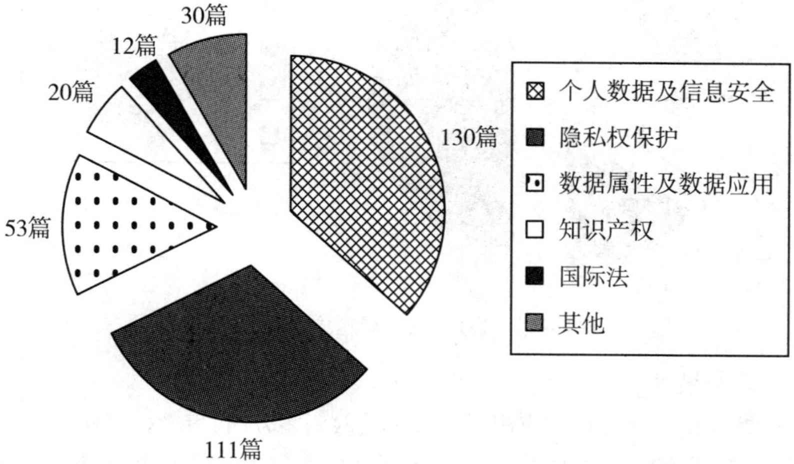

图1-6 大数据法治论文主要研究方向

在10部专著中以个人数据及信息保护为主要研究内容的有6部,隐私权保护研究的有1部,数据应用法律问题研究的有2部,知识产权相关研究的1部(见图1-7)。

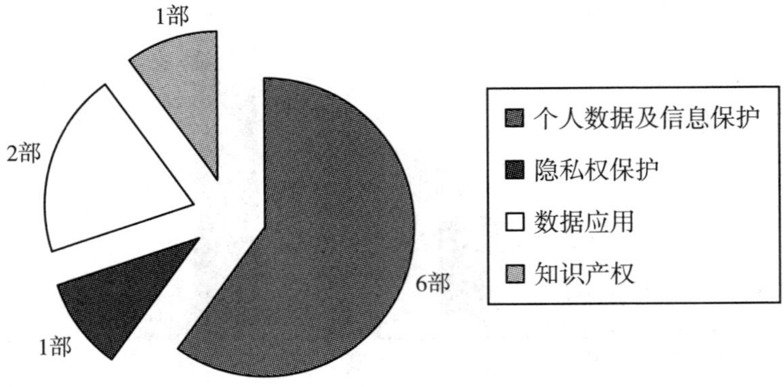

图 1－7　大数据法治专著主要研究方向

而在 38 项大数据法治课题中，有 19 项涉及大数据环境下的个人信息及隐私保护问题，6 项研究刑法领域的大数据法治问题，4 项关注于数据交易产生的法律问题，其余 9 项分别关注于消费者安全、网上银行安全保障义务、知识产权保护等法律问题（见图 1－8）。

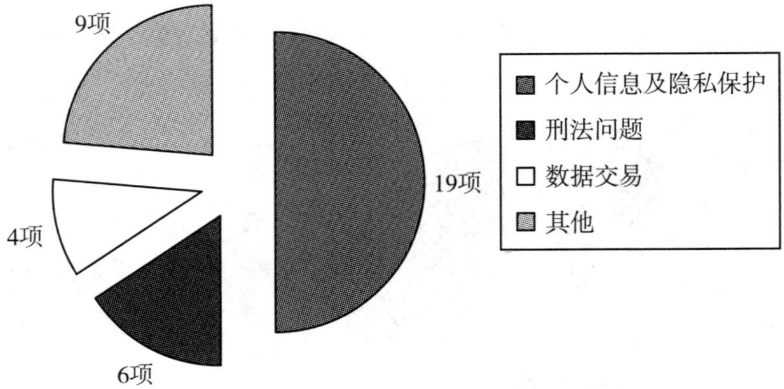

图 1－8　大数据法治课题主要研究方向

2. 研究热点

大数据技术现已广泛应用于社会生活的诸多方面，与之相应地，大数据法治理论研究所涉及的领域也十分广泛，此处分别对其主要研究热点进行介绍。

（1）大数据法治体系

大数据法治理论研究，首先需要从宏观层面上明确大数据法治体系的构建方式。大数据不仅是一场技术革命，一场经济变革，也是一场国家治理的变革。要抓住机遇,实现数据强国,就要将大数据应用纳入法治轨道,在大数据治理中彰显法治精神。

目前,已有学者从大数据立法的基本原则、大数据与大数据法的法律定义、调整对象、法律责任及大数据的监管等多个角度构建国家大数据法治的立法体系,并指出,应对大数据进行适度监管,规范各类数据的使用、交易等环节,明确法律责任,增进效益,以保障国家安全、人民安全。

(2)个人信息及隐私保护

数据处理技术的飞速发展正在深刻改变着人们的生活,大数据技术被逐渐利用于企业经营及社会治理的方方面面,带来了巨大的经济效益和社会价值,但与此同时,当越来越多碎片化的个人数据被大数据技术进行二次利用或开发,人们的个人隐私权似乎越来越透明,个人信息及隐私保护所面临的严重威胁,甚至已逐渐超出了传统个人信息及隐私保护机制的应对能力。在此背景之下,如何平衡个人信息及隐私保护与合理开发利用数据资源之间的关系,成为大数据法治理论研究中最受关注的课题。

目前,关于加强个人信息及隐私保护的主流观点,一方面,是呼吁个人信息保护法的出台,以改变我国个人信息保护法律体系过于分散的现状;另一方面,许多学者提出,应通过完善刑法及侵权责任法中的有关规定、健全行政监管、强化技术保护和加强行业自律等路径对个人信息进行更加全面的保护,提高隐私权的救济可能性,以隐私权法益在实践中更好地得到保护为价值取向。还有学者提出引进欧盟的"被遗忘权",赋予信息主体对网络信息领域的个人信息"删除请求权",通过对遗忘权适用限制的规定,明确个人信息可被合理使用的空间,促进个人信息数据的高效应用。

(3)数据的法律性质、权利属性及权利归属问题

大数据技术的基础在于对数据的获取、存储、分析、处理和应用,若数据的法律性质和权利属性不明确,则将直接影响到这些数据行为的进行,阻碍大数据技术应用的进一步深化和普及。因此,明确数据的法律性质、权利属性,明确数据的权利归属及正当化数据交易的研究,是大数据法治理论研究的基础内容。

关于数据的法律性质,学界的代表性观点包括邻接权客体说、财产权客体说、数字资产说等。邻接权客体说认为,使用邻接权法保护大数据具有较好的适用性和制度上的比较优势,而且有可借鉴的国际立法先例。财产权客体说则认为,数据具有明显的商品属性,具有财产性,可以称为财产权客体。数据

资产说认为数据要转化为资产需解决其赋权和赋值的问题,不适用于现有的物权概念,需建立新的权益体系。

数据权利属性的研究分为两个部分:第一部分是个人信息的权利属性,一种观点认为个人信息关乎人的荣誉与尊严,具备人格权的属性,应作为一项基本人权来加以保护;另一种观点则认为个人数据信息应被视为财产加以保护。第二部分是个人信息之外的其他数据,有学者指出,数据符合法律上的财产的要件,具有法律上的财产属性,故而应当将其纳入财产权体系当中,但是对于其应当纳入债权规范范围还是物权规范范围,尚存争议;同时也有部分学者认为一般数据不应当纳入财产权体系。

就数据的权利归属问题,主要争议在于数据权利应当属于数据的产生者抑或数据的持有者,目前学界的主要观点是,根据某项数据是否经过处理及其具体使用情境来判断数据的权利归属。

大数据时代,数据交易的合法化是一个不可回避的问题,有学者认为,大数据交易本质上也不是民法上的买卖,而是一种数据服务,绕开数据的法律性质这一争议性因素,为数据交易的行为定性,提供了数据交易行为的监管思路。

(4)知识产权保护

大数据技术的发展对知识产权法产生了巨大的影响,对传统知识产权的保护提出了挑战。与此同时,如何通过知识产权法对数据库进行保护,也成为理论研究的重点。

目前的主流观点是,对数据库的保护可以通过汇编作品、不正当竞争法或商业秘密等途径来进行,将数据库视为汇编作品并给予特殊的实质内容保护,可以较好地实现对大数据的知识产权保护。

(5)数据主权及跨境流动问题

大数据时代,数据已经成为国家发展的关键战略资源,同时也是关乎国家安全、个人信息安全的重要因素,因此数据的主权问题及数据跨境流动的管理问题已成为研究要点。

数据主权是指国家对其主权管辖地域内的数据享有生成、传播、管理、控制、利用和保护的权利,国家数据主权是国家主权的组成部分,是国家主权在网络空间和大数据时代的必然延伸,体现在管理权和控制权两个方面。因此有学者提出,由于信息主权强烈的国际性特征,大数据背景下,各国应在完善本国信息保护体系的同时积极缔结信息安全条约,打击滥用信息技术侵害主权的行为。

数据的跨境流动，特别是敏感数据的流出，不仅可能带来经济上的损失，还增加了安全风险。因此，学界普遍认为，我国应通过加快推动相关立法、建立数据分级分类管理制度，建立技术检测手段和推动区域跨境数据流动合作并参与国际标准制定等手段，完善我国的跨境数据流动监管，保证我国作为数据大国在大数据信息资源领域的主导权。

（三）未来研究趋势

大数据法治理论研究，必然紧随大数据技术及其产业发展的趋势。目前大数据被广泛应用于各个领域中，相关的技术研发也持续更新，但作为新兴产业，其发展中的法律问题还将在发展的过程中逐步暴露，同时对于法律政策的规范和指引的需求也会逐渐加大，因此，未来一段时间的大数据法治理论研究，必然也会持续升温，且研究的领域更广，研究的层面更深，与此同时，随着相关制度体系的建立需求，各部分的研究也将朝向更系统化的方向发展。

1. 个人信息安全和隐私权保护问题持续升温

2017 年 6 月 1 日，《网络安全法》和最高人民法院、最高人民检察院《关于办理侵犯公民个人信息刑事案件适用法律若干问题的解释》的正式施行，必然会催发大量关于具体制度的研究。个人信息安全和隐私保护问题尽管得到广泛关注，但其越发"透明"的趋势却始终没有停止，人们的焦虑和担忧也没有完全解决。理论研究作为社会现实需求的反映，决定了今后的大数据法治研究还是会有相当大的比重集中在信息保护和隐私保护的领域，以求获得更加深入、更具革新精神的法学研究成果。

目前在个人信息安全的研究中，已有学者提出了引入欧盟数据保护中的"被遗忘权"和"数据可携带权"等新型权利，无论这些新的权利概念能否解决当前大数据环境下的个人信息安全和隐私保护困境，通过学习分析国际解决方式来为我国信息保护提供参考仍然是法学研究的一个途径。因此，在将来的理论研究中，这些信息保护领域的新型权利也仍将不断被学者探讨。

2. 数据权属及应用中的法律问题成为理论研究重点

作为数据库的基础组成元素、大数据技术的根本资源，数据有举足轻重的地位。数据的法律性质更是大数据法治理论研究必须解决的根本问题。数据的获取、存储、处理、分析及数据和大数据交易的正当性问题的研究，甚至会直接影响大数据产业发展的方向。随着大数据领域法律问题类型的多样化和大数据法治理论研究的进一步发展，对于数据法律性质及权属问题的研究必然会成为整个法治研究体系的重要课题。

3. 人工智能、区块链等新兴产业中的数据应用法律问题成为热点

习近平总书记在党的十九大报告中指出，要加快建设创新型国家，加强应用基础研究，拓展实施国家重大科技项目，为建设网络强国、数字中国、智慧社会提供有力支撑，加强国家创新体系建设，强化战略科技力量。这表明了新兴科技产业的发展，在我国创新型国家的建设中具有至关重要的作用。当下发展迅猛的人工智能、区块链等新兴产业无一不与数据的应用和大数据产业的发展息息相关，为了行业的健康发展，该领域中涉及的数据相关问题，必将成为研究的热点。

4. 行业内部的大数据法治研究比例将有所上涨

根据目前的大数据法治理论研究成果来看，除了对于数据法律性质及权利属性等基础理论的研究探讨外，部分专家学者已经将研究的方向聚焦在医疗、互联网金融、征信等信息敏感行业当中，如针对医疗在大数据背景下面临的法律问题所进行的研究。这类研究具有较强的针对性，且直接面向大数据在行业中的运用。党的十九大报告中提到，要推动互联网、大数据、人工智能和实体经济深度融合。针对行业内部所进行的大数据法治研究，恰恰是符合十九大精神的研究方向。因此，此类大数据法治理论研究还将进一步受到关注，在未来一段时间，相关的研究比例应会有提升。

二、大数据法治研究机构综述

(一)大数据研究机构综述

随着大数据技术的发展,其相关领域的研究也在不断深入。近年来,政府、高校、企业及其他社会组织纷纷设立大数据研究机构,积极就大数据相关领域的问题进行研究。据初步统计,截至2017年10月,我国成立的各类大数据研究机构达139所,其中政府主导设立的23所,高校组织成立的71所,由企业及其他社会组织成立的45所(见图2-1)。

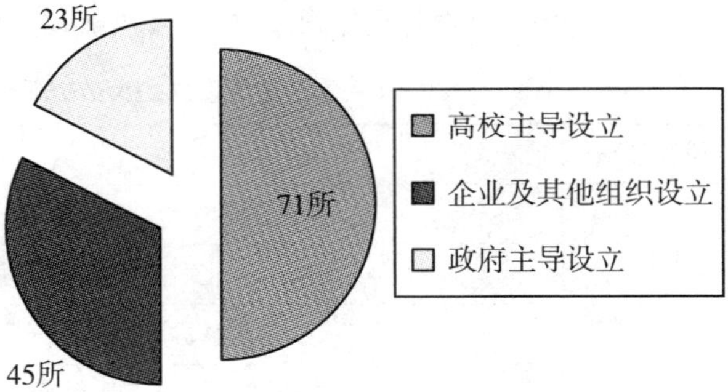

图2-1 大数据研究机构设立情况

从这些大数据研究机构的研究方向来看,当前我国的大数据研究机构主要有三类:第一类是综合性大数据研究机构,多以大数据技术研发为基础,以多领域数据综合分析处理为核心,提供数据产品和数据服务,并培育大数据人才,这类机构往往将产、学、研相结合,研究工作涉及大数据产业的各个环节,具备跨领域、跨学科的特性;第二类是致力于大数据技术研发或数据分析应用的研究机构,这类研究机构往往具备较强的技术研发能力或庞大的数据库资源;第三类则是依托设立单位的专业优势,针对各个具体行业进行大数据研究的机构。

目前,我国大数据研究机构的研究方向,正由综合性研究、技术性研究逐渐向医疗、教育、法治等具体行业大数据研究演变。越来越多的研究机构已经意识到,应根植于本机构的核心竞争力,进行更具特色和实践价值的大数据研究。在此趋势下,大数据领域研究势必将越来越趋于多样化、专业化,从而惠及社会生活、学科研究的方方面面。

本部分以大数据研究机构的设立主体为划分标准,分别对政府、高校、企业及其他社会组织的大数据研究机构设立情况进行分析。部分研究机构由多类主体合作发起创立,则根据机构的名称、实际运营单位及所属部门等因素对性质进行判定。

1. 政府主导设立

大数据作为新时代的重要资源和核心竞争力,已引起了中央及地方各政府部门的广泛重视,从中央部委到地方省市,由政府主导设立的大数据研究机构已达到23家(见表2-1),其中12所研究机构是综合性研究机构,3家致力于数据分析及应用,其余8家则分别致力于智慧城市、司法、生态发展、时空、航旅、医疗健康及教育等具体领域内的大数据研究(见图2-2)。

表2-1 政府主导设立的大数据研究机构

研究领域	研究机构
综合性	安徽大数据工程研究中心
	北京大数据研究院
	北京贵阳大数据研究院
	贵州省大数据产业发展应用研究院
	贵州伯克利大数据创新研究中心
	海南省大数据应用研究院
	南方数据科学研究院
	南京邮电大学盐城大数据研究院
	上饶市中科院云计算中心大数据研究院

续表

研究领域	研究机构
	西部大数据前沿应用研究院
	中国国际经贸大数据研究中心
	中国统计信息服务中心大数据研究实验室
	大数据战略重点实验室
数据分析与应用	大数据研究服务基地
	国家发改委互联网大数据分析中心
智慧城市	天平司法大数据有限公司
	中国电信芜湖市政府大数据联合实验室
司法	国家检察大数据中心
医疗健康	健康大数据研究所
生态发展	国家生态大数据研究院
时空大数据	国家信息中心时空大数据研究中心
航旅	工信海威—敬众科技航旅大数据研究中心
教育	中国教育大数据研究院

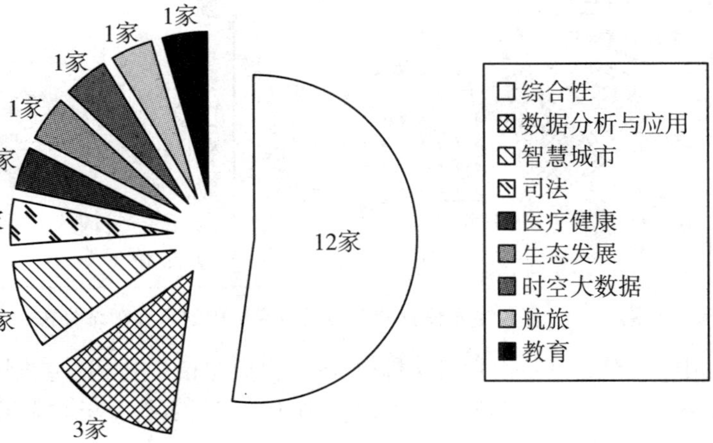

图 2－2　政府大数据研究机构的研究领域分布

由于政府的职能最终落实到服务公众、服务社会，故而过半的政府大数据研究机构都选择在自身准确、海量的数据资源的优势基础上,与高校、科研机构、企业合作致力于综合性的大数据研究,在技术研发、数据分析的基础上,完善本部门的治理和服务方式,同时促进整个大数据行业的发展,鼓励相关人才的培养。另外,政府部门设立的研究机构则从本部门的职能和数据储备出发,进行更具针对性的行业大数据研究,促进特定行业与大数据技术的融合,以研究成果进一步推动该领域的产业发展。

2. 高校主导设立

大数据的产生与发展,不仅产生了许多新的学科,亦为各传统学科的研究提供了新的思维路径和研究方法。高校作为各类研究工作的主要阵地,积极响应国家号召,紧密关注最前沿的科技发展动态,共有 71 所科研机构在各大高校的积极筹备下建立(见图 2－3)。

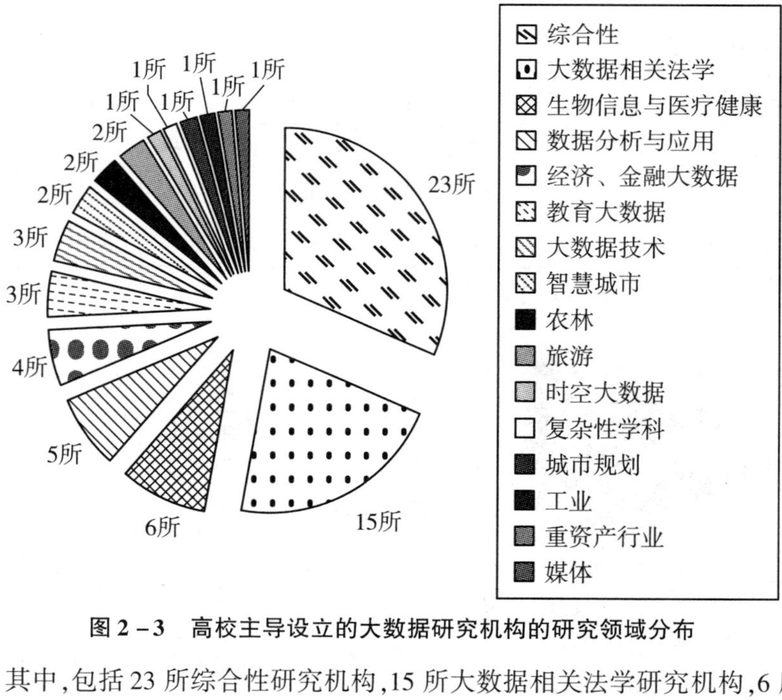

图 2－3 高校主导设立的大数据研究机构的研究领域分布

其中,包括 23 所综合性研究机构,15 所大数据相关法学研究机构,6 所致力于生物信息与医疗健康研究的机构,5 所主要进行数据分析与应用的机构,4 所重点研究经济、金融大数据的机构,3 所教育大数据研究机构,3 所大数据技术研发机构,智慧城市、农林及旅游领域的科研机构各 2 所,此外还有 6 所研究机构分别致力于时空大数据、复杂性科学、城市规划、工业、重资产行业、媒体等领域的大数据研究(见表2-2)。

表2-2 高校主导设立的大数据研究机构

研究领域	研究机构
综合性	北京大学大数据技术研究院
	大数据研究中心(电子科技大学)
	复旦大学大数据学院和研究院
	台湾交通大学大数据研究中心
	广东工业大学大数据战略研究院
	华东师范大学数据科学与工程研究院云计算与大数据研究中心
	江苏大学环亚大数据研究院
	清华—青岛数据科学研究院
	南京邮电大学先进技术研究院大数据科学与技术研究中心
	青岛大学青岛大数据统计研究中心
	深圳大学大数据技术与应用研究院
	太原理工大学大数据学院和研究院
	深圳市大数据研究院[香港中文大学(深圳)]
	厦门大学云计算与大数据研究中心
	西南交通大学金融大数据研究院
	云南大学大数据研究院
	云南财经大学云南省经济社会大数据研究院
	中国数据研究中心(中国社会科学院)
	中国政法大学法治信息管理学院
	中国政法大学互联网金融法律研究院
	中国政法大学数据安全与应用规范研究基地
	中南大学信息安全与大数据研究院
	中南财经政法大学大数据研究院

续表

研究领域	研究机构
法学	北京邮电大学互联网治理与法律研究院
	北京理工大学网络法治研究所
	北京大学法学院互联网法律中心
	北京航空航天大学网络安全与法治研究中心
	重庆大学国家网络安全与大数据法治战略研究院
	东南大学人民法院司法大数据研究基地
	广西民族大学广西网络与大数据法治战略研究院
	吉林大学司法数据应用研究中心
	清华大学互联网法律与政策研究中心
	上海财经大学网络与大数据法治研究中心
	中国青年政治学院互联网法治研究中心
	中国人民大学未来法治研究院
	中国政法大学网络法研究中心
	中国政法大学大数据与法制研究中心
	中国政法大学犯罪大数据研究中心
生物信息与医疗健康	北京大学健康医疗大数据研究中心
	清华大学数据科学研究院·医疗健康大数据研究中心
	武汉大学儿童健康大数据研究中心
	上海生物信息技术研究院
	中国科学院北京基因所研究组生命与健康大数据中心
	中国科学院深圳先进技术研究院健康大数据中心
数据分析与应用	对外经贸大学大数据与风险管理研究中心
	大数据分析与应用安徽省重点实验室（中国科学技术大学与企业共建）
	湖南大学大数据处理与行业应用研究中心
	南京审计大学统计科学与大数据研究院
	中国人民大学统计与大数据研究院

续表

研究领域	研究机构
经济、金融	湖南大学经贸学院经济数据研究中心
	湖南商学院大数据与互联网创新研究院
	南京大学—数联铭品大数据联合研究中心
	中国科学院深圳先进技术研究院金融大数据研究中心
教育	安徽高校管理大数据中心（淮北师范大学）
	重庆市职业教育大数据应用研究院 （重庆广播电视大学、重庆工商职业学院）
	电子科技大学教育大数据研究所
技术研发	大数据科学与工程国际研究中心（北京航天大学及其他国际院校）
	贵州大学大数据与信息工程学院
	上海交通大学电子信息与电气工程学院大数据工程技术研究中心
智慧城市	澳门城大大数据研究中心
	青岛大学大数据技术与智慧城市研究院
农林	北京林业大学大数据研究中心
	福建农林大学农林大数据研究院
旅游	旅游大数据协同创新中心（北京联合大学）
	北京第二外国语学院旅游大数据研究中心
时空大数据	武汉大学空间信息工程研究所时空大数据研究中心
复杂性科学	广西大学复杂性科学与大数据技术研究所
城市规划	河南城建学院河南省城乡规划大数据应用技术工程研究中心
工业	清华大学工业大数据研究中心
重资产行业	山东大学—IBM 大数据分析研究中心
传媒	中国传媒大学媒体大数据研究中心

结合机构设立高校的学科设置情况和其大数据研究机构的研究方向，可以发现，北京大学、复旦大学、电子科技大学等具备多学科优势、综合能力强的高校都设立了综合性的大数据研究机构，充分动员本校内部的科研力量，对大数据进行跨学科、多领域的研究，并深化产、学、研的结合，在提升研究机构科研水平的同时，为本校的学科发展及人才培养注入新鲜血液。

与此同时，中国政法大学、北京林业大学、中国传媒大学等在某一学科具备突出研究优势的高校，则根据本校的专业优势，有针对性地设立相应领域的大数据研究机构，从自身的核心竞争力出发，以拿出有切实专业价值的大数据研究成果为追求。尤其是近两年设立的高校大数据研究机构，其研究方向更具针对性。

3. 企业及其他社会组织设立

大数据时代的来临为企业带来了新的机遇，大数据研究为企业的精准营销、难题解决、风险控制、发展规划等提供了强大的指导作用，甚至数据本身也可以作为商业交易的对象。在此背景之下，除了雨后春笋般涌现的数据交易、分析平台，许多企业及其他社会组织亦设立了大数据研究机构，一方面为自身的发展经营提供指导，另一方面也为抓住大数据时代的新机遇、新商机做好准备。

据初步统计，由企业及其他社会主体主导设立的大数据研究机构已达到了45家，其中企业设立的有34家，另外11家由医院、行业学会、专业性社团等组织主导设立。另外，还有4家是由我国香港特别行政区公司创立或在我国香港特别行政区注册的研究机构。

从研究领域来看，综合性的大数据研究机构有15所(见图2－4)，致力于数据分析与应用的8所，就生物信息与医疗健康领域进行研究的机构有3所，着重进行技术研发的3所，就经济金融的大数据进行研究的有3所机构，2所房地产大数据研究机构，2所法学大数据研究机构，还有9所大研究机构分别致力于电力、航运、智慧城市、时空大数据、城市规划、教育、传媒、直销、清洁能源、直销等行业大数据的研究(见表2－3)。

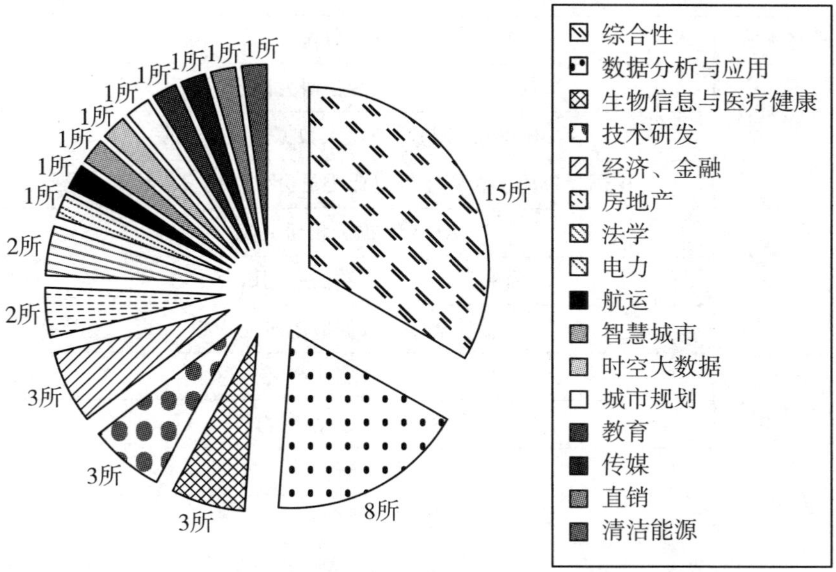

图2－4 企业、学会及其他社会主体主导设立的大数据研究机构的研究领域

表2－3 企业、学会及其他组织主导设立的大数据研究机构

研究领域	研究机构
综合性	阿里研究院
	百度数据研究中心
	重庆大数据研究院有限公司
	大连市大数据研究院
	大江大数据研究院
	九次方大数据研究院
	上海大数据联盟
	山东省大数据研究院
	上海互联网大数据工程技术研究中心
	腾讯研究院
	厦门大数据产业联合研究中心
	云上贵州大数据科学应用研究中心

续表

研究领域	研究机构
	中原大数据研究院
	中国(绵阳)科技城大数据产业研究院
	中国投资协会投资咨询专业委员会大数据发展研究中心
数据分析与应用	CDA 数据分析研究院
	海峡云计算与大数据应用研究中心
	慧与全球大数据应用研究中心
	极光数据研究院
	融 360 大数据研究院
	数读研究院
	搜狗大数据研究院
	上海开源大数据研究院
生物信息与医疗健康	苏州大华生物大数据研究院有限公司
	腾讯“互联网 + 大数据”示范基地
	北京大学医院健康大数据研究中心
技术研发	百度大数据实验室
	长江大数据研究院
	大数据流通与交易技术国家工程实验室
经济、金融	大数据财经研究院(我国香港特别行政区)
	恒生金融大数据研究院
	中国大数据风控管理架构研究院(我国香港特别行政区)
房地产	中国指数研究院有限公司(我国香港特别行政区)
	中国房地产数据研究院
法学	北京市网络法学研究会
	中国法治研究院大数据研究中心(我国香港特别行政区)
电力	合肥市电力大数据应用工程技术研究中心

续表

研究领域	研究机构
航运	民航大数据研究院
智慧城市	沈阳(中兴)大数据研究院
时空大数据	梅泰诺大数据与人工智能研究院
城市规划	中国城市经济大数据研究院
教育	重庆教育大数据研究院有限公司
传媒	数太奇·电影大数据研究中心
直销	直销大数据研究中心
清洁能源	清洁能源大数据安全技术研究中心

可以看出,企业及社会组织设立大数据研究机构的研究领域,多集中于本单位的行业优势及市场需求点。除了部分企业和组织在具备强大的技术、数据资源及分析团队的优势下,设立综合性的研究机构外,更多的企业研究机构致力于数据分析、提供商业解决方案。热门行业如医疗健康、房地产、金融等,也是企业设立机构进行大数据研究的主要方向。总体来看,对于企业而言,大数据研究机构的设立有两大价值:一是在大数据市场上抢占一席之地,将大数据领域的技术、平台、分析成果等作为本企业的“产品”;二是通过对本行业大数据的研究,更好地定位发展方向和目标客户,将研究成果作为本单位甚至本行业的重要参考指标。

总体而言,政府研究机构的大数据研究以服务社会、惠及人民为目标;高校研究机构以促进学科发展、培育人才为目标;而企业等社会组织的大数据研究机构,则以最终为本单位或本行业获得收益为价值取向。这三类大数据研究机构从自身的研究目的出发,通过不同的研究领域,共同实现了对于大数据技术及其相关领域发展的推动作用。

(二)大数据法治研究机构综述

据统计,目前我国大数据研究机构的科研方向主要集中于技术研发及数据分析应用等技术领域,139 所研究机构中仅有 18 所机构的研究领域涉及法学,其中 14 所以大数据法治为研究对象,本报告第九部分中将对这些大数据法治研究机构进行指数评估。

大数据发展至今日,在技术和应用上都已取得了巨大的进步,而就大数据相关法律问题进行研究的机构也正蓬勃发展,但其中的部分机构仅就大数据相关政策做梳理总结,而并未到达大数据法治研究的层面。

大数据法治是一项具有必要性和紧迫性的研究课题,不同于存在一定滞后性的制度研究,它更追求为相关法律体系的建立贡献才智,在大数据行业发展、大数据市场扩张的同时,敏锐地捕捉其中存在的问题,在法学范畴上为其定性,并以自身的专业能力寻求解决和规范的路径,进而逐步建立起针对大数据的法律研究体系和规范体系,完善大数据的法制体系,实现大数据法治的最终目标。相信随着大数据产业发展的不断成熟,相关法治理论研究的不断成熟,会有越来越多的研究机构,凭借不同的研究资源和研究思维,投身于大数据法治的理论和实践研究中,共同为大数据法治的建设和完善贡献力量。

三、大数据立法评述

(一)法律评述

1.《宪法》

第三十三条　凡具有中华人民共和国国籍的人都是中华人民共和国公民。中华人民共和国公民在法律面前一律平等。国家尊重和保障人权。任何公民享有宪法和法律规定的权利,同时必须履行宪法和法律规定的义务。

第三十七条　中华人民共和国公民的人身自由不受侵犯。任何公民,非经人民检察院批准或者决定或者人民法院决定,并由公安机关执行,不受逮捕。禁止非法拘禁和以其他方法非法剥夺或者限制公民的人身自由,禁止非法搜查公民的身体。

第三十八条　中华人民共和国公民的人格尊严不受侵害,禁止用任何方法对公民进行侮辱、诽谤和诬告陷害。

第四十条　中华人民共和国公民的通信自由和通信秘密受法律的保护。除因国家安全或者追查刑事犯罪的需要,由公安机关或者检察机关依照法律规定的程序对通信进行检查外,任何组织或者个人不得以任何理由侵犯公民的通信自由和通信秘密。

[评述]

《宪法》是国家的根本大法,规定国家各项基本制度和根本任务,规定国家机关的组织与活动的基本原则,是保障公民基本权利的国家根本大法。《宪法》在国家的整个法律体系中居于主导地位,具有最高的法律权威和最大的法律效力,既是国家治国安邦的总章程,也是公民立身行事的总依据。《宪法》的规定是个人信息数据权利的保护基础,《宪法》第 38 条的"人格尊严"条款提供了包括信息数据保护权在内的与人格所涉的新型基本权利的解释空间。《宪法》第 33 条的"国家尊重和保障人权"条款为我国宪法上的概括性权利条款,是信息数据保护权作为一项未列举基本权利得以存在的主要依据。同时还可参考《宪法》第 37 条的人身自由不受侵犯、第 39 条的住宅不受侵犯、第 40 条的通信自由与通信秘密受法律保护及第 41 条的批评、建议、申诉、控告以及检举的权利等。这些具体的基本权利条款与信息数据保护权有直接或间接的联系;这些具体基本权利的实现是信息自决权得以实现的有力保障。从本质上来说,信息数据保护权体现着基本权利的核心内容,即人性尊严与人格独立。信息数据保护是社会民主的必要,是公民自治的前提,是民主社会中个体自由实现的有力保障;同时,也是基本权利体系适应信息社会发展的必然结果。

2.《刑法》

第二百五十三条之一　违反国家有关规定,向他人出售或者提供公民个人信息,情节严重的,处 3 年以下有期徒刑或者拘役,并处或者单处罚金;情节特别严重的,处 3 年以上 7 年以下有期徒刑,并处罚金。违反国家有关规定,将在履行职责或者提供服务过程中获得的公民个人信息,出售或者提供给他人的,依照前款的规定从重处罚。窃取或者以其他方法非法获取公民个人信息的,依照第 1 款的规定处罚。单位犯前 3 款罪的,对单位判处罚金,并对其直接负责的主管人员和其他直接责任人员,依照各该款的规定处罚。

[评述]

本条款是对个人数据直接保护的立法,长期以来,我国刑法更侧重对公共利益的保护,侧重对个人财产全、生命权的保护,而缺乏对公民个人信息、个人隐私的保护。从目前来看,侵害公民个人信息的行为已远非民事法律、行政法律所能抑制。2009 年第十一届全国人民代表大会常务委员会第七次会议表决通过了《刑法修正案(七)》,在《刑法》第 253 条后增加了一条关于侵犯公民个人信息罪的规定。这是对近年来日益严峻的公民个人信息被无端泄露的刑法回应,也是首次以刑法手段保护公民个人信息。2015 年 8 月第十二届全国人民代表大会常务委员会第十六次会议通过《刑法修正案(九)》,对第 253 条之一做了部分改动:将侵犯公民个人信息罪的犯罪主体由原仅限于国家机关或者金融、电信、交通、教育、医疗等单位及其工作人员扩大为一般主体及单位,即凡是达到法定刑事责任年龄的个人及任何单位均能以本罪追究刑事责任。同时,扩大了对侵犯公民个人信息行为的打击范围、加大了处罚力度。在大数据信息条件下,从刑法角度加大对个人信息保护的力度,是完全必要的,表明了我国在尊重人权和公民个人信息保护上所做出的努力,具有重要意义。在刑法中,有针对性地明确侵害个人信息违法犯罪行为,强化情节界定,有利刑法内容完善和保护公民合法权益。

3.《侵权责任法》

第二条　侵害民事权益,应当依照本法承担侵权责任。本法所称民事权益,包括生命权、健康权、姓名权、名誉权、荣誉权、肖像权、隐私权、婚姻自主权、监护权、所有权、用益物权、担保物权、著作权、专利权、商标专用权、发现权、股权、继承权等人身、财产权益。

第三十六条　网络用户、网络服务提供者利用网络侵害他人民事权益的,应当承担侵权责任。网络用户利用网络服务实施侵权行为的,被侵权人有权通知网络服务提供者采取删除、屏蔽、断开链接等必要措施。网络服务提供者接到通知后未及时采取必要措施的,对损害的扩大部分与该网络用户承担连带责任。网络服务提供者知道网络用户利用其网络服务侵害他人民事权益,未采取必要措施的,与该网络用户承担连带责任。

[评述]

隐私权是公民享有的基本权利,2010 年《侵权责任法》颁布实施,其中第 36 条对保护民事主体在网络中的隐私权有积极的意义,提供了有力的法律依据。随着我国经济和科技的快速发展,我国目前已经进入信息化的时代,网络成为大家必不可少的信息传输的媒介,但同时,互联网也成为侵犯他人隐私权的重要工具,公民的个人信息会通过互联网被他人非法获取、传播和使用。

《侵权责任法》相关法条的规定打破了以往对公民在网络中的隐私权的间接保护，进一步明确了网络用户、网络服务提供者侵犯他人隐私权应承担的法律责任，促进了立法的进步，同时也对构建安全、稳定、和谐的网络环境有重要的意义。然而，《侵权责任法》对保护公民网络的隐私权仍有不足之处，对侵权行为发生后当事人的救济措施规定存在模糊性，对侵犯隐私权后的终止手段也需要作出进一步明确、合理的规定。

4.《民法总则》

第一百一十条　自然人享有生命权、身体权、健康权、姓名权、肖像权、名誉权、荣誉权、隐私权、婚姻自主权等权利。法人、非法人组织享有名称权、名誉权、荣誉权等权利。

第一百一十一条　自然人的个人信息受法律保护。任何组织和个人需要获取他人个人信息的，应当依法取得并确保信息安全，不得非法收集、使用、加工、传输他人个人信息，不得非法买卖、提供或者公开他人个人信息。

第一百二十七条　法律对数据、网络虚拟财产的保护有规定的，依照其规定。

［评述］

第十二届全国人民代表大会第五次会议表决通过了《民法总则》，其中第110条中的“隐私权”属于我国较新的法律制度，首次规定于2010年的《侵权责任法》中。此次《民法总则》中两度规定了对于隐私权的保护，第111条是对个人信息数据直接保护的立法。《民法总则》第109条规定了一般人格权，第110条规定了重要的具体的人格权，第111条规定了对个人信息的保护，第112条规定了身份权，第113条规定了财产权，第114条规定了物权。从该体系可看出《民法总则》确立了个人信息安全的法律地位和法律性质，没有把个人信息放到隐私权的范畴也没有放到财产权的范畴，这说明制定者认为个人信息所包含的内容要大于隐私权且个人信息具有一定的财产属性。因此，必须要对个人信息进行重点保护，将个人信息单独列为一项民事权利可以看出立法者承认个人信息保护的特殊性与复杂性。当然，此条文也存在一些不足之处，比如，该条文并没有明确规定个人信息权的权利客体，即没有规定个人信息的具体内涵和外延，也并未规定相应的法律后果，这会使该条文在今后的司法实践中难以起到良好的约束作用。

5.《网络安全法》

《网络安全法》共7章、79条,由全国人民代表大会常务委员会于2016年11月7日发布,自2017年6月1日起施行,本法是为保障网络安全,维护网络空间主权和国家安全、社会公共利益,保护公民、法人和其他组织合法权益,促进经济社会信息化健康发展而制定。

《网络安全法》将“维护网络空间主权和国家安全”作为立法宗旨,其中第2条规定:在中华人民共和国境内建设、运营、维护和使用网络,以及网络安全的监督管理,适用本法。同时,按照国家支持大数据及信息化发展的政策,设立第二章网络安全支持与促进对国家网络安全战略和重要领域网络安全规划、促进网络安全的支持措施做出了规定。

为保障网络运行安全,《网络安全法》第21条要求网络运营者采取相应的管理措施和技术防范等措施履行相应的网络安全保护义务。同时,为了保障关键信息基础设施安全,维护国家安全、经济安全和保障民生,《网络安全法》第31~35条、第38条、第39条对关键信息基础设施的运行安全作了规定,实行重点保护。范围包括基础信息网络、重要行业和领域的重要信息系统、军事网络、重要政务网络、用户数量众多的商业网络等。并对关键信息基础设施安全保护办法的制定、负责安全保护工作的部门、运营者的安全保护义务、有关部门的监督和支持等作了规定。

随着云计算、大数据等技术的发展和应用,网络数据安全对维护国家安全、经济安全,保护公民合法权益,促进数据利用至为重要。为了保障网络数据安全,《网络安全法》第21条作出以下规定:要求网络运营者采取数据分类、重要数据备份和加密等措施,防止网络数据被窃取或者篡改。该法第40~45条,要求加强对公民个人信息的保护,防止公民个人信息数据被非法获取、泄露或者非法使用。该法第37条、第38条,要求关键信息基础设施的运营者在境内存储公民个人信息等重要数据;确需在境外存储或者向境外提供的,应当按照规定进行安全评估。

在保障网络信息安全方面,《网络安全法》也作出了相关规定。本法第47条明确规定了网络运营者处置违法信息的义务:网络运营者发现法律、行政法规禁止发布或者传输的信息的,应当立即停止传输,采取消除等处置措施,防止信息扩散,保存有关记录,并向有关主管部门报告。第40条至第45条,规定了网络运营者应当对其收集的用户信息严格保密,建立健全用户信息保护制度，不得违法、违约收集、使用、处理他人的个人信息。

此外，本法第六章对违反本法的法律责任也做出了规定。

作为我国网络安全领域的首部法律，《网络安全法》强化了数据安全管理的要求，将安全保护义务（第21条等）、禁止窃取网络数据的义务（第27条等）、境内存储的义务（第37条等）、泄露通知义务（第25条、第42条等）写入法条。同时，将个人信息保护纳入了《网络安全法》，同意了“个人信息”的定义和范围，确立了个人信息收集和使用的合法正当原则、知情同意原则、目的限制原则、安全保密原则和删除改正原则，规定了相关主体的个人信息保护义务，也规定了违反个人信息保护的法律责任。综上所述，《网络安全法》为我国数据流通交易留下了发展空间，也为公民个人信息保护提供了强有力的保障。

6.《消费者权益保护法》

> 第二十九条　经营者收集、使用消费者个人信息，应当遵循合法、正当、必要的原则，明示收集、使用信息的目的、方式和范围，并经消费者同意。经营者收集、使用消费者个人信息，应当公开其收集、使用规则，不得违反法律、法规的规定和双方的约定收集、使用信息。经营者及其工作人员对收集的消费者个人信息必须严格保密，不得泄露、出售或者非法向他人提供。经营者应当采取技术措施和其他必要措施，确保信息安全，防止消费者个人信息泄露、丢失。在发生或者可能发生信息泄露、丢失的情况时，应当立即采取补救措施。经营者未经消费者同意或者请求，或者消费者明确表示拒绝的，不得向其发送商业性信息。
>
> 第五十条　经营者侵害消费者的人格尊严、侵犯消费者人身自由或者侵害消费者个人信息依法得到保护的权利的，应当停止侵害、恢复名誉、消除影响、赔礼道歉，并赔偿损失。

[评述]

2013年10月25日，第十二届全国人民代表大会常委会第五次会议通过了全国人民代表大会常务委员会《关于修改〈中华人民共和国消费者权益保护法〉的决定》，该修改决定自2014年3月15日起施行。在这次《消费者权益保护法》的修订中，立法者将个人信息的保护写入其中，并且规定了经营者因此需要承担的义务和相应的法律责任，这是我国立法对于个人信息保护的又一亮点与突破。目前，我国尚无统一的一部个人信息保护立法，仅在不同领域内有相关的法律规范,此种情况下,以普通公民的身份获得的个人信息的保护权较为薄弱,借助《消费者权益保护法》来实现消费者个人信息权的特殊保护便成为一种立法选择。然而新《消费者权益保护法》对个人信息权的规定在一定程度来看是宣示性的,对具体如何保护消费者的个人信息仍然缺乏详细具体的规定。

7. 全国人大常委会《关于加强网络信息保护的决定》

当前,我国关于网络信息数据保护的相关法律规范较为分散,管理措施与法律责任也缺乏上位法的依据。"为了保护网络信息安全,保障公民、法人和其他组织的合法权益,维护国家安全和社会公共利益",2012 年 12 月 28 日第十一届全国人民代表大会常务委员会第三十次会议通过了全国人大常委会《关于加强网络信息保护的决定》。

全国人大常委会《关于加强网络信息保护的决定》以法律的形式保护公民个人及法人的信息安全,确立了网络身份管理制度,明确了网络服务提供者的义务和责任,并赋予政府主管部门必要的监管手段,重点解决了我国网络信息安全立法滞后的问题。

全国人大常委会《关于加强网络信息保护的决定》第 7 条规定,任何组织和个人未经电子信息接收者同意或者请求,或者电子信息接收者明确表示拒绝的,不得向其固定电话、移动电话或者个人电子邮箱发送商业性电子信息。该条赋予了公民拒绝接受商业型电子信息的权利,并且也规定了包括网络服务提供者在内的所有组织和个人的不作为义务。根据此条规定,公民获得了拒绝权,即可以拒绝通过合法渠道获得公民个人身份信息的网络服务提供者,利用自己掌握公民个人信息的便利条件,向自己发送商业信息的行为。

同时,全国人大常委会《关于加强网络信息保护的决定》着重规定了网络服务提供者的法律义务,以此来保护公民的个人网络信息。全国人大常委会《关于加强网络信息保护的决定》第 2 ~ 5 条、第 10 条均规定了网络服务提供者的相关义务。归纳来说,第 2 条为网络提供者设定了说明义务,即网络服务提供者应该就其收集、使用的目的、方式和范围对信息提供者进行说明,有利于保护公民的知情权,使其在知情的情况下做出是否提供信息的判断;第 3 条为其设定了严格的保密义务,即网络服务提供者需要对其收集的公民个人电子信息保密,不得以任何方式将公民的个人电子信息用于商业用途,严格保密的程度高于一般保密;第 4 条为其设定了确保信息的安全义务,即要求网络服务提供者建立相应的保护机制,完善内控制度,维护公民个人电子信息的安全;

第5条为其设定了相关安全保障义务,即网络服务者应该尽一个"理性的、谨慎的、具有网络专业知识"的网络服务提供商的注意义务,采取综合判断的方法,加强对其用户发布的信息的管理;第10条为其设定了协查义务,即网络服务提供者对有关机关负有协助调查、提供信息的义务。

8. 其他与数据、信息相关的法律

表3-1 其他与数据、信息相关的法律汇总

序号	法律	发布(最新修订)日期	相关条款
1	《律师法》	2017年9月1日	第38条、第48条
2	《国家安全法》	2015年7月1日	第51~54条
3	《电子签名法》	2015年4月24日	第15条、第27条、第34条
4	《邮政法》	2015年4月24日	第7条、第35条、第36条、第76条
5	《居民身份证法》	2011年10月29日	第6条、第13条、第19条、第20条
6	《保守国家秘密法》	2010年4月29日	第23~26条
7	《统计法》	2009年6月27日	第9条、第25条、第37条、第39条
8	《护照法》	2006年4月29日	第12条、第20条
9	《传染病防治法》	2004年8月28日	第12条、第68条、第69条
10	《执业医师法》	1998年6月26日	第22条、第37条
11	《商业银行法》	1995年9月10日	第6条、第29条

(二)行政法规、部门规章

1.《征信业管理条例》

目前,我国征信业从无到有,逐步发展,征信市场渐具规模,作用也日益显现。征信服务既可以保障交易安全,防范信用风险,也可以使拥有良好信用的企业与个人获得更多的交易机会与更低的交易成本,促成一个诚实守信的社会环境。在征信市场如此重要的今天,我国征信经营活动缺乏统一遵循的制度规范与监管依据,出现了获取主体信用信息难和不当采集、滥用信息侵犯合法权益等现象,影响了征信业的发展。为此,中华人民共和国国务院于2013年1月21日公布了《征信业管理条例》,《征信业管理条例》于2013年3月15日施行。《征信业管理条例》适用于在我国境内从事个人或企业信用信息的采集、整理、保存、加工并向信息使用者提供的征信业务及相关活动。规范的对象主要是征信机构的业务活动及对征信机构的监督管理。

《征信业管理条例》对各种信用信息的采集和使用等行为均进行了具体的规定。

首先,《征信业管理条例》对个人信用信息主体权益进行了相关规定。《征信业管理条例》严格规范了个人征信业务规则,在第 13 条、第 15 条、第 16 条、第 18 条分别规定了除依法公开的个人信息外,采集个人信息应当经信息主体本人同意,未经同意不得采集;向征信机构提供个人不良信息的,应当事先告知信息主体本人;征信机构对个人不良信息的保存期限不得超过 5 年,超过的应予删除;除法律另有规定外,他人向征信机构查询个人信息的,应当取得信息主体本人的书面同意并约定用途,征信机构不得违反规定提供个人信息。第 14 条明确规定了禁止和限制征信机构采集的个人信息。第 17 条等规定了个人对本人信息享有查询、异议和投诉等权利,包括:个人可以每年免费 2 次向征信机构查询自己的信用报告;个人认为信息错误、遗漏的,可以向征信机构或信息提供者提出异议,异议受理部门应当在规定时限内处理;个人认为合法权益受到侵害的,可以向征信业监督管理部门投诉,征信业监督管理部门应当及时核查处理并限期答复。个人对违反《征信业管理条例》规定,侵犯自己合法权利的行为,还可以依法直接向人民法院提起诉讼。

其次,《征信业管理条例》规范了企业信用信息的采集使用,鼓励企业信用信息公开透明,为企业征信业务的发展提供较为宽松的制度环境。

最后,《征信业管理条例》还严格了法律责任,对征信机构或信息提供者、信息使用者违反《征信业管理条例》规定,侵犯合法权益的,由监管部门依照《征信业管理条例》的规定给予行政处罚;造成损失的,依法承担民事责任;构成犯罪的,依法追究刑事责任。

《征信业管理条例》的实施,标志着我国第一部征信业管理法规出台。《征信业管理条例》对个人征信业务实行严格管理,在市场准入、信息采集范围、采集和查询信息方式、行政救济及信息安全等方面规定了具体措施,突出了对个人合法权益的保护。但也存在一些亟待解决的问题,例如,《征信业管理条例》对公共征信机构和私营征信机构的业务界定不明晰、从而引发的数据信息保护不明确;关于个人数据信息保护的条款不够细化,体系不够清楚;没有提及任何对个人数据的流动或跨境流动的约束和规范等。

2.《互联网信息服务管理办法》

我国互联网正进入高速发展的时期,然而在面临巨大发展机遇的同时也遭遇了严峻的挑战。当前,我国互联网管制水平亟待提高,互联网的发展使信息源头剧增,信息传播途径更加丰富和隐蔽,信息传输方式更加开放,因此互联网对网民自身隐私与数据的安全造成了较大的冲击。为此,2012 年 6 月 7 日,国家工业和信息化部发布了新的《互联网信息服务管理办法(修订草案征求意见稿)》。该征求意见稿将原来的27 条增加到40 条,在内容上更加细致。具体来说,《互联网信息服务管理办法(修订草案征求意见稿)》在内容监管责任方面,对监管行政主体进行了更加详细的规定。在关于互联网信息服务提供商对用户的接入互联网信息的数据存留义务方面,《互联网信息服务管理办法(修订草案征求意见稿)》第 13 条、第 15 条、第 16 条、第 17 条和第 18 条加入了关于用户发布信息的保留,并引入了对用户承担保密义务的规定,同时,还加入了相关服务提供者的安全管理责任、用户个人信息和隐私权保护等。

从《互联网信息服务管理办法(修订草案征求意见稿)》中可以看出,对隐私与个人数据等权益的保护有了明确规定的主体,即互联网信息服务提供商和互联网接入服务提供商,客体的范围也予以了更加明确的标准,同时确定了禁止的行为方式和调整手段。总体来说,《互联网信息服务管理办法(修订草案征求意见稿)》对于过往较为零碎和含糊的规定有了较大的进步。

3.《政务信息资源共享管理暂行办法》

随着信息革命的浪潮席卷世界,以互联网为载体的实时平台的功能日益显著,以其独有的实时性和大容量在信息的发布、检索、共享等方面有其他技术无可比拟的功效。以互联网为基础应运而生的大数据也日益发展壮大。2015 年 3 月 15 日,第十二届全国人民代表大会第三次会议上,国务院总理李克强首次提出了“互联网 + ”行动计划,旨在引导互联网企业拓展国际市场。与此同时,国内全面推进深化改革,政府职能逐渐转型迫在眉睫,如何更好地建立服务型政府、创新管理方式也成为政府部门面临的时代之问。在互联网时代下,可以说,“互联网 + ”在市场经济上的成绩推动了政府加快创建“互联网 + ”平台的步伐。

2016 年 9 月国务院出台《政务信息资源共享管理暂行办法》,《政务信息资源共享管理暂行办法》于 2016 年 9 月 15 日起施行。《政务信息资源共享管理暂行办法》首先对各概念做出了定义,根据《政务信息资源共享管理暂行办法》第一章的规定，其适用于我国政务部门——政府部门及法律法规授权具有行政职能的事业单位和社会组织，其间的政务信息共享工作，包括因履行职责需要使用其他政务部门政务信息资源和为其他政务部门提供政务信息资源的行为。根据《政务信息资源共享管理暂行办法》第二章、第三章的规定，政务信息等定义为政务部门在履行职责过程中制作或获取的，以一定形式记录、保存的文件、资料、图表和数据等各类信息资源，包括政务部门直接或通过第三方依法采集的、依法授权管理的和因履行职责需要依托政务信息系统形成的信息资源等。《政务信息资源共享管理暂行办法》第四章、第五章分别对共享信息的使用、监督和保障做出了原则性规定。

总体来看，一方面，《政务信息资源共享管理暂行办法》的实施解决了当前我国政府组织结构上的二元架构和部门间利益的制约，从宏观的国家层面上搭建信息共享平台，为建成全国性、全面性、系统性多层次的政府信息共享服务体系奠定了制度基础，是深化改革的一次创举，在更好地建设服务型政府上做出了与时俱进的尝试。另一方面，在效力上，《政务信息资源共享管理暂行办法》属于行政法规，效力等级较法律较低，是否应联合《网络安全法》《保密法》等相关法律由全国人大制定法律尚待考察；在内容上《政务信息资源共享管理暂行办法》仅对信息共享做出了纲领性规定，缺乏配套的实施细则和内外部的监督问责机制。

4.《个人信用信息基础数据库管理暂行办法》

个人金融信用征信体系是社会信用体系的重要组成部分，然而，我国在该领域的法律法规明显缺位，已经难以适应快速发展的个人消费信贷领域。为此，中国人民银行于 2005 年 8 月颁布了《个人信用信息基础数据库管理暂行办法》，并于 2005 年 10 月 1 日起实施。

《个人信用信息基础数据库管理暂行办法》共 7 章，分别为：总则、报送和整理、查询、异议处理、安全管理、罚则、附则，共 45 条。在实体权利方面，《个人信用信息基础数据库管理暂行办法》第 13 条、第 15 条规定了被征信人的知情同意权，此知情同意权类似于消费者权益保护法律中的知情权，包括：征信中介机构、信用数据使用者获取、查询、使用信用数据必须征得被征信人的同意；被征信人有要求征信中介机构公开本人信用数据的请求权。《个人信用信息基础数据库管理暂行办法》第四章规定了被征信人的异议权，即如果被征信人认为征信中介机构手机的数据存在错误或不当，自己可能会因此承担相应不利后果时，被征信人享有提出删除或修正相应书记的权利。同时，《个人信用信息基础数据库管理暂行办法》还规定了被征信人的查询程序与异议程序。

总体来说,《个人信用信息基础数据库管理暂行办法》作为我国个人金融信用征信领域第一部部门规章位阶的规范性法律文件,填补了我国该领域的立法空白,具有重要的历史意义,但同时,在个人信用数据流转的保护等方面,《个人信用信息基础数据库管理暂行办法》依然存在不足之处。

5.《电信和互联网用户个人信息保护规定》

我国电信与互联网行业发展迅速,这对经济社会发展起到了重要的作用,但用户个人信息的泄露风险和保护难度也在不断地增大,为了完善电信和互联网行业个人信息保护制度,规范电信服务、互联网信息服务过程中收集、使用用户个人信息的行为,工业和信息化部于2013年7月16日颁布了《电信和互联网用户个人信息保护规定》,并于2013年9月1日实施。

《电信和互联网用户个人信息保护规定》共6章、25条,明确了电信和互联网用户个人信息的保护范围是“电信业务经营者和互联网信息服务提供者在提供服务的过程中收集的用户姓名、出生日期、身份证件号码、住址、电话号码、账号和密码等能够单独或者与其他信息结合识别用户的信息以及用户使用服务的时间、地点等信息”。《电信和互联网用户个人信息保护规定》第二章规定了用户个人信息收集和使用原则,要求电信业务经营者、互联网信息服务提供者收集、使用用户个人信息应当遵循合法、正当、必要的原则,并对用户个人信息的安全负责。同时,规定了未经用户同意不得收集、使用用户个人信息;明确告知用户其收集、使用信息的目的、方式和范围等事项;不得收集提供服务所必需以外的用户个人信息;在用户终止使用服务后应当停止对用户个人信息的收集和使用,并提供注销号码或账号的服务;不得泄露、篡改、毁损、出售或者非法向他人提供用户个人信息等条款。

总体来说,《电信和互联网用户个人信息保护规定》完善了电信业务经营者、互联网信息服务提供者对用户个人信息安全的安全保护措施,健全了相关管理制度,使信息安全责任进一步落到实处。

6.《个人信息和重要数据出境安全评估办法(征求意见稿)》

为保障个人信息和重要数据安全,维护网络空间主权和国家安全,维护社会公共安全利益,促进网络信息依法有序自由流动,2017年4月11日国家互联网信息办公室发布了关于《个人信息和重要数据出境安全评估办法(征求意见稿)》公开征求意见的通知。《个人信息和重要数据出境安全评估办法

(征求意见稿)》是对《国家安全法》和《网络安全法》的细化,为有跨境数据转移需求的公司提供了一些操作指引,该办法的出台对保障个人信息和重要数据安全、规范网络信息依法有序地流动,具有重要的指导意义。

《个人信息和重要数据出境安全评估办法(征求意见稿)》共18条,针对个人信息和重要数据出境的场景都提出了明确的管理要求,可以说,《个人信息和重要数据出境安全评估办法(征求意见稿)》既是《网络安全法》的一种延伸,同时又对《网络安全法》做出了相对详细的补充。

《个人信息和重要数据出境安全评估办法(征求意见稿)》第17条明确定义了"网络运营者""数据出境""个人信息""重要数据";第8条对数据出境安全评估的重点内容进行了明确;第9条对必须由监管部门进行评估的情况进行了界定。同时,《个人信息和重要数据出境安全评估办法(征求意见稿)》还对评估周期、评估时间、评估重点等内容都作出详细规定:第12条要求网络运营者应每年对数据出境至少进行一次安全评估,当数据接收方出现变更,数据出境目的、范围、数量、类型等发生较大变化时,数据接收方或出境数据发生重大安全事件时,应及时重新进行安全评估。第7条要求网络运营者应在数据出境前,自行组织对数据出境进行安全评估,并对评估结果负责。第8条中进一步罗列了数据出境安全评估的重点。此外,《个人信息和重要数据出境安全评估办法(征求意见稿)》的第11条还对哪些特定情况下数据不得出境进行了说明。在《网络安全法》中对不能出境的情况并没有做出规定,因此,《个人信息和重要数据出境安全评估办法(征求意见稿)》的第11条是对《网络安全法》的一种补充,使我国的网络安全监管体系更加完善。

《个人信息和重要数据出境安全评估办法(征求意见稿)》的发布意义重大,但是,这并不意味着我国网络安全监管体系已经完善。并且,在《个人信息和重要数据出境安全评估办法(征求意见稿)》中,对重要数据的定义较为模糊,包含了如"其他可能影响国家安全和社会公共利益"和"其他经国家网信部门、公安部门、安全部门等有关部门认定不能出境的"等模糊不清的条款,这些都将给网络运营者开展信息数据出境工作带来一定的不可预测性和不确定性。后续还需要参考国外管理实践经验,结合我国数据出境管理的实际情况,进一步明确《个人信息和重要数据出境安全评估办法(征求意见稿)》实施的操作流程规范,健全数据出境安全评估管理制度体系,为企业履行数据出境安全评估义务提供统一的规范和指引,为行业主管部门顺利开展数据出境安全评估管理工作提供标准化的依据。

7. 其他与数据、信息相关的行政法规、部门规章

表 3-2　其他与数据、信息相关的行政法规、部门规章

序号	行政法规/部门规章	发布日期	发布部门
1	《电信条例》	2016 年 2 月 6 日	国务院
2	《计算机信息系统安全保护条例》	2011 年 1 月 8 日	国务院
3	《信息安全等级保护管理办法》	2007 年 6 月 22 日	公安部、国家保密局、国家密码管理局、原国务院信息化工作办公室
4	《互联网电子邮件服务管理办法》	2006 年 2 月 20 日	原信息产业部
5	《计算机病毒防治管理办法》	2000 年 4 月 26 日	公安部
6	《计算机信息系统国际联网保密管理规定》	1999 年 12 月 27 日	国家保密局
7	《商用密码管理条例》	1999 年 10 月 7 日	国务院
8	《金融机构计算机信息系统安全保护工作暂行规定》	1998 年 8 月 31 日	公安部、中国人民银行

（三）地方性法规和地方政府规章

目前，全国各地区出台与信息、数据相关的地方性法规及地方政府规章汇总如下：各省市根据法律、国务院颁布的行政法规及各部门规章，结合本地区自身具体情况制定了政府数据资源共享条例、信息化促进条例、公共信用信息条例、公共数据管理办法、信用征信管理办法等地方性法规和地方政府规章。这些法规及规章一定程度上促进了政府部门的数据资源对接与共享机制，规范了个人信用数据采集、使用、处理行为，保证了信用信息的准确、安全及正当使用，保护了公民的合法权益。但是，各地区规章制度不完全统一，使各地数据、信息共享和使用的规则也存在区域上的局限性，并不能形成统一的全国性规则。

1. 地方性法规

表3-3 大数据相关的地方性法规汇总

序号	地区	地方性法规	发布部门	发布日期
1	浙江	《浙江省公共信用信息管理条例》	浙江省人大	2017年9月30日（2018年1月1日起实施）
		《浙江省信息化促进条例》	浙江省人大及其常委会	2010年7月30日
		《宁波市信息化条例》	宁波市人大常委会	2007年4月17日
		《杭州市信息化条例》（已失效）	杭州市人大常委会	2005年4月26日
2	贵州	《贵阳市政府数据共享开放条例》	贵阳市人大常委会	2017年4月11日
		《贵州省大数据发展应用促进条例》	贵州省人大	2016年1月15日
		《贵州省信息化条例》	贵州省人大及其常委会	2010年3月31日（2017年11月30日修正）
3	山西	《山西省信息化促进条例》	山西省人大及其常委会	2013年8月1日
		《山西省计算机信息系统安全保护条例》	山西省人大及其常委会	2008年9月25日
		《大同市政务信息公开条例》	大同市人大及其常委会	2004年6月5日
4	河北	《河北省社会信用信息条例》	河北省人大	2017年9月28日（2018年1月1日起实施）
		《河北省信息化条例》	河北省人大及其常委会	2012年9月26日
		《河北省经济信息市场管理条例》（已失效）	河北省人大及其常委会	1997年6月29日

续表

序号	地区	地方性法规	发布部门	发布日期
5	江苏	《泰州市公共信用信息条例》	泰州市人大常委会	2016 年 7 月 29 日
		《无锡市公共信用信息条例》	无锡市人大常委会	2015 年 12 月 4 日
		《江苏省信息化条例》	江苏省人大及其常委会	2011 年 9 月 23 日
6	广东	《广州市信息化促进条例》	广州市人大及其常委会	2011 年 9 月 6 日（2015 年 12 月 3 日修正）
		《广东省企业信用信息公开条例》	广东省人大及其常委会	2007 年 7 月 27 日
7	湖北	《湖北省社会信用信息管理条例》	湖北省人大常委会	2017 年 7 月 1 日
		《湖北省信息化条例》	湖北省人大及其常委会	2009 年 7 月 31 日
8	宁夏	《银川市智慧城市建设促进条例》	银川市人大常委会	2016 年 9 月 2 日
		《宁夏回族自治区计算机信息系统安全保护条例》	宁夏回族自治区人大及其常委会	2009 年 7 月 31 日
9	陕西	《陕西省公共信用信息条例》	陕西省人大及其常委会	2011 年 11 月 24 日
10	吉林	《吉林省信息化促进条例》	吉林省人大及其常委会	2011 年 3 月 30 日
11	新疆	《新疆维吾尔自治区信息化促进条例》	新疆维吾尔自治区人大及其常委会	2009 年 9 月 25 日
12	河南	《河南省信息化条例》	河南省人大及其常委会	2008 年 6 月 6 日
13	云南	《云南省信息化促进条例》	云南省人大及其常委会	2008 年 3 月 28 日（2015 年 9 月 25 日修正）

续表

序号	地区	地方性法规	发布部门	发布日期
14	山东	《山东省信息化促进条例》	山东省人大及其常委会	2007年11月23日（2016年3月30日修正）
15	北京	《北京市信息化促进条例》	北京市人大及其常委会	2007年9月14日
16	天津	《天津市信息化促进条例》	天津市人大及其常委会	2007年9月12日
17	重庆	《重庆市计算机信息系统安全保护条例》	重庆市人大常委会	2006年9月29日（2010年1月23日修正）
18	湖南	《湖南省信息化条例》	湖南省人大及其常委会	2004年7月30日（2012年5月31日修订）

2. 地方政府规章

表3-4　大数据相关的地方政府规章汇总

序号	地区	地方政府规章	发布部门	发布日期
1	福建	《福州市政务数据资源管理暂行办法》	福州市政府	2017年7月27日
		《福州市健康医疗大数据资源管理暂行办法》	福州市政府	2017年4月21日
		《福建省政务数据管理办法》	福建省政府	2016年10月15日
		《福州市政务信息资源交换共享管理暂行办法》	福州市人民政府办公厅	2015年9月27日
		《福建省公共信用信息管理暂行办法》	福建省政府	2015年6月24日

续表

序号	地区	地方政府规章	发布部门	发布日期
2	广东	《深圳市公共信用信息管理办法》	深圳市政府	2017年8月10日
		《广东省电子政务信息安全管理暂行办法》	广东省政府	2003年6月24日
		《广东省计算机信息系统安全保护管理规定》(已失效)	广东省政府	2003年4月8日
		《深圳市个人信用征信及信用评级管理办法》	深圳市政府	2001年12月18日
3	浙江	《浙江省公共数据和电子政务管理办法》	浙江省政府	2017年3月16日
		《杭州市公共信用信息管理办法》	杭州市政府	2016年8月28日
		《浙江省地理空间数据交换和共享管理办法》	浙江省政府	2010年5月4日
		《浙江省企业信用信息征集和发布管理办法》	浙江省政府	2005年8月1日
4	上海	《上海市政务数据资源共享管理办法》	上海市政府	2016年2月29日
		《上海市公共信用信息归集和使用管理办法》	上海市政府	2015年12月30日
		《上海市公共信息系统安全测评管理办法》	上海市政府	2006年5月7日(2010年12月20日修正)
		《上海市个人信用征信管理试行办法》(已失效)	上海市政府	2003年12月28日

续表

序号	地区	地方政府规章	发布部门	发布日期
5	湖南	《湖南省地理空间数据管理办法》	湖南省政府	2017年3月3日
		《湖南省信用信息管理办法》(已失效)	湖南省政府	2005年11月24日
		《长沙市信用征信管理办法》	长沙市政府	2012年8月7日
6	湖北	《武汉市公共信用信息管理办法》	武汉市政府	2016年7月20日
		《武汉市政务数据资源共享管理暂行办法》	武汉市人民政府办公厅	2015年11月20日
		《湖北省个人信用信息采集与应用管理办法》(已失效)	湖北省政府	2008年6月4日
7	北京	《北京市公共服务网络与信息系统安全管理规定》	北京市政府	2005年11月11日
		《北京市党政机关计算机网络与信息安全管理办法》	北京市政府	2001年11月15日
8	江苏	《无锡市个人信用信息征集管理办法》	无锡市政府	2012年12月3日
		《江苏省个人信用征信管理暂行办法》	江苏省政府	2007年9月13日
9	安徽	《安徽省政务信息资源共享管理暂行办法》	安徽省政府	2017年2月21日
10	辽宁	《辽宁省公共信用信息管理办法》	辽宁省政府	2015年12月12日
11	青海	《青海省地理空间数据交换和共享管理办法》	青海省政府	2015年10月14日

续表

序号	地区	地方政府规章	发布部门	发布日期
12	广西	《南宁市个人信用信息征集使用管理办法》	南宁市政府	2014 年 4 月 24 日
13	天津	《天津市企业信用征信数据库管理暂行办法》	天津市政府	2013 年 7 月 16 日
14	内蒙古	《内蒙古自治区信用信息管理办法》(已失效)	内蒙古自治区政府	2006 年 7 月 12 日
15	海南	《海南省征信和信用评估管理暂行规定》	海南省政府	2005 年 12 月 7 日

(四)国际立法趋势及启示

1. 国际立法趋势

当前,国际竞争的焦点已经从资本、土地、资源的争夺,逐步转向对数据的争夺。一国拥有的数据的规模、处理数据的能力等成为新的大国之间的博弈领域,在此情况下,世界各国关于大数据的立法保护也拥有了无比重要的战略意义。放眼全世界,美国和欧盟等发达国家或经济体已经初步建立起了完备的数据法律体系。

表 3－5 境外数据与信息规则相关立法

序号	国家/地区	名称	编译单位
1	德国	《联邦数据保护法》	中国政法大学互联网金融法律研究院编译
2	韩国	《个人信息保护法》	
3	新加坡	《个人数据保护法》	
4	加拿大	《个人信息保护法》	
5	法国	《数字共和国法案》	
6	欧盟	《一般数据保护法案》	
7	英国	《数据保护法案》	

第一,在数据保护方面,数据保护源于欧洲,由于各国的经济、文化、政治、

民俗等多元素的存在,数据信息内容也呈现多元化,相应的法律保护规范和法律制度存在不同的趋势。当前,欧盟与美国信息化发展程度较高,相应的立法也走在世界前沿。

欧洲的数据保护法相对严格,欧盟及其成员国的法律基本将凡是与特定的个人有关的所有信息都归属于个人数据的范围,对个人数据尽可能给予最大限度的保护。欧洲的许多法律和指引中最基本的一些数据保护规则是:在数据采集发生前通知的权利、获取数据的权利、数据变更或删除的权利、反对采取某些数据处理方式的权利、不让种族和宗教信仰等变量予以记录的权利。最基本的原则之一为:个人应获得有关数据采集的通知,以及不能有任何秘密数据采集的行为。1990 年欧盟委员会发布了第一个关于《欧盟数据保护指引》(European Union Data Protection Directive)的草案,经过几年的讨论,1995 年发布《欧盟数据保护指引》。该指引建立了比较高的数据保护标准,明确了充分性保护原则。2007 年欧盟更是在《欧盟基本权利宪章》(Charter of Fundamental Rights of the European Union)中明确规定"人人均有权享有个人信息的保护"且"人人均有权了解其个人信息,并有权要求销毁其个人信息"。2012 年,欧盟《一般数据保护法案》(General Data Protection Regulation, GDPR)在此基础上做了更全面、严格、具体的数据保护措施,包括被遗忘权和删除权。这两项权利在全世界都引起了很大的反响。

美国数据保护体制与欧盟不同,当大数据技术及其应用的环境在世界各地成熟以来,美国对于大数据技术应用一直是支持与鼓励的积极态度,并且美国政府主张利用大数据提高公民福利。从 2010 年起,奥巴马政府发动了一系列"我的数据"(My Data)行动,以使美国公民能够安全地获取其个人数据,并鼓励能够使用和分析这些数据的私人部门发展,使之更好地为公民提供应用和服务,为其更好地管理其工作和生活、高效获取社会福利提供便利。然而在利用数据这一过程中,公民个人由于技术条件和知识水平限制难以取得行动的主动权,其数据权利处于容易受到政府和企业侵犯的风险之中,制定法律防止公权力和其他私主体侵犯个人信息就成为立法重点。与欧盟及其成员国等国家制定专门法律保护个人数据权利的立法模式不同,美国对个人数据的保护体制采取的是分散式立法的模式。美国隐私保护法案没有综合性的覆盖私营部门和公共部门的《数据保护法》(Data Protection Act),针对私营部门的法律仅适用于某一特定的行业,对隐私权问题的监管在联邦和州两个层面进行,对数据保护的分散监管取代综合监管,即在公共部门范畴下,通过制定《信息自由法》(Freedom of Information Act)和《隐私法案》(Privacy Act)限制公权力侵犯个人信息权利;在私人部门范畴下,在金融、电信、医疗等行业领域的市场管理规则中针对不同情况嵌入了信息保护条款。同时,作为高度重视新技术发展和创新的国家,美国在信息保护方面推行行业自律,包括通过网络隐私权保护的自律组织制定行业指引或提供隐私认证。2014 年 5 月,美国总统执行办公室发布 2014 年全球"大数据"白皮书——《大数据:把握机遇,守护价值》(Big Data:Seize Opportunities,Preserving Values),从政策调整、法律制定、法律解释和技术革新几个方面对大数据时代下完善公民数据保护提出了建议。

韩国经过 8 年多的立法历程,于 2011 年 3 月颁布了《个人信息保护法》(Personal Information Protection Act)。在颁布该法以前,韩国的个人信息保护法制采用"二元化立法体系",公共部门与民间部门分别制定个人信息保护的相关法律,公共部门和民间部门也适用不同的个人信息保护法律。针对公共部门,韩国在 1994 年制定了《公共机关个人信息保护法》,该法作为公共领域保护个人信息的一般法律,以保护因公共机关的电脑、闭路电视等具备信息处理或收发信息功能的装置而被处理的个人信息为其立法目的。韩国二次元的个人信息保护法制,因其体系不均衡,逐渐显露出立法的不足。为解决实践中不断发生的侵害信息的案件,韩国开始推进《个人信息保护法》的立法。韩国《个人信息保护法》分为 9 章,共 75 条。在内容方面,《个人信息保护法》扩大了个人信息保护的范围,消除了以往个人信息法律保护的灰色地带;对个人信息的含义做出了明确的规定;确立了个人信息保护的基本原则;构建了全方位的个人信息保护体系;明确了"个人信息自决权"即"每个人都有权决定是否将个人数据信息交付并提供给他人、社会责之和国家利用的权力"。由此来看,《个人信息保护法》使韩国个人信息保护的立法体系从二元化走向了一元化,实现了个人信息保护的统一立法。

第二,在数据安全方面,随着网络技术的快速发展,大数据的广泛运用,各国对于网络数据安全领域的立法不断增多,网络数据安全的立法边界逐步扩大,从传统的集中于提高网络安全技术水平、信息系统安全、标准、组织机构等内容,逐步开始与其他法律相互融合,如数据留存,其实与网络安全立法和个人隐私保护立法都相关;网络监控,则与国家安全、反恐等密切相关。2014 年 11 月,美国出台《加强网络安全法案》,与以往的网络安全综合性法案相比,该法案在实施上更具可操作性。短期,美国将启动为期 4 年的网络安全专项研究计划;长期,美国着重于网络安全人才的教育培养,并为此设置了选拔标准,甚至调整了课程。2013 年年底,日本国会通过《网络安全基本法》。该法从网络安全的定义、基本理念、相关者的责任、法制措施、行政机构、战略、基本政策措施等方面进行了规定,是日本网络安全方面的基本法律。可以看出,网络安全基础性法律在覆盖范围上有所扩展,除传统的加强网络安全技术研究等内容之外,还将中长期安全发展战略、人才选拔和培养、拓展国际盟友等内容都纳入其中。

第三,在跨境数据流动管理方面,世界各国并未形成统一的制度框架,整体来看,国外对不同类型的数据采取不同的管理模式。主要采取分级分类管理的模式,根据禁止程度分为以下三类:第一类是重要的数据,禁止跨境流动。目前,很多国家已经意识到了重要数据本地化存储的重要意义。各个国家也就此有了相关的规定:印度的电信许可协议中要求各类电信企业(包括互联网服务提供商),不允许将用户账户信息、用户个人信息转移至境外,否则可能面临吊销许可证的后果。意大利、匈牙利等国在当地的法律法规中,禁止将政府数据存储于国外的 Iaas 服务提供商。第二类是政府和公共部门的一般数据和相关行业技术数据,进行有条件的限制跨境流动。许多国家针对政府和公共部门的一般数据实施了跨境限制:加拿大财政委员会要求每一个政府机构对数据处理合同进行评估以识别任何与美国爱国者法案相关的潜在风险,评估风险层级,并且采取修正措施来解决安全风险问题。第三类是普通的个人数据,允许跨境流动但是要满足安全管理的要求。例如,加拿大《个人信息保护法》(Personal Information Protection Act)规定,传输个人信息时,拥有或保管个人信息的机构应当对个人信息负责,包括已经转移到第三方机构的情形。2017 年 9 月 13 日,欧盟委员会发布《非个人数据自由流动条例(提案)》(Regulation on the free flow of non-personal data),旨在废除欧盟各成员国的数据本地化要求,同时确保监管机构的数据访问、获取权限。《非个人数据自由流动条例(提案)》一旦通过,将限制欧盟成员国的数据本地化要求的范围,打造一个欧盟公共数据空间,这将为欧盟在数据跨境流动方面开启一个新的篇章,创造一个更具竞争力的数据存储和其他处理服务的统一内部市场,成为欧盟数字单一市场战略的重要推动力。

2. 对我国立法的启示

如今,我国的信息化建设正在不断发展,互联网得到了全面普及,大数据应用也在相关政策的大力支持下快速地发展,然而从前文可以看出我国的大数据发展还并未进入全面的法治化的轨道。当前,我国关于信息数据安全的法律条文分布在《宪法》、《刑法》、《民法总则》、《网络安全法》、全国人大常委会《关于加强网络信息保护的决定》、《征信业管理条例》、《个人信用信息基础数据库管理暂行办法》和《电信和互联网用户个人信息保护规定》等国家法律、行政法规及部门规章中,除此之外,全国各地区根据法律、国务院颁布的行政法规及各部门规章,结合本地区自身具体情况制定了与信息、数据相关的地方性法规及地方政府规定。这些法律法规就构成了目前我国的网络信息数据安全保护的法律框架,然而,这样的法律框架对于将大数据提升为国家战略的当今中国来说已远远不够,目前,我国数据安全保护制度尚需完善,大数据应用法律制度也有待健全,还并未有相应的监管体系,此外,在法律责任制度方面,如何形成民事责任和行政责任、刑事责任相互衔接,层层递进的责任制度也是现今需要解决的问题。我国要想实现数据强国就要将大数据应用纳入法治轨道,在大数据治理中彰显法治精神,适度监管,规范各类数据的使用、交易等环节,明确法律责任,增进效益,保障国家安全、人民安全。

我国应当确保在数据的采集、分析、传播、存储、交易、使用、共享与监管关系中建立有序健康的市场秩序,将安全原则、数据主权原则、公平原则、平等原则、公正原则、科学原则作为数据立法过程和最终所制定的法律法规贯彻的指导思想、立法目标及体现的基本精神。

总之,数据与信息已成为国家基础性战略资源,大数据正日益对全球生产、流通、分配、消费活动及经济运行机制、社会生活方式和国家治理能力产生重要影响。目前,我国在大数据发展和应用方面已具备一定基础,拥有市场优势和发展潜力。然而,在此过程中法律法规建设滞后的问题也已经显现,立法的完善将为我国数据主权、数据安全、数据创新发展、数据监管、数据共享等方面提供有力保障。我国的大数据立法应当在系统地理解大数据这一事物特点的基础上,紧密围绕社会主义核心价值观,结合当前社会主义法律体系,遵循安全、主权、根本利益、公平、平等、公正、科学原则,明确大数据在法律上的定义和分类,对不同类型数据的采集、分析、传播、存储、交易、使用、共享及法律责任等方面制定专业的、清晰的规则,协调大数据领域创新与监管的关系,树立大数据法律行为的指路标,铺设大数据环境的安全网,备好大数据应急事件的降落伞,进而保证我国数据生态良好、风清气正,助力我国网络空间的治理,体现国家治理的法治精神,使人民共享大数据创新发展的成果。

四、大数据监管现状

（一）监管部门及职能

1. 中央监管部门及职能综述

2014 年国务院发布《关于授权国家互联网信息办公室负责互联网信息内容管理工作的通知》（国发〔2014〕33 号），授权重新组建的国家互联网信息办公室（以下简称中央网信办）负责全国互联网信息内容管理工作，并负责监督管理执法。但并没有明确授权中央网信办负责大数据的监督管理工作。国务院颁布的《政务信息资源共享管理暂行办法》中，授权发改委、中央网信办对信息共享工作评价办法的编制权；单独授权中央网信办负责建立政务信息资源共享网络安全管理制度，指导推进政务信息资源共享风险评估和安全审查；单独授权发改委对各级人民政府政务信息资源共享的整改工作进行监督汇报。除此之外，国土部、工信部、环保部等七部委仅就职权范围内促进大数据发展颁布了相应的发展规划与政策，就各自职权范围内大数据应用的发展出台促进政策，并强调相关部门的监督管理任务。《网络安全法》中授权“国家网信部门”负责统筹协调网络安全工作和相关监督管理工作，其他部门在各自职权范围内负责网络安全保护和监督管理工作，地方政府主要为县级以上政府有关部门负责网络监管和安全保护职责。《“十三五”国家信息规划》中明确确定由中央网信办为主要牵头方，会同各相关部门主要负责数据各方面的立法工作。之后，中央网信办在2017年7月发布《关键信息基础设施安全保护条例（征求意见稿）》，明确了国家行业主管或监管部门按照国务院规定的职责分工，负责指导和监督本行业、本领域的关键信息基础设施安全保护工作。网信办负责关键信息基础设施的安全保护工作的统筹和监督工作。国务院公安、国家安全、国家保密行政管理、国家密码管理等部门在各自职责范围内负责相关网络安全保护和监督管理工作。

根据以上分析，中央网信办作为统筹协调网络安全工作和监督管理工作的主要机构，又因数据主要应用和生存于网络领域，数据安全属于网络安全的一部分，享有对数据安全进行监督管理的权力。因此，我国大数据中央监管部门主要以中央网信办为统筹监管部门，其他各部委在各自职权范围内行使监管职能。大数据法律、法规及监管政策出台的主要以中央网信办为统筹牵头单位，其他部门在各自职权范围内行使行政监督管理职权。

2. 地方监管部分及职能综述

截至目前，地方各级政府及其办公厅出台了大数据相关政策文件共计161项。主要是在2015年国务院下发《关于印发促进大数据发展行动纲要的通知》（国发〔2015〕50号）之后各级政府及其办公厅根据行政管辖区域内大数据发展需求及现状等具体情况发布的关于促进大数据发展规划、税收优惠政策及其他促进和规范大数据发展的政策等。这些文件的内容主要是规划地方大数据发展方向，制定大数据发展的优惠政策，完成国务院关于政务信息资源共享建设的整体规划等事项。《网络安全法》中授权地方政府主要为县级以上政府有关部门负责网络监管和安全保护职责。中央网信办颁布的《关键信息基础设施安全保护条例（征求意见稿）》中授权县级以上地方人民政府有关部门按照国家有关规定开展关键信息基础设施安全保护工作。地市级以上人民政府应当将关键信息基础设施安全保护工作纳入地区经济社会发展总体规划，加大投入，开展工作绩效考核评价。贵州省及贵阳市出台2部地方性法规，主要是关于数据共享及促进大数据发展的规定，目的是建立统一数据共享平台，监督管理数据收集、存储、交易、共享等。在地方政府主要负责大数据发展的同时，各地方也相继成立了23个大数据管理机构。截至目前，全国各省市已经设立23个大数据管理机构，主要职责是拟定并组织实施大数据战略、规划和政策措施等（见表4－1）。

表 4－1 中国地方大数据管理机构

序号	机构名称	成立时间	隶属机构	级别	职能
1	酒泉市大数据管理局	2017 年 8 月	酒泉市政府	正局级	贯彻落实中央和省、市党委、政府信息化建设重大决策部署；承担全市信息化社会服务管理规划、智慧城市建设规划、信息化产业发展规划；统筹全市大数据平台建设，负责政府数据统一“云平台”建设管理，组织制定相关标准规范，积极推动大数据信息产业开发应用；负责全市信息化重大项目审核、资金使用、业务指导和工作考核；协调推进全市信息资源整合和共享工作；指导、协调、监督、检查全市电子政务工作；承担酒泉市智慧城市工作领导小组办公室主要职能
2	合肥市数据资源局	2017 年 8 月	合肥市政府	正局级	统筹全市信息化、电子政务、智慧城市、大数据、“互联网＋”等工作职能，加快推进政务、民生、产业领域各类数据资源的深度开发利用与开放共享，显著提升政府治理和公共服务能力，打造新型智慧城市等
3	杭州市数据资源管理局	2017 年 6 月	杭州市政府	正局级	尚无官方简介
4	中卫市云计算和大数据发展服务局	2017 年 6 月	中卫市政府	正处级	主要负责研究编制及组织实施全市云计算、大数据和军民融合产业规划、发展、管理；促进大数据的政用、民用、商用，并承担中卫西部云基地建设、云计算和大数据、军民融合产业相关项目的招商引资、技术洽谈、项目落地、工程实施等

续表

序号	机构名称	成立时间	隶属机构	级别	职能
5	昆明市大数据管理局	2017年3月	昆明市经信委	正处级	按照国家、省的要求拟定大数据标准体系和考核体系，组织实施大数据采集、管理、开放、交易、应用等相关工作；统筹推进社会经济各领域大数据开放应用；统筹协调智慧城市建设的整体推进工作等
6	内蒙古自治区大数据发展管理局	2017年2月	内蒙古自治区政府	正厅级	尚无官网简介
7	青岛市大数据发展促进局	2017年	青岛市政府	正处级	调整完善大数据发展协调推进体制；负责组织建立信息资源安全管理制度，指导督促信息资源采集、共享、使用全过程的安全保障工作，指导推进信息资源风险评估和安全审查，加强对大数据安全技术、设备和服务提供商的风险评估和安全管理；突出加强大数据信息安全体系建设；健全大数据发展法规和政策体系等
8	银川市大数据管理服务局	2016年11月	银川市政府	正处级	研究并组织实施智慧银川建设以及大数据战略、规划和政策措施，引导和推动智慧银川建设以及大数据的研究和应用工作，协调信息资源的互联互通、资源共享；协调、组织实施国家和地方数据技术标准，研究基础信息资源共享交换目录、技术规范和范围；组织实施大数据的标准体系和考核体系，推动大数据形成机制的建立和开发应用；组织实施大数据收集、管理、开放、交易、应用等标准规范；组织实施智慧银川运行管理规范和部件标准；协调全市信息安全保障体系建设等

续表

序号	机构名称	成立时间	隶属机构	级别	职能
9	贵阳市大数据发展管理委员会	2016年9月	贵阳市政府	正处级	研究拟定并组织实施大数据战略、规划和政策措施,引导和推动大数据研究和应用工作;组织拟定大数据的标准体系和考核体系;拟定大数据收集、管理、开放、应用等标准规范;负责以大数据为引领的信息产业行业管理,统筹推进社会经济各领域大数据开发应用;组织编制电子政务建设规划"互联网+"行动计划并组织实施;组织协调市级重大电子政务项目建设和"互联网+"应用工程;负责信息基础设施规划、协调、管理和监督;负责统筹政务信息网络系统、政务数据中心的建设、管理,促进政府数据资源的共享与开放;统筹协调信息安全保障体系建设;承担信息安全等级保护、应急协调和数字认证相关工作;承办市委、市人民政府交办的其他事项
10	咸阳市大数据管理局	2016年7月	咸阳市政府	正厅级	负责全市信息共享工作的组织领导,协调解决与政府信息共享有关的重大问题;研究拟定并组织实施大数据战略、规划和政策措施,引导和推动大数据研究和应用工作;组织制定大数据收集、整理、发布、维护、更新等标准规范;建立全市统一的数据服务中心和信息共享机制;对共享信息实行动态管理,确保共享信息的准确性、实效性;统筹协调信息资源的安全管理,承担信息安全等级保护、应急协调和数字认证等工作

续表

序号	机构名称	成立时间	隶属机构	级别	职能
11	宁波市大数据管理局	2016年6月	宁波经信委	正处级	负责拟定并组织实施全市大数据发展战略、规划和政策措施;组织制定全市大数据资源收集、共享、开放、应用、交易等标准规范,统筹管理全市政务数据资源收集、挖掘、共享、开放工作;负责全市信息基础设施集约化规划、建设、管理和应用;协调并监督重大信息基础设施建设和信息资源开发项目建设,组织推进国家大数据相关工程建设;统筹推进城市公共服务大数据应用,协调推进全社会大数据建设,推进面向全社会的城市大数据资源体系、交易体系、应用体系建设;组织制定大数据发展工作考核体系、标准并监督检查和评估考核;指导产业大数据应用,制定大数据产业发展政策,培育大数据产业,协调大数据产业合作,配合推进大数据产业基地建设等
12	江门市网络信息统筹局	2016年5月	江门市政府	正处级	统筹数据管理,为当地政府的决策提供数据支撑,确保科学决策等
13	浙江省数据管理中心	2015年11月	浙江省政府	未知	拟定并组织实施大数据发展规划和政策措施;研究制定数据资源采集、应用、共享等标准规范;统筹推进大数据基础设施建设、管理;组织协调大数据资源归集整合、共享开放,推进大数据应用;组织协调大数据信息安全保障体系建设。负责大数据发展的政策制定、相关整合工作、数据开放共享等顶层设计职能

续表

序号	机构名称	成立时间	隶属机构	级别	职能
14	保山市大数据管理局	2015 年 11 月	保山市工信委	正处级	推荐数据资源整合、开放与利用;深入推进"互联网 +"惠民工程;促进保山国际数据服务产业园发展
15	黄石市大数据管理局	2015 年 11 月	黄石市经信委	副处级	研究拟定并组织实施大数据战略、规划和政策措施,引导和推动大数据研究和应用工作;组织制定大数据收集、管理、开放、应用等标准规范;推动形成全社会大数据形成机制的建立和开发应用;承担企业情况综合工作,负责企业数据收集和存储;负责统筹政务信息网络系统、政务数据中心的建设、管理等
16	贵州省大数据发展管理局	2015 年 10 月	贵州省政府	正厅级	研究拟定并组织实施大数据战略、规划和政策措施,引导和推动大数据研究和应用工作;组织拟定大数据的标准体系和考核体系;拟定大数据收集、管理、开放、应用等标准规范;负责以大数据为引领的信息产业行业管理,统筹推进社会经济各领域大数据开发应用;组织编制电子政务建设规划"互联网 +"行动计划并组织实施;组织协调市级重大电子政务项目建设和"互联网 +"应用工程;负责信息基础设施规划、协调、管理和监督;负责统筹政务信息网络系统政务数据中心的建设、管理、促进政府数据资源的共享与开放;统筹协调信息安全保障体系建设,承担信息安全等级保护,应急协调和数字认证相关工作等
17	成都市大数据管理局	2015 年 9 月	成都市经信委	正处级	负责拟定全市大数据战略、规划和政策措施并组织实施;推动信息数据收集、管理、开放、应用等标准规范,推动信息数据资源和基础设施建设;推动信息互联互通、资源共享等

续表

序号	机构名称	成立时间	隶属机构	级别	职能
18	兰州市大数据社会服务管理局	2015 年 9 月	兰州市政府	副厅级	贯彻落实党中央和省市党委、政府信息化建设重大决策部署；研究拟定并组织实施全市信息化社会服务、智慧城市建设等大数据发展政策措施，会同有关部门研究组织实施信息产业政策规划；负责统筹全市大数据平台建设、组织制定大数据收集、管理、开放、应用等相关标准规范；负责全市社会服务信息化建设和管理工作；负责县区信息化建设总体规划及部门信息化建设规划、方案的审核工作；负责协调推进全市信息资源整合及共享；负责大数据产业、三维数字社会服务管理、信息产业促进等工作的指导、监督和考核等
19	沈阳市大数据管理局	2015 年 6 月	沈阳市经信委	正局级	负责组织制定智慧沈阳的总体规划和实施方案；研究制定大数据战略、规划和相关政策；组织制定大数据的标准体系和考核体系，统筹推动全社会大数据库建设，组织制定大数据采集、管理、开放、交易、应用等标准规范；指导大数据产业发展；组织协调政务信息资源共享；统筹协调信息安全保障体系建设等工作

续表

序号	机构名称	成立时间	隶属机构	级别	职能
20	广州市大数据管理局	2015年5月	广州市工信委	正处级	研究拟定并组织实施大数据战略、规划和政策措施，引导和推动大数据研究和应用工作；协调、组织实施国家和地方数据技术标准，研究拟定基础信息资源共享交换目录、技术规范和范围；组织制定大数据收集、管理、开放、应用等标准规范；制定智慧城市运行管理规范和部件标准并组织实施；推动形成全社会大数据形成机制的建立和开发应用；负责统筹规划建设工业大数据库，建立企业能耗、环保、安全生产监测指标等数据库。支撑量化融合公共信息平台的运行；负责企业数据信息采集、统计、分析、报告等企业情况综合工作等
21	广东省大数据管理局	2014年2月	广东省经信委	正厅级	研究拟定并组织实施大数据战略、规划和政策措施，引导和推动大数据研究；组织制定大数据收集、管理、开放、应用等标准规范；推动形成全社会大数据形成机制的建立和开发应用；承担企业情况综合工作，负责企业数据收集和存储；组织编制电子政务建设规划并组织实施；组织协调政务信息资源共享；负责统筹政务信息网络系统、政务数据中心建设、管理；统筹协调信息安全保障体系建设；承担信息安全等级保护、应急协调和数字认证相关工作等
22	佛山市南海区数据统筹局	2014年2月	南海区政府	正处级	统筹政务信息，实现信息的共享；收集相关数据信息，对相关信息进行整理等

续表

序号	机构名称	成立时间	隶属机构	级别	职能
23	重庆市经信委大数据发展局	未知	重庆市经信委	正处级	研究拟定并组织实施大数据、云计算等软件和信息服务业发展战略、规划和政策措施,统筹推进大数据产业发展。组织推动大数据在经济社会等领域的广泛应用,协调开展大数据应用示范。负责组织研究制定全市大数据收集、管理、开放、应用等标准规范。负责组织对虚拟化等大数据关键技术研究和开发,组织推动大数据新产品、新服务及公共服务平台建设,增强大数据技术创新与新应用能力。组织并实施"互联网+"行动计划,统筹全市互联网经济发展工作,研究、跟踪和推进分享经济等新业态、新模式发展。负责全市大数据、云计算、移动互联网等软件和信息服务业统计和运行监测工作

综上所述,我国地方政府职责除了中央行政法规及部门规章规定的职责外,其主要负责制定促进大数据产业发展等政策,促进大数据产业发展,实现政务信息资源共享等。地方成立大数据管理局的,大数据管理局的职责具有专业性、职权集中性等特征,大数据管理局主要负责大数据产业规划、拟定大数据标准体系、组织实施大数据收集、存储、管理、开放、交易、应用等标准规范、协调信息安全保障体系建设等职责。总体来说,各地方成立大数据管理局成为地方政府监管大数据发展的趋势,成立大数据管理局对制定大数据相关规章制度及实施行政监管都具有重大意义。

(二)政府推进大数据发展政策综述

1. 中央推进大数据发展政策综述

截至目前,国务院及各部委共出台 23 项综合及单项大数据发展政策,其中,国务院共出台8项政策,分别为国务院《关于印发促进大数据发展行动纲要的通知》(国发〔2015〕50号)、国务院办公厅《关于运用大数据加强对市场主体服务和监管的若干意见》(国办发〔2015〕51号)、国务院办公厅《关于促进和规范健康医疗大数据应用发展的指导意见》(国办发〔2016〕47号)、国务院《关于印发"十三五"国家信息化规划的通知》(国发〔2016〕73号)、国务院办公厅《关于印发政务信息系统整合共享实施方案》(国办发〔2017〕39号),各部委发布的政策性文件均为各部委职权范围内发布的行业促进大数据发展的政策性文件。其中,工信部出台4项与大数据相关的政策,发改委、交通运输部、公安部各出台3项政策,国土部、环境保护部、保护部、民政部、农业部、水利部、住建部、网信办各出台1项政策,分别为《关于开展信息安全风险评估工作的意见》、《"十三五"国家政务信息化工程建设规划》、国家发改委办公厅《关于组织实施促进大数据发展重大工程的通知》、《大数据产业发展规划(2016~2020)》、《关于信息安全等级保护工作的实施意见》、《关于开展信息安全等级保护安全建设整改工作的指导意见》、《国家网络空间安全战略》《云计算综合标准化体系建设指南》、《关于促进国土资源大数据应用发展的实施意见》、《生态环境大数据建设总体方案》、《交通运输政务信息资源目录编制指南(试行)》、交通运输部办公厅《关于推进交通运输行业数据资源开放共享的实施意见》、民政部《关于统筹推进民政信息化建设的指导意见》、《农业农村大数据试点方案》、《关于推进水利大数据发展的指导意见》、《数据中心设施运行维护规范(征求意见稿)》,以上政策文件主要涉及以下内容(见图4-1)。

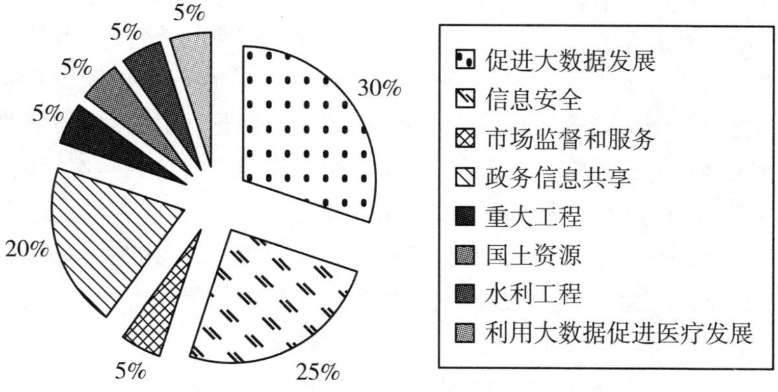

图4-1 政府政策文件涉及的主要内容

结合图4－1及各政策文件的内容，国务院办公厅及中央各部委出台的政策都是围绕国务院《关于印发促进大数据发展行动纲要的通知》布局在职权范围内的行业大数据发展规划及其实施方案。国务院《关于印发促进大数据发展行动纲要的通知》是综合性的规划纲领性文件，主要以国家战略视角对大数据发展的重要性、大数据发展形势进行了详细的论述，充分说明了大数据作为基础性战略资源将对国家基础性经济运行机制、社会生活方式及国家治理能力产生深刻的影响和变革。

当前，我国大数据法律法规滞后，行政机关执法缺乏法律依据和标准。大数据的发展要深入贯彻党中央、国务院决策部署，完善法律法规制度和标准体系建设，加强国家层面的顶层设计，利用制度规范和协调大数据发展，切实保障公民个人信息安全。着力推进数据汇集和发掘，深化大数据在各行业创新应用，促进大数据产业健康发展。国务院办公厅《关于运用大数据加强对市场主体服务和监管的若干意见》（国办发〔2015〕51号）是依据国务院《关于印发促进大数据发展行动纲要的通知》中针对大数据应用所提出来的具体实施文件，其主要目标是利用大数据建立健全事中事后监督机制，建立统一的社会信用信息共享交换平台，加强对电子商务领域的监管，形成社会共同参与和监管的机制。从而"提高大数据运用能力，增强政府服务和监管的有效性；推动简政放权和政府职能转变，促进市场主体依法诚信经营；提高政府服务水平和监管效率，降低服务和监管成本。最终实现政府监管和社会监督有机结合，构建全方位的市场监管体系"。

大数据作为一种战略性资源既可以促进国民经济和社会的发展，引导和监督市场主体依法诚信经营。还可以利用大数据促进政府简政放权，监督政府更好地服务于人民。促使政府利用大数据做出科学的决策，实施科学的监管手段。国务院办公厅《关于促进和规范健康医疗大数据应用发展的指导意见》（国办发〔2016〕47号）直接认定健康医疗大数据是"国家重要的基础性战略资源"，该政策颁布的主要目的是鼓励各级医疗卫生机构收集医疗数据，建立全国统一的健康医疗大数据共享通道。同时，该文件也强调规范健康医疗大数据发展，建立健全、健康医疗大数据开放、保护等法律制度，强化标准和安全体系建设，强化安全管理责任，妥善处理应用发展与保障安全的关系，增强安全技术支撑能力，有效保护个人隐私和信息安全。

综上所述，大数据作为一种战略性资源，我们在鼓励各行业内广泛应用大数据的同时，也要正视大数据在应用过程中法律、法规不健全，具体行业标准欠缺,各地数据应用规则不统一,监管机构及监管职权不明等问题亟须解决。大数据法治的缺失,是目前阻碍大数据发展的重要因素,制定大数据法律法规,规范大数据收集、存储、交易、管理、共享、使用等行业行为同样是大数据发展亟须解决的问题。促进大数据发展的同时应注重法律法规并行,建立健全大数据法律法规体系,就是要坚持依法、科学地应用好大数据,用数据来科学决策,以数据促进国民经济和社会向前发展。大数据应用需要国家依法监管,依法监管就需要不断建立健全数据的收集、存储、交易、处理、使用、共享等环节所涉及的行业标准及法律、法规,使大数据的应用法制化,将大数据的发展纳入法治化轨道,为大数据产业发展保驾护航。同时,大数据的发展对政府简政放权,深化行政改革具有重要的促进作用。用数据衡量行政机关依法行政,以精准代替烦琐的行政干预,加强行政干预的准确性,不断提高政府的治理能力,提高政府服务和监管的针对性和有效性。当然,大数据的发展要从根源上杜绝信息泄露、非法买卖个人数据等非法行为,要切实保护个人信息,让法治环境下的大数据更好地促进国家和社会的法治化。

(1)促进大数据依法发展

国务院《关于印发促进大数据发展行动纲要的通知》(国发〔2015〕50 号)中指出,大数据在迅猛发展的过程中存在法律法规建设滞后、政府数据开放不足、数据共享信息不统一、数据存储、交易、使用等标准尚无统一规定等问题。这些问题亟须加快法规制度建设,修订政府信息公开条例。积极研究数据开放、保护等方面制度,实现对数据资源采集、传输、存储、利用、开放的规范管理,促进政府数据在风险可控原则下最大限度开放,明确政府统筹利用市场主体大数据的权限及范围。制定政府信息资源管理办法,建立政府部门数据资源统筹管理和共享互用制度。研究推动网上个人信息保护立法工作,界定个人信息采集应用的范围和方式,明确相关主体的权利、责任和义务,加强对数据滥用、侵犯个人隐私等行为的管理和惩戒。推动出台相关法律法规,加强对基础信息网络和关键行业领域重要信息系统的安全保护,保障网络数据安全。研究推动数据资源权益相关立法工作。促进大数据产业健康发展需要完善法规制度和标准体系,形成公共数据资源合理适度开放共享的法规制度和政策体系,制定完善互联网信息保存相关法律法规,构建互联网信息保存和信息服务体系。另外,还需加强有关执法部门间的数据流通,在法律许可和确保安全的前提下,加强对社会治理相关领域数据的归集、发掘及关联分析，强化对妥善应对和处理重大突发公共事件的数据支持，提高公共安全保障能力，推动构建智能防控、综合治理的公共安全体系，维护国家安全和社会安定。

国务院办公厅《关于运用大数据加强对市场主体服务和监管的若干意见》（国办发〔2015〕51 号）中明确要建立完善的管理制度，通过加快制定出台相关法律法规，加快研究完善规范电子政务，监管信息跨境流动，保护国家经济安全、信息安全，以及保护企业商业秘密、个人隐私方面的管理制度，处理好大数据发展、服务、应用与安全的关系。制定政务信用信息公开共享办法和信息目录。推动出台相关法规，对政府部门在行政管理、公共服务中使用信用信息和信用报告作出规定，为联合惩戒市场主体违法失信行为提供依据。建立统一社会信用代码制度。建立健全各部门政府信息记录和采集制度。建立政府信息资源管理制度，加强知识产权保护。加快出台关于推进公共信息资源开放共享的政策意见。

国务院办公厅《关于促进和规范健康医疗大数据应用发展的指导意见》（国办发〔2016〕47 号）中明确健康医疗大数据作为国家基础性战略资源，实现全国健康医疗大数据互联互通，规范健康医疗大数据交易行为等，需要建立健全健康医疗大数据开放、共享、保护等法规制度，强化标准和安全体系建设，强化安全管理责任，妥善处理应用发展与保障安全的关系，增强安全技术支撑能力，有效保护个人隐私和信息安全。制定完善健康医疗大数据应用发展的法律法规和标准体系的建设，强化居民健康信息服务规范管理，明确信息使用权限，切实保护相关各方合法权益。完善数据开放共享支撑服务体系，建立“分级授权、分类应用、权责一致”的管理制度。规范健康医疗大数据应用领域的准入标准，建立大数据应用诚信机制和退出机制，严格规范大数据开发、挖掘、应用行为。建立统一的疾病诊断编码、临床医学术语、检查检验规范、药品应用编码、信息数据接口和传输协议等相关标准，促进健康医疗大数据产品、服务流程标准化。

（2）规范涉及大数据的政府行为

国务院《关于印发促进大数据发展行动纲要的通知》（国发〔2015〕50 号）推动信用信息共享机制和信用信息系统建设，加快建立统一社会信用代码制度，建立信用信息共享交换机制。充分利用社会各方面信息资源，推动公共信用数据与互联网、移动互联网、电子商务等数据的汇聚整合，鼓励互联网企业运用大数据技术建立市场化的第三方信用信息共享平台，使政府主导征信体系的权威性和互联网大数据征信平台的规模效应得到充分发挥，依托全国统一的信用信息共享交换平台，建设企业信用信息公示系统，实现覆盖各级政府、各类别信用主体的基础信用信息共享，初步建成社会信用体系，为经济高效运行提供全面准确的基础信用信息服务。制定政府数据资源共享管理办法，整合政府部门公共数据资源，促进互联互通，提高共享能力，提升政府数据的一致性和准确性。形成国家政府数据统一开放平台。建立政府部门和事业单位等公共机构数据资源清单，制定实施政府数据开放共享标准，制订数据开放计划。

国务院办公厅《关于运用大数据加强对市场主体服务和监管的若干意见》（国办发〔2015〕51 号）落实国家信息安全等级保护制度要求，加强对涉及国家安全重要数据的管理，加强对大数据相关技术、设备和服务提供商的风险评估和安全管理。加大网络和信息安全技术研发和资金投入，建立健全信息安全保障体系。采取必要的管理和技术手段，切实保护国家信息安全及公民、法人和其他组织信息安全。加快建立政府信息采集、存储、公开、共享、使用、质量保障和安全管理的技术标准。引导建立企业间信息共享交换的标准规范。

国务院办公厅《关于促进和规范健康医疗大数据应用发展的指导意见》（国办发〔2016〕47 号）中，强调在加快健康医疗数据安全体系建设过程中要建立数据安全管理责任制度，将健康医疗大数据的安全管理责任具体化，形成责任明确到位，安全发展医疗大数据的格局。制定标识赋码、科学分类、风险分级、安全审查规则。建立全国健康医疗数据资源目录体系，制定分类、分级、分域健康医疗大数据开放应用政策规范，稳步推动健康医疗大数据开放。

2. 地方推进大数据发展政策综述

截至 2017 年 11 月 17 日，各地方共出台 168 项促进大数据发展的政策文件，这些政策以强调促进大数据产业的发展为主要内容，各省市针对自身具体情况制定了大数据产业发展规划纲要、大数据和云计算发展计划、促进大数据发展应用的若干政策等（见表 4 – 2）。

表 4－2 各省市大数据政策汇总

序号	省/自治区/直辖市	级别	文件名称	颁布时间
1	贵州省	贵州省	《关于进一步科学规划布局数据中心大力发展大数据应用的通知》	2017 年 10 月 30 日
			《贵州省政务信息系统整合共享工作方案》	2017 年 10 月 13 日
			《贵州现代产业发展试验区建设工作方案》	2017 年 8 月 30 日
			《关于促进和规范健康医疗大数据应用发展的实施意见》	2017 年 7 月 18 日
			《贵州省“数据铁笼”工作推进方案》	2017 年 4 月 21 日
			《贵州省大数据发展管理局主要职责内设机构和人员编制规定》	2017 年 1 月 25 日
			《贵州省数字经济发展规划(2017～2020 年)》	2017 年 2 月 6 日
			《贵州省应急平台体系数据管理暂行办法》	2016 年 11 月 10 日
			《贵州省大数据产业发展引导目录(试行)》	2016 年 8 月 18 日
			《贵州省卫生计生委关于加快医疗卫生事业与大数据融合发展的指导意见》	2016 年 6 月 8 日
			《省人民政府关于积极推进“互联网＋”行动实施意见》	2015 年 11 月 30 日
			《关于加快大数据产业发展应用若干政策的意见》	2014 年 2 月 25 日

续表

序号	省/自治区/直辖市	级别	文件名称	颁布时间
			《贵州省大数据产业发展应用规划纲要(2014～2020年)》	2014年2月25日
		贵阳市	中共贵阳市委、贵阳市人民政府《关于加快建成"中国数谷"的实施意见》	2017年11月27日
			《贵阳市深化改革运用大数据推进社会信用体系建设工作的意见(试行)》	2017年7月7日
			《贵阳市大数据标准建设实施方案》	2017年2月9日
			《运用大数据管控、考核违法建筑的实施办法(试行)》	2016年10月11日
			《贵阳市实施大数据基础人才"万人培养计划"工作方案》	2016年9月8日
			《以大数据为引领打造创新型中心城市的十大开放平台》	2016年7月11日
			《以大数据为引领打造创新型中心城市的十大重点工程》	2016年7月11日
			《以大数据为引领打造创新型中心城市监测评价指标体系》	2016年7月11日
			中共贵阳市委《关于以大数据为引领加快打造创新型中心城市的意见》	2016年7月11日
			《以大数据为引领打造创新型中心城市的十条改革措施》	2016年7月11日

续表

序号	省/自治区/直辖市	级别	文件名称	颁布时间
			《以大数据为引领打造创新型中心城市的十大保障机制》	2016年7月11日
			《贵阳市大数据产业人才专业技术职务评审办法(试行)》	2016年6月15日
			《关于加快大数据产业人才队伍建设的实施意见》	2015年1月6日
			《贵阳市大数据综合治税推进工作方案》	2015年7月14日
			《贵阳市政府数据交换共享平台推进工作方案》	2015年7月14日
			《关于加快发展大数据产业的实施意见》	2014年5月19日
		云岩区	《云岩区大数据人才培养计划实施方案》	2016年8月17日
		贵阳国家高新区	《贵阳经济技术开发区政务数据一体化工程工作实施方案》	2017年12月21日
			《关于贵阳国家高新区大数据“十百千万”培育工程的实施意见》	2016年11月11日
			《贵阳国家高新区大数据“十百千万”培育工程实施细则》	2016年11月11日
			《贵阳国家高新区促进大数据技术创新十条政策措施(试行)》	2016年5月20日
			《贵阳国家高新区加快推进大数据“1+N”产业发展实施意见》	2016年1月8日

续表

序号	省/自治区/直辖市	级别	文件名称	颁布时间
			《关于印发贵阳国家高新区大数据产业招商引智十条政策措施的通知（试行）》	2015年8月25日
		贵安新区	《贵安新区大数据港三年会战方案》	2016年11月30日
2	福建省	福建省	福建省国家税务局《关于支持福州市加快大数据产业发展的意见》	2016年12月30日
			《福建省审计厅数据分析团队管理暂行办法》	2016年7月13日
			《福建省促进大数据发展实施方案（2016～2020年）》	2016年6月18日
			福建省发展改革委省数字办《关于数字福建云计算工程实施方案的通知》	2011年1月14日
		厦门市	《厦门市促进大数据发展工作实施方案》	2017年3月2日
			《厦门市大数据应用与产业发展规划（2015～2020年）》	2015年8月10日
		福州市	《关于运用大数据加强对市场主体服务和监管实施方案》	2016年7月4日
			《关于加快大数据产业发展三条措施》	2017年12月6日
		南平市	《南平市运用大数据加强对市场主体服务和监管实施方案》	2016年3月16日

续表

序号	省/自治区/直辖市	级别	文件名称	颁布时间
3	山东省	山东省	《关于促进山东省大数据产业加快发展的意见》	2017年12月4日
			山东省人民政府办公厅《关于贯彻国办发〔2016〕47号文件促进和规范健康医疗大数据应用发展的实施意见》	2017年7月20日
			《山东省推进农业大数据运用实施方案(2016～2020年)》	2016年9月8日
			《山东省人民政府办公厅运用大数据加强对市场主体服务和监管的实施意见》	2016年11月21日
			山东省人民政府《关于促进大数据发展的意见》	2016年10月25日
		青岛市	青岛市人民政府《关于促进大数据发展的实施意见》	2017年5月23日
		济南市	《济南市健康医疗大数据应用发展行动方案(2017～2020年)》	2017年11月24日
			《济南市运用大数据加强对市场主体服务和监管的实施意见》	2017年3月23日
		威海市	威海市人民政府《关于促进大数据发展的意见》	2017年7月6日
		滨州市	滨州市人民政府办公室《关于促进和规范健康医疗大数据应用发展的实施意见》	2017年11月27日

续表

序号	省/自治区/直辖市	级别	文件名称	颁布时间
4	广东省	广东省	《广东省政务信息系统整合共享工作方案》	2017年10月30日
			《珠江三角洲国家大数据综合试验区建设实施方案》	2017年4月6日
			《关于促进和规范健康医疗大数据应用发展的实施意见》	2017年2月8日
			《广东省政务服务大数据库建设方案(2016～2017年)》	2016年7月13日
			《广东省促进大数据发展行动计划(2016～2020)》	2016年4月22日
		广州市	《关于促进大数据发展的实施意见》	2017年1月7日
		深圳市	《深圳市促进大数据发展行动计划(2016～2018年)》	2016年11月22日
			《深圳市推进云计算发展行动计划(2016～2017年)》	2016年5月18日
		中山市	《中山市促进大数据发展行动计划(2016～2020年)》	2016年11月29日

续表

序号	省/自治区/直辖市	级别	文件名称	颁布时间
5	湖北省	湖北省	《湖北省云计算大数据发展“十三五”规划》	2017年2月7日
			湖北省人民政府办公厅《关于促进和规范健康医疗大数据应用发展的实施意见》	2016年10月10日
			《湖北省大数据发展行动计划（2016～2020年）》	2016年9月14日
			湖北省人民政府办公厅《关于加快促进云计算创新发展培育信息产业新业态的实施意见》	2016年8月27日
			湖北省人民政府办公厅《关于运用大数据加强对市场主体服务和监管的实施意见》	2015年12月11日
		湖州市	《湖州市促进大数据发展实施方案（征求意见稿）》	2017年9月4日
			《湖州市促进大数据发展实施意见（征求意见稿）》	2017年9月4日
		武汉市	《武汉市大数据产业发展行动计划（2014～2018年）》	2014年7月18日
			《关于加快大数据推广应用促进大数据产业发展的意见》	2014年7月11日

续表

序号	省/自治区/直辖市	级别	文件名称	颁布时间
6	甘肃省	甘肃省	《甘肃省政务信息系统整合共享实施方案》	2017年9月30日
			《甘肃省"十三五"信息化发展规划》	2016年8月29日
			《甘肃省运用大数据加强对市场主体服务和监管实施方案》	2015年11月11日
			甘肃省人民政府办公厅《关于加快大数据、云平台建设促进信息产业发展的实施方案》	2015年8月19日
			《促进云计算创新发展培育信息产业新业态的实施方案》	2015年3月16日
		兰州市	《关于扶持大数据企业发展的实施意见》	2016年12月6日
			《运用大数据加强对市场主体服务和监管的实施方案》	2016年11月22日
			《关于促进大数据发展的实施意见》	2016年11月18日

续表

序号	省/自治区/直辖市	级别	文件名称	颁布时间
7	河北省	河北省	《河北省政务信息系统整合共享实施方案》	2017年9月22日
			河北省人民政府办公厅《关于促进和规范健康医疗大数据应用发展的实施意见》	2016年11月7日
			《关于加快发展“大智移云”的指导意见》	2016年3月2日
			《关于促进云计算创新发展培育信息产业新业态的实施意见》	2015年5月28日
		石家庄市	石家庄市《关于加快推进“大智移云”的实施方案》	2017年11月3日
			石家庄市人民政府《关于推进大数据发展的实施意见》	2016年4月21日
		廊坊市	《廊坊大数据产业发展规划纲要》	2016年5月24日
8	山西省	山西省	《山西省云计算发展三年推进计划(2017～2019)》	2017年9月6日
			《山西省大数据技术发展规划》	2017年3月13日
			《山西省促进大数据发展应用的若干政策》	2017年3月13日
			《关于运用大数据加强对市场主体服务和监管的实施意见》	2015年12月9日
			《关于促进云计算创新发展培育信息产业新业态的实施意见》	2015年8月4日
		阳泉市	《阳泉市运用大数据加强对市场主体服务和监管实施细则》	2016年3月28日
		吕梁市	《吕梁市大数据产业发展应用规划(2017～2020年)》	2017年7月15日

续表

序号	省/自治区/直辖市	级别	文件名称	颁布时间
9	江苏省	江苏省	《江苏省大数据发展行动计划》	2016年8月19日
			《江苏省云计算与大数据发展行动计划》	2014年5月19日
		南京市	《南京市促进大数据发展三年行动计划(2016~2018年)》	2016年1月15日
			南京市《关于加快大数据产业发展的意见》	2013年12月31日
		苏州市	苏州市《关于促进大数据应用和产业发展的若干政策意见》	2016年12月28日
			《苏州市大数据产业发展规划》	2016年12月27日
		镇江市	《关于印发〈镇江市大数据产业发展战略规划(2015年~2020年)〉的通知》	2014年10月21日
10	浙江省	浙江省	《浙江省国家信息经济示范区建设实施方案》	2017年4月27日
			《浙江省促进大数据发展实施计划》	2016年2月18日
		杭州市	《杭州市数据安全保障体系规划(2018~2020)》	2017年12月19日
		台州市	《关于加快大数据产业发展的若干意见》	2017年1月12日
			《台州市促进大数据发展实施计划》	2016年10月27日
		宁波市	《关于推进大数据发展的实施意见》	2016年9月26日

续表

序号	省/自治区/直辖市	级别	文件名称	颁布时间
11	安徽省	安徽省	《安徽省政务信息系统整合共享实施方案》	2017年8月23日
			《安徽省"十三五"软件和大数据产业发展规划》	2017年1月17日
			《安徽省运用大数据加强对市场主体服务和监管实施方案》	2015年10月20日
			《关于促进云计算创新发展培育信息产业新业态的实施意见》	2015年9月14日
		合肥市	《合肥市大数据发展行动纲要(2016~2020)》	2017年1月19日
		淮南市	《淮南市大数据产业发展三年行动计划(2016~2018年)》	2016年8月16日
12	重庆市	重庆市	《重庆市政务信息系统整合共享工作方案》	2017年10月9日
			《重庆市大数据行动计划》	2013年9月30日
			《重庆市健康医疗大数据应用发展行动方案(2016~2020年)》	2016年12月16日
			《关于运用大数据加强对市场主体服务和监管的实施意见》	2015年10月16日
			《关于促进云计算创新发展培育信息产业新业态的实施意见》	2015年7月16日
		石柱土家族自治县	《关于进一步促进大数据发展的实施意见(2016~2018年)》	2016年6月3日

续表

序号	省/自治区/直辖市	级别	文件名称	颁布时间
13	辽宁省	辽宁省	《辽宁省运用大数据加强对市场主体服务和监管的实施方案》	2015年10月19日
			《辽宁省政务信息系统整合共享实施方案》	2017年8月16日
		沈阳市	《沈阳市促进大数据发展三年行动计划(2016~2018年)》	2016年2月4日
			《沈阳市促进大数据产业发展若干政策措施》	2016年1月14日
		盘锦市	《关于促进大数据开发应用的若干政策(试行)》	2015年12月17日
14	河南省	河南省	《河南省大数据产业发展引导目录(2017年本试行)》	2017年2月17日
			《关于运用大数据加强对市场主体服务和监管的实施意见》	2015年12月29日
			《河南省运用云计算大数据开展综合治税工作实施方案》	2015年12月29日
			河南省人民政府《关于推进云计算大数据开放合作的指导意见》	2015年10月8日
			《河南省推进国家大数据综合试验区建设实施方案》	2017年4月8日

续表

序号	省/自治区/直辖市	级别	文件名称	颁布时间
15	海南省	海南省	《海南省政务信息整合共享专项行动实施方案》	2017年9月30日
			《海南省促进大数据发展实施方案》	2016年11月25日
			海南省旅游发展委员会《关于各市县旅游大数据中心建设的指导意见》	2017年3月16日
			《海南省2017年促进大数据发展工作要点的通知》	2016年11月25日
			《海南省应用大数据加强对市场主体服务和监管实施方案(征求意见稿)》	2015年12月29日
16	江西省	江西省	《江西省政务信息系统整合共享实施方案》	2017年9月13日
			《促进大数据发展实施方案》	2016年7月25日
			《关于运用大数据加强对市场主体服务和监管实施方案的通知》	2016年7月25日
		赣州市	《关于加快我市大数据发展的实施意见》	2016年12月21日
17	上海市	上海市	《上海市政务数据资源共享和开放2017年度工作计划》	2017年8月15日
			上海市《关于促进云计算创新发展培育信息产业新业态的实施意见》	2017年1月4日
			《上海市大数据发展实施意见》	2016年9月15日
			《上海推进大数据研究与发展三年行动计划(2013~2015年)》	2013年7月12日

续表

序号	省/自治区/直辖市	级别	文件名称	颁布时间
18	内蒙古自治区	内蒙古自治区	《内蒙古自治区促进大数据发展应用的若干政策》	2016 年 11 月 4 日
			《内蒙古 2017 年自治区大数据发展工作要点》	2016 年 6 月 29 日
			《内蒙古自治区云计算产业发展规划(2011～2020 年)》	2012 年 1 月 19 日
		呼和浩特市	呼和浩特市《关于促进大数据发展应用的若干政策》	2016 年 11 月 3 日
19	广西壮族自治区	广西壮族自治区	《脱贫攻坚大数据平台建设实施方案》	2016 年 1 月 12 日
		钦州市	《钦州市加快云计算及大数据产业发展实施方案》	2017 年 6 月 6 日
		柳州市	《柳州市大数据发展规划(2018～2022)》	2017 年 11 月 23 日
20	陕西省	陕西省	《陕西省大数据与云计算产业示范工程实施方案》	2016 年 6 月 17 日
			《关于运用大数据加强对市场主体服务和监管的实施意见》	2015 年 11 月 28 日
		西安市	《西安市大数据产业发展实施方案(2017～2021 年)》	2017 年 8 月 2 日
21	青海省	青海省	《青海省运用大数据加强对市场主体服务和监管的实施方案》	2016 年 4 月 5 日
			《关于促进云计算发展培育大数据产业实施意见》	2015 年 8 月 10 日
		海北自治州	《海北州运用大数据加强对市场主体服务和监管实施方案》	2016 年 7 月 26 日

续表

序号	省/自治区/直辖市	级别	文件名称	颁布时间
22	吉林省	吉林省	《关于运用大数据加强对市场主体服务和监管的实施意见》	2016 年 5 月 25 日
			《关于促进吉林省云计算创新发展培育信息产业新业态的实施意见》	2015 年 6 月 3 日
23	四川省	四川省	《关于促进和规范健康医疗大数据应用发展的实施意见》	2016 年 12 月 2 日
		成都市	《成都市促进大数据产业发展专项政策》	2017 年 9 月 6 日
24	宁夏回族自治区	宁夏回族自治区	《关于运用大数据开展综合治税工作实施方案》	2016 年 8 月 30 日
			《关于进一步加快云计算产业发展的若干意见》	2015 年 10 月 26 日
25	天津市	天津市	《关于促进和规范健康医疗大数据应用发展的实施方案》	2017 年 10 月 9 日
26	新疆维吾尔自治区	新疆维吾尔自治区	《关于运用大数据加强对市场主体服务和监管实施方案》	2016 年 10 月 27 日
27	云南省	云南省	《关于促进和规范健康医疗大数据应用发展的实施意见》	2016 年 10 月 26 日
28	黑龙江省	哈尔滨市	《哈尔滨市促进大数据发展若干政策(试行)》	2016 年 8 月 15 日
29	北京市	北京市	《北京市大数据和云计算发展行动计划(2016～2020)》	2016 年 8 月 3 日

通过对各省市政策文件的分析,发现这些政策文件原则性较为突出,缺乏实际操作的规定;鼓励优惠政策较多,大数据法治建设方面的内容较少。虽然,部分地方政府表明要制定相应的大数据应用及数据共享相关的规章制度,

要使大数据发展纳入法治化轨道。但是,针对大数据立法国内学界观点不一,数据属性尚未形成统一的定义等问题阻碍着大数据相应立法。从大数据实践中看,大数据法律、法规及行业标准的缺失导致大数据行业的发展既无统一的行为准则,也缺乏行政监管的依据。部分地区制定了政府数据资源的共享规章制度,统一了各部门的数据资源对接与共享机制,促进政务机关数据资源更好地进行流通,从而更好地服务社会。但各地政府规章制度不一,导致大数据管理应用与共享的规则也存在区域局限,不能形成全国统一的行业规则,各种政策规定因地方而不同。虽然国务院颁布了《政务信息资源共享管理暂行办法》,为全国政务信息资源共享提供了国家统一的标准,但是全国政务信息共享平台等基础型设施尚未完善,总体实践尚未统一。《政务信息资源共享管理暂行办法》作为政府信息共享的行政法规远远不能解决其他数据面临的收集、存储、交易、管理、共享、使用等法律制度空白的问题。

我国各地都有促进大数据发展的政策性文件,但在立法促进大数据发展方面,贵州省走在全国各省前列。贵州省在2016年出台全国首个地方性法规《贵州省大数据发展应用促进条例》,将促进大数据发展法制化,将大数据定义法律化,明确大数据为:"指以容量大、类型多、存取速度快、应用价值高为主要特征的数据集合,是对数量巨大、来源分散、格式多样的数据进行采集、存储和关联分析,发现新知识、创造新价值、提升新能力的新一代信息技术和服务业态。"并授权省政府统一领导全省大数据应用的促进工作,依法设立大数据发展基金,引导社会资本投资大数据发展应用。按照《贵州省大数据发展应用促进条例》依法建立了以法规为中心,鼓励发展大数据创新金融产品,优先安排大数据工程项目发展,培养大数据人才,开展以高校科研促进大数据发展,组织有关部门、教学科研机构等积极开展大数据发展应用相关标准研究,推动建立地方、行业大数据发展应用标准体系等。贵州省将促进大数据发展纳入地方性法规中,是依法发展大数据的典型。但是,大数据立法尚未形成体系,大数据具体应用法规的缺失是阻碍大数据收集、存储、交易、使用、开放等行为的"绊脚石"。另外,贵州省为建设"云贵州"还发布了10余项大数据发展政策,其中,贵州省人民政府办公厅《关于促进和规范健康医疗大数据应用发展的实施意见》,明确将加快健康医疗大数据应用发展地方立法,建立基于疾病、业务活动、服务对象的医疗卫生计生数据分级分类规则,梳理形成健康医疗大数据分级分类目录,确定健康医疗大数据分级保护级别,严格落实数据资料应用等立法标准。其他省份促进大数据发展都是依据地方政府的政策性文件,缺乏专门的大数据地方性法规或者地方政府规章。因此,我国地方依法发展大数据,建设大数据法治的社会,还任重道远。

(三)监管与执法实践

由于大数据法治不健全,监管主体不明确,行政监管处于空白阶段。国务院《"十三五"国家信息化规划》中明确要求,要实施大数据安全保障工程,加强数据资源在采集、传输、存储、使用和开放等环节的安全保护。切实加强对涉及国家利益、公共安全、商业秘密、个人隐私、军工科研生产等信息的保护,严厉打击非法泄露和非法买卖数据的行为。建立跨境数据流动安全监管制度,保障国家基础数据和敏感信息安全。出台党政机关和重点行业采购使用云计算服务、大数据相关规定。加快推动政府数据开放、互联网信息服务管理、数据权属、数据管理、网络社会管理等相关立法工作。完善司法解释,推动现有法律延伸适用到网络空间。理顺网络执法体制机制,明确执法主体、执法权限、执法标准。加强部门信息共享与执法合作,创新执法手段,形成执法合力。提高全社会自觉守法意识,营造良好的信息化法治环境。

由于行政立法的缺失,大数据执法主要集中在刑事领域,我国《刑法》与最高人民法院、最高人民检察院《关于办理侵犯公民个人信息刑事案件适用法律若干问题的解释》是刑事处罚非法获取个人信息、非法泄露及非法买卖数据的主要依据。尤其是最高人民法院、最高人民检察院《关于办理侵犯公民个人信息刑事案件适用法律若干问题的解释》出台后罪行与量刑都具体化,为大数据执法提供强有力的刑事保障。在刑事执法方面,典型的案例有"22 家苹果经销商非法出售 iPhone 用户个人信息""山东临沂女孩助学金诈骗案"等。这些典型案例是大数据背景下个人信息侵权泛滥,数据收集、存储、交易、使用缺乏具体法律、法规及行业规则所造成的。因此,建立健全大数据具体应用法律法规势在必行且迫在眉睫,大数据法律法规的健全是促进大数据依法发展,为形成新的国民经济运行机制保驾护航。大数据法治的健全,将为促进依法治国、维护社会秩序发挥重要的作用。

五、大数据司法实践现状

当今时代，人类在历史上第一次有技术能力来经济有效地捕获、存储和处理伴随人类活动而产生的各种数据。大数据应用是利用数据分析的方法，从大数据中挖掘有效信息，为用户提供辅助决策，实现大数据价值的过程。大数据的处理方法是相对传统的计算处理和分析机制的一次根本的转变，它不仅对经济市场和社会发展带来不同程度的冲击与影响，而且潜移默化地影响着法学研究及司法实践。大数据的发展带来了很多亟待解决的法律问题，但我们更应该着眼于它所提供的广阔机会。大数据给法学研究和司法实践工作者们提出了新的研究问题，更带来了新的认知方式和新的研究方法。我们必须了解大数据，辩证地看待大数据技术的处理方式和思维模式，才能在科技与法学交汇中更好地把握时代的脉搏，更好地推进法学研究和司法实践改革。

（一）司法解释评述

1. 最高人民法院《关于审理利用信息网络侵害人身权益民事纠纷案件适用法律若干问题的规定》

第十二条　网络用户或者网络服务提供者利用网络公开自然人基因信息、病历资料、健康检查资料、犯罪记录、家庭住址、私人活动等个人隐私和

其他个人信息,造成他人损害,被侵权人请求其承担侵权责任的,人民法院应予支持。但下列情形除外:

(一)经自然人书面同意且在约定范围内公开;

(二)为促进社会公共利益且在必要范围内;

(三)学校、科研机构等基于公共利益为学术研究或者统计的目的,经自然人书面同意,且公开的方式不足以识别特定自然人;

(四)自然人自行在网络上公开的信息或者其他已合法公开的个人信息;

(五)以合法渠道获取的个人信息;

(六)法律或者行政法规另有规定。

网络用户或者网络服务提供者以违反社会公共利益、社会公德的方式公开前款第四项、第五项规定的个人信息,或者公开该信息侵害权利人值得保护的重大利益,权权利人请求网络用户或者网络服务提供者承担侵权责任的,人民法院应予支持。

国家机关行使职权公开个人信息的,不适用本条规定。

[评述]

该条是最高人民法院《关于审理利用信息网络侵害人身权益民事纠纷案件适用法律若干问题的规定》中,最重要同时也是司法实践中最常适用的法条。首先,该条规定了其适用的对象为“网络用户或者网络服务者”,大数据时代的个人信息保护主要是针对互联网场景下的人群。其次,该条规定了侵权的方式为“利用网络公开”,除了强调网络场景以外,还将侵权行为限定在“公开”,而没有包括收集、买卖、篡改等的行为,实质上是不全面的,对于其他情境下适用该法条造成困难。该条对于所保护的客体做出了较为详细的规定,包括个人情况、行为等方面的个人隐私信息及其他个人信息,在范围上基本囊括了所有的个人享有权利的数据。最后,规定了使用该条款的除外情形,自然人书面同意、以不违反社会公共利益为前提的合法途径获取以及国家机关行使职权。但是并未对自然人书面同意的具体形式作出规定,仅规定“书面”无法确定是“明示”还是“默示”同意,容易在实务中产生歧义。

第十三条　网络用户或者网络服务提供者,根据国家机关依职权制作的文书和公开实施的职权行为等信息来源所发布的信息,有下列情形之一，侵害他人人身权益，被侵权人请求侵权人承担侵权责任的，人民法院应予支持：

（一）网络用户或者网络服务提供者发布的信息与前述信息来源内容不符；

（二）网络用户或者网络服务提供者以添加侮辱性内容、诽谤性信息、不当标题或者通过增删信息、调整结构、改变顺序等方式致人误解；

（三）前述信息来源已被公开更正，但网络用户拒绝更正或者网络服务提供者不予更正；

（四）前述信息来源已被公开更正，网络用户或者网络服务提供者仍然发布更正之前的信息。

［评述］

该条所适用的行为虽然包括了篡改的行为，但仍然是适用于“公开”的情景下，如果被篡改的信息没有被公开则不能适用该条。且该条所适用的信息仅为“根据国家机关依职权制作的文书和公开实施的职权行为等信息来源所发布的信息”，即排除了通过私人收集途径所获取的信息。也就是说，适用该法条需要满足三个条件——职权行为获取信息、篡改、公开，而不是简单适用于所有篡改信息的情况。

2. 最高人民法院、最高人民检察院《关于办理侵犯公民个人信息刑事案件适用法律若干问题的解释》

第一条　刑法第二百五十三条之一规定的“公民个人信息”，是指以电子或者其他方式记录的能够单独或者与其他信息结合识别特定自然人身份或者反映特定自然人活动情况的各种信息，包括姓名、身份证件号码、通信通讯联系方式、住址、账号密码、财产状况、行踪轨迹等。

［评述］

该司法解释是专门为《刑法》第253条之一的“侵犯公民个人信息罪”而出台的，细化了原条文的规定，使其在司法实务中更具可操作性。

该条款首先明确了“公民个人信息”的定义，强调“公民个人信息”一定要具备“识别特定自然人身份或者反映特定自然人活动情况”的属性。一般我们认为，个人信息最主要的特点是其具有身份识别性。司法解释在对“公民个人信息”定义时,不仅规定了具有身份识别性的信息,还规定了活动情况。但该条文中没有强调隐私性,也就是说具有隐私性但不能识别特定自然人身份或反映活动情况的信息并不属于“公民个人信息”。另外,对于何为“身份识别性”,该司法解释并没有进行明确的说明,对于“身份识别性”的理解可能是多样的,如除了身份证号码、姓名等直接识别身份的信息外,微博账号、QQ账号、微信账号、IP 地址、学号、工号、考号、住址门牌号等是否也具有身份识别性。

第三条 向特定人提供公民个人信息,以及通过信息网络或者其他途径发布公民个人信息的,应当认定为刑法第二百五十三条之一规定的“提供公民个人信息”。

未经被收集者同意,将合法收集的公民个人信息向他人提供的,属于刑法第二百五十三条之一规定的“提供公民个人信息”,但是经过处理无法识别特定个人且不能复原的除外。

[评述]

《刑法》条文中对侵犯“公民个人信息”的方式进行了规定,包括“窃取或者以其他方法非法获取”以及“违反国家有关规定,向他人出售或者提供”,即对收集和利用行为都进行了规范。该司法解释第 3 条又对“提供”做出了说明——向特定人提供或者对外公布,且公布的形式可以是“通过信息网络”也可以是“其他途径”,与前述司法解释只规范利用行为中的“利用网络公开”相比适用范围更广。需要注意的是,只有违反法律法规的出售和提供公民个人信息行为才会入罪。通过合法的途径出售和提供公民个人信息是值得鼓励的数据流通,对于发挥数据的巨大潜能和创造更大的数据价值是必不可少的。只是现有法律还没有对这种正当的数据交易进行明确的规范,数据的权属问题也没有解决,直接影响了数据交易的效率。

第四条 违反国家有关规定,通过购买、收受、交换等方式获取公民个人信息,或者在履行职责、提供服务过程中收集公民个人信息的,属于刑法第二百五十三条之一第三款规定的“以其他方法非法获取公民个人信息”。

[评述]

《刑法》条文中规定了侵犯"公民个人信息"的方式,包括"窃取或者以其他方法非法获取",该司法解释第4条又对"以其他方法非法获取公民个人信息"进行了解释,此处强调获取公民个人信息的方式一定是违反国家有关规定的。

第五条　非法获取、出售或者提供公民个人信息,具有下列情形之一的,应当认定为刑法第二百五十三条之一规定的"情节严重":

(一)出售或者提供行踪轨迹信息,被他人用于犯罪的;

(二)知道或者应当知道他人利用公民个人信息实施犯罪,向其出售或者提供的;

(三)非法获取、出售或者提供行踪轨迹信息、通信内容、征信信息、财产信息五十条以上的;

(四)非法获取、出售或者提供住宿信息、通信记录、健康生理信息、交易信息等其他可能影响人身、财产安全的公民个人信息五百条以上的;

(五)非法获取、出售或者提供第三项、第四项规定以外的公民个人信息五千条以上的;

(六)数量未达到第三项至第五项规定标准,但是按相应比例合计达到有关数量标准的;

(七)违法所得五千元以上的;

(八)将在履行职责或者提供服务过程中获得的公民个人信息出售或者提供给他人,数量或者数额达到第三项至第七项规定标准一半以上的;

(九)曾因侵犯公民个人信息受过刑事处罚或者二年内受过行政处罚,又非法获取、出售或者提供公民个人信息的;

(十)其他情节严重的情形。

实施前款规定的行为,具有下列情形之一的,应当认定为刑法第二百五十三条之一第一款规定的"情节特别严重":

(一)造成被害人死亡、重伤、精神失常或者被绑架等严重后果的;

(二)造成重大经济损失或者恶劣社会影响的;

(三)数量或者数额达到前款第三项至第八项规定标准十倍以上的;

(四)其他情节特别严重的情形。

第六条 为合法经营活动而非法购买、收受本解释第五条第一款第三项、第四项规定以外的公民个人信息，具有下列情形之一的，应当认定为刑法第二百五十三条之一规定的“情节严重”：

（一）利用非法购买、收受的公民个人信息获利五万元以上的；

（二）曾因侵犯公民个人信息受过刑事处罚或者二年内受过行政处罚，又非法购买、收受公民个人信息的；

（三）其他情节严重的情形。

实施前款规定的行为，将购买、收受的公民个人信息非法出售或者提供的，定罪量刑标准适用本解释第五条的规定。

[评述]

与《刑法修正案（九）》实施之前的“非法获取公民个人信息罪”相比，现行《刑法》“侵犯公民个人信息罪”也规定了入罪条件之一是“情节严重”，但本司法解释的第5条、第6条对情节严重以及情节特别严重的判断进行了细化的规定。

对于“情节严重”的入罪情形，除了兜底条款外，本司法解释共规定了九种情形，大致可以划分为三类：被用于犯罪、达到数量或者数额标准、曾因侵犯公民个人信息受处罚。其中，对于数量的标准又分为三类：行踪轨迹信息、通信内容、征信信息、财产信息的标准为50条；可能影响人身、财产安全的其他公民个人信息的标准为500条；除此之外的信息的标准为5000条。而对于第5条第6项中“数量未达到第三项至第五项规定标准，但是按相应比例合计达到有关数量标准的”的情形，是指当涉案信息分布于两个以上的种类但各类信息数量均未达到标准的情况下，如果按比例计算总体达到标准，也应视为“情节严重”。比如，某案涉案信息中有“踪轨迹信息、通信内容、征信信息、财产信息”10条（按比例相当于1000条其他信息）、“可能影响人身、财产安全的其他公民个人信息”200条（按比例相当于2000条其他信息）、其他信息2000条，总体合计后，相当于达到其他信息5000条的标准。“情节特别严重”的情形，则是指造成人身和财产的巨大损失或者涉案信息数量、违法所得数额巨大。值得注意的是，如果非法购买、收受于人身、财产安全无损的公民个人信息为合法经营活动之用途，只有在违法所得数额巨大，或曾因侵犯公民个人信息受处罚的情况下才视为“情节严重”，这一规定事实上表明了对于那些无损于人身财产利益的正当数据交易行为的宽容态度。

3.最高人民法院《关于适用〈中华人民共和国刑事诉讼法〉的解释》

第九十三条　对电子邮件、电子数据交换、网上聊天记录、博客、微博客、手机短信、电子签名、域名等电子数据,应当着重审查以下内容:

(一)是否随原始存储介质移送;在原始存储介质无法封存、不便移动或者依法应当由有关部门保管、处理、返还时,提取、复制电子数据是否由二人以上进行,是否足以保证电子数据的完整性,有无提取、复制过程及原始存储介质存放地点的文字说明和签名;

(二)收集程序、方式是否符合法律及有关技术规范;经勘验、检查、搜查等侦查活动收集的电子数据,是否附有笔录、清单,并经侦查人员、电子数据持有人、见证人签名;没有持有人签名的,是否注明原因;远程调取境外或者异地的电子数据的,是否注明相关情况;对电子数据的规格、类别、文件格式等注明是否清楚;

(三)电子数据内容是否真实,有无删除、修改、增加等情形;

(四)电子数据与案件事实有无关联;

(五)与案件事实有关联的电子数据是否全面收集。

对电子数据有疑问的,应当进行鉴定或者检验。

第九十四条　视听资料、电子数据具有下列情形之一的,不得作为定案的根据:

(一)经审查无法确定真伪的;

(二)制作、取得的时间、地点、方式等有疑问,不能提供必要证明或者作出合理解释的。

[评述]

该司法解释对电子数据的要求主要集中在第93条和第94条,第93条对电子数据的审查内容和程序作出规定,第94条则专门规定了电子数据和视听资料的证据排除规则,这一规定是着眼于电子数据和视听资料易变、易删改的特点。

4.最高人民法院、最高人民检察院、公安部《关于办理刑事案件收集提取和审查判断电子数据若干问题的规定》

第一条　电子数据是案件发生过程中形成的,以数字化形式存储、处理、传输的，能够证明案件事实的数据。

电子数据包括但不限于下列信息、电子文件：

（一）网页、博客、微博客、朋友圈、贴吧、网盘等网络平台发布的信息；

（二）手机短信、电子邮件、即时通信、通讯群组等网络应用服务的通信信息；

（三）用户注册信息、身份认证信息、电子交易记录、通信记录、登录日志等信息；

（四）文档、图片、音视频、数字证书、计算机程序等电子文件。

以数字化形式记载的证人证言、被害人陈述以及犯罪嫌疑人、被告人供述和辩解等证据，不属于电子数据。确有必要的，对相关证据的收集、提取、移送、审查，可以参照适用本规定。

［评述］

该规定第1条采取概括加列举的方式，对电子数据作了明确界定。具体而言，第1款对电子数据作了概括规定。之所以限定为“案件发生过程中”，是为了将案件发生后形成的证人证言、被害人陈述，以及犯罪嫌疑人、被告人供述和辩解等电子化的言辞证据排除在外。需注意的是，对于“案件发生过程中”不应做过于狭义的把握，从而理解为实行行为发生过程中。第2款则对电子数据进行了列举，在此款条文中有两点需要注意：其一，以数字化形式存储的音视频属于电子数据而非视听资料，而以模拟信号存储的磁带、录像带等音视频仍然属于视听资料；其二，所列信息、电子文件虽然都属于电子数据，但针对不同类型的电子数据，其取证程序的要求可能存在差别，如通信信息的收集、提取可能涉及技术侦查措施，应当经过严格的批准手续。

根据刑事诉讼法的规定，不同类型的证据在取证方法、取证程序上有不同的要求，对有关证据审查判断的要点也不同。为了更充分地保护刑事诉讼相关主体的合法权益，第3款中明确规定，以数字化形式记载的言辞证据虽然以电子数据为载体，但在证据分类上也应纳入言词证据而非电子数据的范畴。

第三条　人民法院、人民检察院和公安机关有权依法向有关单位和个人收集、调取电子数据。有关单位和个人应当如实提供。

［评述］

该规定第4条重申了公检法机关收集调取电子数据的依法原则与有关单位的配合义务。需注意的是，对于公检法机关而言，法无授权不可为，具体电子数据的适格取证主体和程序须严格遵守相关规定。例如，根据《宪法》第40条的规定，对通信进行检查仅限于因国家安全或者追查刑事犯罪的需要，且只能由公安机关或者检察机关依照法律规定的程序进行。

第五条　对作为证据使用的电子数据，应当采取以下一种或者几种方法保护电子数据的完整性：

（一）扣押、封存电子数据原始存储介质；

（二）计算电子数据完整性校验值；

（三）制作、封存电子数据备份；

（四）冻结电子数据；

（五）对收集、提取电子数据的相关活动进行录像；

（六）其他保护电子数据完整性的方法。

［评述］

电子数据完整性是真实性的要素之一。基于此，该规定第5条规定了完整性的保护方法。需强调的是，收集、提取电子数据的情形复杂多样，实践中应当灵活掌握相应的完整性保护方法，至少采取一种方法，有条件的情况下应当采取多种方法对完整性进行保护。以本条规定的电子数据完整性保护方法为基础，该规定第23条进一步规定了审查电子数据完整性的方法。

第八条　收集、提取电子数据，能够扣押电子数据原始存储介质的，应当扣押、封存原始存储介质，并制作笔录，记录原始存储介质的封存状态。

封存电子数据原始存储介质，应当保证在不解除封存状态的情况下，无法增加、删除、修改电子数据。封存前后应当拍摄被封存原始存储介质的照片，清晰反映封口或者张贴封条处的状况。

封存手机等具有无线通信功能的存储介质，应当采取信号屏蔽、信号阻断或者切断电源等措施。

第九条　具有下列情形之一，无法扣押原始存储介质的，可以提取电子数据,但应当在笔录中注明不能扣押原始存储介质的原因、原始存储介质的存放地点或者电子数据的来源等情况,并计算电子数据的完整性校验值:

(一)原始存储介质不便封存的;

(二)提取计算机内存数据、网络传输数据等不是存储在存储介质上的电子数据的;

(三)原始存储介质位于境外的;

(四)其他无法扣押原始存储介质的情形。

对于原始存储介质位于境外或者远程计算机信息系统上的电子数据,可以通过网络在线提取。

为进一步查明有关情况,必要时,可以对远程计算机信息系统进行网络远程勘验。进行网络远程勘验,需要采取技术侦查措施的,应当依法经过严格的批准手续。

[评述]

电子数据的取证原则。为确保电子数据的真实性和完整性,最高人民法院《关于适用〈中华人民共和国刑事诉讼法〉的解释》第 93 条确立的规则就是“以收集原始存储介质为原则,以直接提取电子数据为例外”。公安部《关于办理网络犯罪案件适用刑事诉讼程序若干问题的意见》沿用了上述原则,并作了进一步明确,而最高人民法院、最高人民检察院、公安部《关于办理刑事案件收集提取和审查判断电子数据若干问题的规定》第 8 条、第 9 条则对此进行了重申,并作了具体的细化规定。

第一条　由于客观原因无法或者不宜依据第八条、第九条的规定收集、提取电子数据的,可以采取打印、拍照或者录像等方式固定相关证据,并在笔录中说明原因。

[评述]

该条款对实践中在既不能扣押原始存储介质又不能提取电子数据的情形下,电子数据的固定方法作了补充规定。例如,目前出现了一种“阅后即焚”的通信模式,越来越多的即时通信软件如“支付宝”和“钉钉”等,都具备了“阅后即焚”功能,信息接收者收到信息并点击阅读后,信息将在 5 秒左右自动删除。这一通信模式导致了数据无法被及时提取,且难以恢复,即使对其进行扣押封存也毫无意义。再如,就船舶导航等工控系统而言,部分系统只有操作界面而无数据导出接口,将整个船舶或者大型系统扣押也并不现实。

第十一条　具有下列情形之一的,经县级以上公安机关负责人或者检察长批准,可以对电子数据进行冻结:

(一)数据量大,无法或者不便提取的;

(二)提取时间长,可能造成电子数据被篡改或者灭失的;

(三)通过网络应用可以更为直观地展示电子数据的;

(四)其他需要冻结的情形。

第十二条　冻结电子数据,应当制作协助冻结通知书,注明冻结电子数据的网络应用账号等信息,送交电子数据持有人、网络服务提供者或者有关部门协助办理。解除冻结的,应当在三日内制作协助解除冻结通知书,送交电子数据持有人、网络服务提供者或者有关部门协助办理。

冻结电子数据,应当采取以下一种或者几种方法:

(一)计算电子数据的完整性校验值;

(二)锁定网络应用账号;

(三)其他防止增加、删除、修改电子数据的措施。

[评述]

随着云计算等信息技术的发展,越来越多的电子数据存储在云系统或者大型在线系统中,在这些情形下,原始存储介质无法封存且数据提取困难,给侦查工作带来极大的困扰。为适应实践需要,针对云计算、大数据环境下的电子数据取证问题,该规定第 11 条、第 12 条规定了电子数据冻结。

第十六条　对扣押的原始存储介质或者提取的电子数据,可以通过恢复、破解、统计、关联、比对等方式进行检查。必要时,可以进行侦查实验。

电子数据检查,应当对电子数据存储介质拆封过程进行录像,并将电子数据存储介质通过写保护设备接入到检查设备进行检查;有条件的,应当制作电子数据备份,对备份进行检查;无法使用写保护设备且无法制作备份的,应当注明原因,并对相关活动进行录像。

电子数据检查应当制作笔录,注明检查方法、过程和结果,由有关人员签名或者盖章。进行侦查实验的，应当制作侦查实验笔录，注明侦查实验的条件、经过和结果，由参加实验的人员签名或者盖章。

[评述]

电子数据同传统证据不同，传统物证、书证等在侦查过程中一般只涉及两个阶段，即现场勘验、搜查、提取、扣押阶段及鉴定检验阶段，一般工作在现场即可完成，技术性问题则可通过鉴定检验加以解决。但是，仅此两个阶段并不能完全实现对电子数据的有效侦查，实践中电子数据的形式、来源复杂多样，很难通过简单收集、提取的电子数据清晰地证明某一犯罪事实。例如，加密文件被提取后，需要进行解密后才能移送；现场制作了某存储介质的镜像文件后，需要对该文件进一步恢复才能提取被删除的电子数据，方可移送。这些问题既无法通过现场工作解决，也不宜全部作为专门性问题进行鉴定、检验，因此，对于电子数据而言，有必要在现场取证和鉴定、检验之间增加一个技术处理环节，即证据扣押后由侦查人员对电子数据进行进一步的恢复、破解、统计、关联、比对等处理。该阶段处于现场取证和鉴定、检验环节之间，是现场取证工作的自然延续，不属于专门性技术问题的检验、鉴定。该条款将这一环节规定为电子数据检查。

第二十二条　对电子数据是否真实，应当着重审查以下内容：

（一）是否移送原始存储介质；在原始存储介质无法封存、不便移动时，有无说明原因，并注明收集、提取过程及原始存储介质的存放地点或者电子数据的来源等情况；

（二）电子数据是否具有数字签名、数字证书等特殊标识；

（三）电子数据的收集、提取过程是否可以重现；

（四）电子数据如有增加、删除、修改等情形的，是否附有说明；

（五）电子数据的完整性是否可以保证。

[评述]

鉴于电子数据真实性审查具有一定的技术性，为了给司法实务提供更具操作性的指引，该条款规定从五个方面审查判断电子数据的真实性。

其中第2项，审查电子数据是否具有数字签名、数字证书等特殊标识。数字签名，是指利用特定算法对电子数据进行计算，得出的用于验证电子数据来源和完整性的数据值。数字证书，是指包含数字签名并对电子数据来源、完整性进行认证的电子文件。实践中，可以通过对电子数据附带的数字签名或者数字证书进行认证，以验证电子数据的真实性。

鉴于此，《规定》提出了通过复现性审查判断电子数据真实性的相应规则。需要强调的是，实践中并非所有的电子数据收集、提取过程都可以复现，如拒绝服务攻击案件中从网络截取的攻击数据包，或从计算机内存中提取的电子数据，这些数据在拒绝服务攻击结束或者计算机关机后就会消失，收集、提取过程无法复现，不能因收集、提取过程不能重现就否定电子数据的真实性。

在一般情况下，若电子数据发生增加、删除、修改，则其真实性必然受到质疑，但并不必然导致其不真实。例如，为了使部分损坏的视频文件能够正常播放，在视频文件的文件头增加某些信息；为了查看乱码电子文档，修改文档文件头的某些字节；或者为了打开部分损坏的电子图片，对文件的错误字节进行修改（通常修改的数据很少，目的是正常展示图片，不会影响图片的内容）。因此，在审查电子数据真实性时，如发现电子数据存在增加、删除、修改的情形，则应做进一步审查：如果增、删、改的行为是为了顺利展示或分析电子数据，对其所承载的内容或者证明的事实没有影响，则可认定该电子数据为真实的；如果是故意篡改或因保管不当导致增、删、改，则其真实性将无法保证。

电子数据的完整性是否可以保证。电子数据的完整性是保证电子数据真实性的重要因素，如果电子数据完整性遭到破坏，则意味着电子数据可能被篡改或破坏，其真实性也无从保证。鉴于此，最高人民法院、最高人民检察院、公安部《关于办理刑事案件收集提取和审查判断电子数据若干问题的规定》在审查电子数据时，仍然从证据的真实性、合法性、关联性出发提出审查要点。同时，将电子数据完整性纳入了真实性范畴，在进行真实性审查时必须进行完整性审查。

5. 最高人民法院《关于民事诉讼证据的若干规定》

第二条　当事人对自己提出的诉讼请求所依据的事实或者反驳对方诉讼请求所依据的事实有责任提供证据加以证明。

没有证据或者证据不足以证明当事人的事实主张的，由负有举证责任的当事人承担不利后果。

[评述]

该条是对于民事诉讼中举证责任分配的一般规定,在大数据司法实务中也经常被引用,以分配当事人之间的举证责任,侵犯个人隐私、个人信息的事实需由原告举证。此类案件往往由被告人掌握着与案件相关的证据,具备更强举证能力,处于举证不利地位的原告却要承担举证责任,实则是进一步加大了原告主张权利的难度。生硬地适用该条不利于个人信息保护、数据安全保护,应发挥民事责任证明标准"高度盖然性"的灵活性,在"谁主张,谁举证"的基础上适当分配原被告的举证责任。

(二)经典判例评述

法律的设立总是落后于社会发展,这是法律生而具有的滞后性。在大数据时代,现行相关法律制度不完善导致的司法实践问题:一是涉及个人信息保护、数据产权及归属、数据交易等问题的案件统一适用困难,二是大数据时代新型证据的运用、举证责任分配等特殊需求无法满足。面对大数据带来的全新的社会问题,立法或许可以稍做等待,而司法却无从回避,只得迎难而上。而司法实践中司法智慧的运用和司法经验的总结积累,也是立法工作的宝贵资源。

1. 国内大数据十大典型案例

(1)侵犯商业秘密罪——北京何某某等人侵犯商业秘密案

[案情概要]

被告人何某某、刘某某、臧某某原系北京理正软件股份有限公司(以下简称理正公司)项目研发及管理人员。2011年5月至2014年,被告等人成立北京大成华智软件技术有限公司(以下简称大成公司),违反与理正公司的保密协议,使用其所掌握技术信息,向广州市艺筑建筑设计有限公司(以下简称艺筑公司)等5家公司销售其研发的管理信息系统,销售金额合计人民币410余万元。经鉴定,艺筑公司管理信息系统中当前使用的35个数据库表、10个存储过程/函数,7个源代码文件、1个源代码文件中的8个函数,以及从艺筑公司管理信息系统中恢复的已被删除的10个数据库表、22个存储过程/函数与理正公司管理信息系统对应的内容相同或实质相同。大成公司向其他公司销售的管理信息系统对应内容与理正公司管理信息系统,也存在部分相同或实质相同。

［审理结果］

北京市西城区人民法院认为，上述理正公司管理信息系统中的数据库表、存储过程/函数、源代码文件均不为公众所知悉，是非公知的技术信息，属于商业秘密，均判处3位被告人侵犯商业秘密罪。

［要点分析］

在现行法律体系下，我国司法机关进行了积极探索，已经运用知识产权法、反不正当竞争法、刑法等解决了许多数据保护纠纷。在相关涉案数据满足"专利技术""著作""商业秘密"等术语的法律定义的情况下，现有法律即可对其做出裁判。如该案例就非常典型，"技术信息"符合现有法律对"商业秘密"的定义，因此可以适用侵犯商业秘密罪和商业秘密侵权的法律规定，并未出现法律适用上的难点。但是关于数据能否作为"专利权""著作权"或者"商业秘密权"的客体，势必也会引发认定方面的新型争议。

（2）侵犯公民个人信息罪［2015年8月《刑法修正案（九）》修改，原为"非法获取公民个人信息罪"］——郑某某非法获取公民信息罪、盗窃罪一案

［案情概要］

2015年4月至5月，被告人黄某某、郑某某以向他人手机发送含有木马病毒短信的方式，将木马病毒植入被害人的手机中，以获取被害人手机中存有的银行卡号码、身份证号码、通讯录等个人信息，从而窃取被害人银行卡里的资金。经查，被告人黄某某、郑某某通过植入手机木马病毒的方式，非法获取被害人王某文、李某玉等国内1604个手机用户通讯录240,512条，非法获取手机用户中含有银行卡号码、身份证号码、验证码等个人信息的手机短信共697,253条。

2015年5月5日凌晨2时许，被告人黄某某向被害人李某军发送带木马病毒的短信，李某军点击该木马链接并安装该病毒程序后，手机短信中的银行卡号码等信息被被告人黄某某、郑某某获取。被告人郑某某通过获取到的被害人李某军的有效信息，于2015年5月5日至13日先后7次将李某军银行卡里存有的人民币18,310元通过网银转至被告人郑某某、黄某某事先准备好的银行卡中，后二人将该款平分。

［审理结果］

原判认为，本案中2被告人通过植入手机木马病毒的方式，窃取了他人1604个手机用户通讯录240,512条，此外，还窃取了手机用户中含有银行卡

号码、身份证号码、验证码等个人信息的手机短信共697,253条,情节严重,被告人黄某某、郑某某的行为已具备非法获取公民个人信息罪的构成要件。

针对上诉人的辩护意见,二审法院认为:原判认定郑某某非法获取个人信息共697,253条构成情节严重,是陵水县公安局根据郑某某、黄某某供述提供其专门用于本次作案用的邮箱,然后向邮箱所在的互联网运营商网易公司调取该邮箱中的数据信息,经过办案公安干警逐条逐个清点统计获取。该信息及数据具有客观性,仅需要简单的计算加减就可以取得,并不需要专业的知识进行鉴定。上诉人及其辩护人提出郑某某不构成非法获取公民个人信息罪及对公安统计数据必须经过司法鉴定的辩解、辩护意见,没有法律依据,不予支持。

另外,本案中郑某某、黄某某窃取69万多条公民个人信息,其行为已经使得69万多条的公民个人信息已经处在现实且严重的危害之中,郑某某、黄某某仅是选择69万多条信息中的1条公民个人信息进行盗窃,可见,郑某某、黄某某的行为不仅仅是侵犯公民的财产权,还侵害到公民的隐私权;郑某某、黄某某的盗窃行为是建立在非法获取公民个人信息的基础之上的,盗窃行为不能概括完郑某某、黄某某全案的行为,如果仅定一个盗窃罪,不足以对郑某某、黄某某的其他社会危害性进行全面的评价。在当今网络信息时代下,公民信息对个人的作用越来越重要,因此国家应加大对公民信息的保护,窃取或以其他方法获取公民个人信息的行为,应予以惩处。辩护人提出郑某某非法获取公民个人信息的行为是为了盗窃,属于目的与手段的牵连,应属于一罪的辩护意见,没有法律依据,本院不予支持。

[要点分析]

2011年修正的《刑法》第253条规定,国家机关或者金融、电信、交通、教育、医疗等单位的工作人员,违反国家规定,将本单位在履行职责或者提供服务过程中获得的公民个人信息,出售或者非法提供给他人,情节严重的,处3年以下有期徒刑或者拘役,并处或者单处罚金。窃取或者以其他方法非法获取上述信息,情节严重的,依照前款的规定处罚。

在裁判文书网等案例库进行检索,可以发现大量通过非法途径获取、交易公民个人信息的案例都是以该法条为依据,判处非法获取公民个人信息罪。然而司法实践中经常涉及两个问题:一是构成该罪需要达到“情节严重”的构成要件,而何为情节严重却无准确依据可循;二是对于公民个人信息的范围界定并不明确。郑某某非法获取公民信息罪、盗窃罪一案①中,被告人上诉的理由之一就是认为原判认定的“情节严重”没有提供经过司法鉴定程序确认的鉴定意见,依据不足;鲁某、邵某等非法获取公民个人信息罪一案中,二审虽然维持一审判决,但是对涉案公民个人信息的认定范围却有所不同,将涉案个人信息由241,964条减少到72,000余条。

首先,何为“情节严重”,尚无明确的规定可循。在司法实践中,一般应从非法获取信息的目的、犯罪手段、信息用途、犯罪后果、获取数量及获取次数等方面进行判断。具体而言,对于非法获取公民个人信息罪来说,具有以下情节的,可以判断为“情节严重”:一是利用的获取信息用于违法犯罪活动;二是给公民造成较大经济损失或恶劣影响;三是严重干扰被害人的正常生活或严重影响被害人名誉(包括致使受害者精神失常或自杀);四是非法获取公民个人信息手段恶劣;五是利用所获信息从中获利且数额较大;六是获取信息数量较大或次数较多。上述案例中对于“情节严重”的认定,考虑到了“数量大且从中获利”的因素,其犯罪行为还符合“利用的获取信息用于违法活动”(有针对性的群发商业短信)的情节。

其次,从“非法获取公民个人信息罪”的规定来看,其对公民个人信息的表述为“上述信息”,那么其所指应当是“国家机关或者金融、电信、交通、教育、医疗等单位的工作人员在履行职责或者提供服务过程中获得的公民个人信息”。然而对公民的人身安全、财产安全和个人隐私构成严重威胁的公民个人信息不限于此,如房地产销售渠道流出的购房信息、保险公司流出的客户信息等,这些公民个人信息被窃取或被非法获取,情节严重的,也应视为构成非法获取公民个人信息罪。通过上述案例也可以看出,实践中并未将公民个人信息限定在此范围内,此案中二被告就是通过植入手机木马病毒的方式窃取了他人手机内的个人信息,并未通过机关或单位的工作人员履职或服务过

① 在鲁某、邵某等非法获取公民个人信息罪一案中,鲁某、邵某等人对公民个人信息进行买卖交易并以此牟利,一审法院认定其非法获取公民个人信息241,964条,并根据我国刑法的相关规定对涉案人员判处刑罚。后鲁某提起上诉,认为一审法院认定其非法获取公民信息241,964条证据不足,对其量刑过重。二审法院经审理查明作出裁定,认为原审判决认定原审被告人犯非法获取公民个人信息罪的基本事实清楚,证据确实、充分,适用法律正确,量刑适当,审判程序合法,但认定涉案公民个人信息数量不准确,依法应予纠正,由241,964条纠正为72,000余条(二审刑事裁定书:http://wenshu. court. gov. cn/content/content? DocID = b1303264 - f50c - 47d3 - 8730 - aaa932aadfba&KeyWord =)。

程，而法院仍判处其非法获取公民个人信息罪。

现行《刑法》第253条之一关于“侵犯公民个人信息罪”有如下表述：“违反国家有关规定，向他人出售或者提供公民个人信息，情节严重的”；“窃取或者以其他方法非法获取公民个人信息的”。与《刑法修正案（九）》实施之前的“非法获取公民个人信息罪”相比，最高人民法院、最高人民检察院《关于办理侵犯公民个人信息刑事案件适用法律若干问题的解释》对于“侵犯公民个人信息罪”中的“公民个人信息”和“情节严重”都做出了较为详尽的解释。

（3）帮助信息网络犯罪活动罪——宗某、陈某帮助信息网络犯罪活动罪一案

[案情概要]

2014年8月至2015年12月，被告人宗某在互联网上租用服务器注册网站“××seu. pw”并创建“中国社会工程学联盟论坛”，后伙同被告人陈某在互联网上对网站进行管理、维护，通过收取人民币20元的邀请码及购买金币积分充值等方式谋取利益，并多次通过会员上传或者下载大量公民个人信息。其中，从2015年11月5日至12月3日，该网站发布的公民个人信息总计1,218,636条。

[审理结果]

原审和二审法院均认为，被告人宗某曾因犯非法获取公民个人信息罪被常熟市人民法院判刑，缓刑考验期间，被告人宗某又开设网站，有偿吸纳会员，与被告人陈某共同对该网站进行管理、维护，而会员在该网站上发布公民个人信息量巨大；被告人宗某、陈某明知他人利用信息网络实施犯罪，为其犯罪提供互联网接入、通信传输等技术支持，属情节严重，其行为均已构成帮助网络犯罪活动罪，且系共同犯罪。公诉机关指控被告人宗某、陈某犯侵犯公民个人信息罪的罪名有误，应予纠正。

另二审法院释明，《刑法修正案（九）》系自2015年11月1日起生效，在2015年11月5日至12月3日，该网站发布的公民个人信息高达1,218,636条之多，信息量巨大，且上诉人宗某系在缓刑考验期内再次犯罪，主观恶性深，应属情节严重，故应适用《刑法修正案（九）》增设的帮助信息网络犯罪活动罪。

[要点分析]

《刑法修正案（九）》增设“帮助信息网络犯罪活动罪”，针对明知他人利

用信息网络实施犯罪,为其犯罪提供互联网接入、服务器托管、网络存储、通信传输等技术支持,或者提供广告推广、支付结算等帮助的行为独立入罪,即帮助犯正犯化。

依据最高人民法院、最高人民检察院《关于办理侵犯公民个人信息刑事案件适用法律若干问题的解释》第 3 条的规定,"侵犯公民个人信息罪"的构成要件中"提供公民个人信息"包括向特定人提供公民个人信息,以及通过信息网络或者其他途径发布公民个人信息。本案中 2 被告维护、管理专门用于供会员上传下载公民个人信息的网站,会员上传信息的行为属于"提供公民个人信息",构成"侵犯公民个人信息罪",证人证言等可以证明被告人明知会员利用其网站实施犯罪,故其构成"帮助信息网络犯罪活动罪"。

(4)非法获取计算机信息系统数据罪——谢某某、王某某等非法获取计算机信息系统数据罪一案

[案情概要]

被告人王某某等单独或者伙同他人,以非法营业为目的,购买专门用于盗取腾讯公司"QQ""英雄联盟""地下城与勇士""穿越火线"等软件用户身份认证信息的木马程序,由被告人谢某某等"量商"提供网络接入、技术支持等服务,通过非法途径上传至网站或网吧等处,非法盗取数据,并按约定的价格收取服务费。用户登录时,木马程序自动盗取账号、密码发送至指定的服务器中。被告人王某某等人将数据提取后销售牟利。被告人杨某某明知数据为他人犯罪所得,仍予以收购并转卖牟利,造成腾讯公司及广大用户重大损失。

[审理结果]

原审法院认为,被告人谢某某伙同被告人王某某,采用技术手段非法获取计算机信息系统数据,其行为均已构成非法获取计算机信息系统数据罪,均属情节特别严重。被告人杨某某明知是非法获取计算机信息系统数据犯罪所获取的数据,仍予以收购、销售,其行为已构成掩饰、隐瞒犯罪所得罪,属情节严重。

二审法院认为,本案所涉的每组数据包含 1 个账号和对应的密码等内容,均系用户在登录腾讯公司有关软件程序时所用的身份认证信息,根据法律及相关司法解释的规定,上述账号密码均属公民个人信息范围。同时根据有关司法解释的规定,以购买方式非法获取一般公民个人信息 5000 条以上的,属

情节严重，认定上诉人杨某某构成掩饰、隐瞒犯罪所得罪系适用法律错误，导致定性有误，撤销杨某某定罪量刑部分原审判决，判处杨某某侵犯公民个人信息罪。

[要点分析]

根据《刑法》第285条第2款的规定，“非法获取计算机信息系统数据罪”指的是违反国家规定，侵入国家事务、国防建设、尖端科学技术领域以外的计算机信息系统或者采用其他技术手段，获取该计算机信息系统中存储、处理或者传输的数据，或者对该计算机信息系统实施非法控制，情节严重的。本案中，被告人谢某某伙同被告人王某某采用技术手段（木马程序）获取计算机信息系统中的数据（账号密码），符合“非法获取计算机信息系统数据罪”的犯罪构成。正如二审法院在判决中的认定，涉案数据属于最高人民法院、最高人民检察院《关于办理侵犯公民个人信息刑事案件适用法律若干问题的解释》规定的公民个人信息（账号密码）。所以被告人采用技术手段获取公民个人信息，从数量或获利数额来看满足情节严重的标准，符合“侵犯公民个人信息罪”的犯罪构成。构成“非法获取计算机信息系统数据罪”和“侵犯公民个人信息罪”的想象竞合犯，应从一重罪处罚。但是就法条对两罪的刑罚规定来看，无法区分两罪之中何为重罪。本案中，法院对被告人谢某某、王某某等仅判处了“非法获取计算机信息系统数据罪”，应该是考虑到“非法获取计算机信息系统数据罪”的犯罪客体不仅仅是用户的合法权益，更是计算机信息系统数据的管理秩序。本案中的被告等人采用向网站、网吧植入木马程序的方式盗取广大用户的账户密码，不仅对用户的个人信息权利造成损害，更是破坏了网络安全秩序，故判处“非法获取计算机信息系统数据罪”一罪合理。

另外，需要注意的是，谢某某提供了盗取密码账号的网络接入、技术支持等服务，符合“帮助信息网络犯罪活动罪”中的明知他人利用信息网络实施犯罪而进行帮助的构成要件。但是就本案而言，不应依照宗某、陈某帮助信息网络犯罪活动罪一案适用“帮助信息网络犯罪活动罪”。众所周知，信息网络犯罪的特点是犯罪各主体之间可能互不相识，意思联络具有不确定性和不明确性，按照传统的共同犯罪理论，“两人以上具有共同的犯罪故意”很难在不确定主犯的情况下确定帮助犯的刑事责任。“帮助信息网络犯罪活动罪”正是立法机关以传统的共犯理论为根据增设，以更切实地打击信息网络犯罪，保护人民群众人身权利、财产权利和社会公众利益，维护信息网络秩序，保障信息网络健康发展。本案中，被告人谢某某伙同被告人王某某从事盗取账号密码，相互之间实施犯罪的意思联络明确，共犯的认定不具有困难，不宜适用该罪。

(5)破坏计算机信息系统罪——王某犯破坏计算机信息系统罪一案

[案情概要]

被告人王某伙同邵某、尚某、赵某(均另案处理)，经预谋后，于2013年11月中旬至12月上旬，利用赵某在苏州市吴中区地税一分局担任协税员的具有登录进入江苏地税省级大集中税收征管信息系统的工作便利，由邵某提供需要修改人员名单，被告人王磊负责收集相应的纳税人员信息，并负责与尚某、赵某联系、沟通，由赵某进行修改操作，先后修改上述系统中个人完税信息300余条，使不具备在苏州买房资格的人具有买房资格，并从中非法获利人民币233万元。

[审理结果]

原审法院及二审法院均认为，被告人王某伙同他人违反国家规定，对计算机信息系统中存储的数据进行修改的操作，后果特别严重，其行为已构成破坏计算机信息系统罪，系共同犯罪。在共同犯罪中，被告人王某系犯意发起者之一，并积极收集提供修改信息名单，起主要作用，系主犯。

[要点分析]

根据《刑法》第286条的规定，违反国家规定，对计算机信息系统功能进行删除、修改、增加、干扰，造成计算机信息系统不能正常运行；违反国家规定，对计算机信息系统中存储、处理或者传输的数据和应用程序进行删除、修改、增加的操作，后果严重的；故意制作、传播计算机病毒等破坏性程序，影响计算机系统正常运行，后果严重的；都构成破坏计算机信息系统罪。

该罪的犯罪对象是计算机信息系统。计算机信息系统，按照《计算机信息系统安全保护条例》第2条的规定，是指由计算机及其相关的和配套的设备、设施(含网络)构成的，按照一定的应用目标和规则对信息进行采集、加工、存储、传输、检索等处理的人机系统。

该案例是对已生成的数据违法进行删除、修改、增加等加工行为的判决示例，然而需要注意的是，仅仅对少量数据进行违法加工并不足以构成该罪，需要达到“后果严重”。在计算机信息系统功能的形式里，发生严重后果一般表现为使重要的计算机信息系统功能遭受严重损害，严重破坏计算机信息系统的有效运行，给国家、集体或者个人造成重大损失，或者造成恶劣的社会影响，等等。如果对计算机信息系统功能进行删除、修改、增加、干扰的行为没有严重破坏计算机信息系统的正常运行，如被攻击的网络能够照常运行，只是网速慢，性能与平时相比有所下降，但造成的损失不大的，就不能认定为造成计算机信息系统不能正常运行，后果严重。

(6)侵犯隐私权——庞某某与北京趣拿信息技术有限公司、中国东方航空股份有限公司隐私权纠纷一案

［案情概要］

> 2014 年 10 月 11 日，庞某某委托鲁某通过去哪儿网平台(www.qunar.com)订购了 2014 年 10 月 14 日泸州至北京的东航机票一张，去哪儿网订单详情页面显示该订单登记的乘机人信息均属鲁某及其尾号 1858 的手机号。2014 年 10 月 13 日，庞某某尾号 9949 的手机号收到了经东航客服确认的以航班改签为名的诈骗短信，此后又收到两次类似的诈骗短信。庞某某认为趣拿公司与东航泄露其隐私信息，致其收到诈骗短信对其行程安排造成困扰，进而影响其工作，故要求精神损害抚慰金。

［审理结果］

一审法院认为，当事人对自己提出的主张，有责任提供证据，如果没有证据或者提出的证据不足以证明当事人的事实主张的，由负有举证责任的当事人承担不利后果。本案中，现无证据显示被告将庞某某过往信息与本案机票信息关联，且被告并非掌握庞某某个人信息的唯一介体，无法推论被告存在泄露上述信息的行为。故庞某某的诉讼请求缺乏事实依据，法院不予支持。

二审法院认为，争议焦点主要：涉案姓名、电话及行程安排是否可以受隐私权保护，以及根据现有证据能否认定涉案信息是由趣拿公司和东航泄露。首先，根据最高人民法院《关于审理利用信息网络侵害人身权益民事纠纷案件适用法律若干问题的规定》第 12 条的界定，涉案信息中的行程安排无疑属于私人活动信息，从而属于公民个人信息，属于隐私信息。虽然庞某某的姓名和手机号不属于隐私信息，但是和行程信息相结合则具有指向性整体构成隐私信息。其次，本案适用《民事诉讼法》对证明责任高度盖然性的标准，庞某某作为普通人根本不具备对东航、趣拿公司内部数据信息管理是否存在漏洞等情况进行举证证明的能力，只要原告能证明涉案信息为被告所泄露的高度可能即可。本案中除了趣拿公司和东航以外其他人掌握涉案整体信息的可能性非常低，趣拿公司和东航并没有提出反证，且 2014 年间趣拿公司和东航被媒体多次质疑存在泄露个人隐私信息的情况而未及时采取措施疏于防范，故

可以认定涉案信息为趣拿公司和东航泄露。故趣拿公司和东航应承担侵犯隐私权的相应侵权责任,不予支持精神损害赔偿的诉讼请求,支持赔礼道歉的诉讼请求。

[要点分析]

二审法院在判决书中确认隐私信息适用的是最高人民法院《关于审理利用信息网络侵害人身权益民事纠纷案件适用法律若干问题的规定》的规定——“自然人基因信息、病历资料、健康检查资料、犯罪记录、家庭住址、私人活动等个人隐私和其他个人信息”,虽然庞某某的姓名和手机号不属于隐私信息,但是和行程信息相结合则具有指向性,构成了隐私信息。依据最高人民法院《关于审理利用信息网络侵害人身权益民事纠纷案件适用法律若干问题的规定》的规定——“公民个人信息”是指以电子或者其他方式记录的能够单独或者与其他信息结合识别特定自然人身份或者反映特定自然人活动情况的各种信息,包括姓名、身份证件号码、通信联系方式、住址、账号密码、财产状况、行踪轨迹等,本案中庞某某的姓名、手机号码和行程安排结合可以识别其身份并反映其活动情况,无疑是属于个人信息的范畴。总之,“造成他人损害,被侵权人请求其承担侵权责任的,人民法院应予支持”。

一审法院对于庞某某的证明责任标准要求较为严格,而二审法院则考虑到庞某某作为普通公民与趣拿公司、东航之间悬殊的举证能力,原告所需要的证据多为被告掌握,且庞某某作为普通人根本不具备对被告公司内部数据信息管理存在漏洞等情况进行举证证明的能力,故只要求庞某某证明涉案信息为趣拿公司、东航所泄露。二审法院的判决,显示了法官在公民个人信息泄露问题严重的大环境下加大公民隐私权保护的努力,以及对企业,尤其是掌握大量公民个人信息的企业,承担起防止数据泄露的社会责任的期望。相较而言,法院在朱某某与中国联合网络通信有限公司连云港市分公司、傅某隐私权纠纷一案中对举证责任分配问题的处理就差强人意。该案中,朱某某作为普通用户一方与掌握数据的中国联合网络通信有限公司连云港市分公司相比,在举证能力上明显处于弱势。就朱某某提供的证据而言,其证明了第三人傅某取得的缴费记录来自于中国联合网络通信有限公司连云港市分公司的高度盖然性,已经尽到了举证责任,而法院仅因为中国联合网络通信有限公司连云港市分公司的否认而不予采信,在举证责任的分配上实属不当。

与本案相似的案例是“王某某与汉庭星空(上海)酒店管理有限公司隐私权纠纷一案”,判决结果却截然相反。王某某发现其预订酒店时提供的信息被泄露到网上。该案在涉案信息的性质认定上并无疑问,涉案信息因其作为整体具有身份指向性而属于个人信息,其中"姓名、身份证号、性别、生日"不具有隐私属性且掌握该类信息的主体范围很广,"住址、手机号码以及开房(入住)时间"等其他信息具有隐私属性,尤其是"开房(入住)时间"具有较为明确的唯一性。但是在本案中,原告信息与被告酒店管理系统和个人会员管理系统中留存的信息相比对,恰好是"姓名、身份证号、性别、生日"一致,而"住址、手机号码以及开房(入住)时间"不一致,所以很难认定涉案信息为被告泄露。在庞某某案中,原告证明了除了被告以外其他人掌握涉案整体信息的可能性非常低,且2014年间趣拿公司和东航被媒体多次质疑泄露个人隐私,而该案原告则没有实现这样的证明,所以得到了截然相反的判决。

(7)侵犯隐私权——朱某与北京百度网讯科技公司隐私权纠纷一案

[案情概要]

朱某在家中和单位上网浏览相关网站过程中,发现利用百度搜索引擎搜索相关关键词后,会在百度广告联盟的特定网站上出现与关键词相关的广告。例如,朱某在通过百度网站搜索"减肥""人工流产""隆胸"等关键字后,再进入"4816"网站和"500看影视"网站时,就会分别出现有关减肥、流产和隆胸的广告。朱某认为百度公司未经其知情和选择,利用网络技术记录和跟踪朱某所搜索的关键词,将其兴趣爱好、个人需求等显露在相关网站上,并利用记录的关键词对其浏览的网页进行广告投放,侵害了其隐私权,使其感到恐惧,精神高度紧张,影响了正常的工作和生活。2013年5月6日,朱某向南京市鼓楼区人民法院起诉百度公司,请求判令立即停止侵害,赔偿精神损害抚慰金1万元,承担公证费1000元。

[审理结果]

一审法院认为,朱某搜索的关键词展示了其个人上网的偏好,在一定程度上标识个人基本情况和个人私有生活情况,属于个人隐私的范围,且隐私权侵权不仅有公开、宣扬他人隐私的方式,也包括不当收集、利用他人隐私信息的方式。百度公司在网站中默认的是网民同意百度网讯公司使用cookie技术收集并利用网民的上网信息,采取"默示同意"原则,无法起到规范的说明和提醒作用,网民可能根本就不知道自己的私人信息会被搜集和利用,更无从对此表示同意,不足以保障用户的知情权和选择权。综上,一审判决百度构成侵犯隐私权。

二审法院认为，涉案信息虽具有隐私性质，但不属于个人信息。网络用户通过使用搜索引擎形成的检索关键词记录，虽然反映了网络用户的网络活动轨迹及上网偏好，具有隐私属性，但这种网络活动轨迹及上网偏好一旦与网络用户身份相分离，便无法确定具体的信息归属主体，不再属于个人信息范畴。且最高人民法院《关于审理利用信息网络侵害人身权益民事纠纷案件适用法律若干问题的规定》中明确规定了“利用网络公开个人隐私和个人信息的行为”和“造成损害”的侵权构成要件，百度的个性化推荐是通过技术手段完成，并没有向第三方或公众展示及公开用户的 cookie 信息，因此不构成侵权。另外，参考国家推荐性标准《信息安全技术公共及商用服务信息系统个人信息保护指南》（GB/Z 28828—2012），认为非敏感的个人信息的收集、使用仅需要适用默示原则，何况百度收集的信息仅是网络碎片化信息，并不属于个人信息，因此更不需要适用明示同意原则，百度公司保障了用户的知情权和选择权。综上，二审法院撤销了一审判决，百度不构成侵犯隐私权。

［**要点分析**］

从一审判决“侵犯隐私权”到二审认定“不侵犯隐私权”，针对同一事实，两级法院得出了截然相反的法律判决。两份判决见证了天平两端的利益纠葛，一审判决代表了消费者个人隐私权保护的胜利，二审判决则是对互联网企业利用大数据促进产业发展的鼓励。该案将大数据时代最显著的一对矛盾显露无遗，其暴露出来的许多问题都非常值得探讨。

第一，个人隐私与个人信息。

个人隐私和个人信息非常容易被混淆而通用，尽管两者的关联相当密切，但在性质、客体等方面存在明确的区别，主要表现为：其一，就权利属性而言，隐私权是一种精神性的人格权，而个人信息权在性质上属于一种兼具人格利益和精神利益的综合性权利，既包括了精神价值，也包括了财产价值。其二，就权利客体而言，隐私主要是私密性的信息或私人活动，而个人信息注重的是身份识别性。其三，就权利内容而言，隐私权主要是维护个人生活安宁、个人私密不被公开、个人私生活自主决定等，而个人信息权主要是对个人信息的支配和自主决定。其四，两者在保护方式上也有很大区别。首先，对个人信息的保护应当侧重于预防，而隐私权则侧重于事后救济；其次，在侵害隐私权的情况下，主要采用精神损害赔偿的方式进行救济，而个人信息的救济还可以采用财产补救的方法；最后，隐私权保护主要采用法律保护的方式，而个人信息的保护则可以采用更具多样性和综合性的保护方法。在我国,关于隐私权的救济往往是通过《侵权责任法》来进行,即通过侵权责任的承担方式来进行救济。而对于侵害个人信息的保护往往通过行政法及刑法来进行预防与惩罚,唯独没有民法上的直接救济。其五,相较于个人隐私,个人信息与国家安全的联系更为密切。个人信息虽然具有私人性,但其常常以集合的形式表现,形成所谓的“大数据”。如果某个数据中涉及成千上万人的个人信息(如国民的基因信息),且关系到多人的敏感信息,就可能上升到国家信息安全的保护范围。一旦考虑到公共利益,就需要对个人信息的收集、利用、储存、传送、加工等进行一定的限制和规范。但个人隐私一般具有个体性,除了部分特殊主体如国家公职人员外,个人隐私权一般与国家安全没有直接关联。

就本案而言,一审、二审法院在认定涉案信息是否为隐私信息的时候出现了非常大的分歧,一审法院认为涉案信息属于隐私信息,二审法院认为涉案信息具有隐私性质但不具有身份识别性,因此不属于个人信息。而从最高人民法院《关于审理利用信息网络侵害人身权益民事纠纷案件适用法律若干问题的规定》来看,“个人隐私和其他个人信息”都是可以请求承担侵权责任的范畴,所以对于本案来说,能否通过涉案信息直接或者间接识别朱某的身份并不具有实质性影响,二审法院认为涉案信息属于隐私信息而不属于个人信息,所以不能请求承担侵权责任的观点,论据并不充分。

第二,cookie 技术与个人隐私。

一审法院认为百度的 cookie 技术属于不当收集、利用他人隐私信息的侵权行为,二审法院则认为百度的个性化推荐并没有向第三方或公众展示及公开用户的 cookie 信息,因此不构成侵权,依据为最高人民法院《关于审理利用信息网络侵害人身权益民事纠纷案件适用法律若干问题的规定》规定的侵权方式仅“利用网络公开”。显然二审法院的该理由也并不充分,因为其他法律法规中对收集和使用个人信息的方式亦有规定,非公开的方式并不必然排除其侵权责任,问题的关键在于,百度收集、使用涉案信息是否“遵循合法、正当、必要的原则,公开收集、使用规则,明示收集、使用信息的目的、方式和范围,并经被收集者同意”。

第三,“明示”与“默示”同意原则的区分正在模糊化。

尽管我国相关法律规定了收集、使用个人数据应当符合知情同意原则,但并未明确究竟是适用“明示同意”,还是“默示同意”。此外,一些行业的数据保护法规,出于对用户重要数据的保护目的,要求获得用户“书面同意”。如

2013年《征信业管理条例》第14条第2款规定:"征信机构不得采集个人的收入、存款、有价证券、商业保险、不动产的信息和纳税数额信息。但是,征信机构明确告知信息主体提供该信息可能产生的不利后果,并取得其书面同意的除外。"这一规定实际上也并未彻底解决明示还是默示同意的问题,因为结合我国《合同法》规定,书面形式包括了数据电文形式。也就是说,用户无论是在合同协议中签字,还是以网络电子方式"打钩",都可被视为书面形式。而在我国商业实践中,以制定隐私条款、业务协议等方式,"一揽子"取得对用户个人数据收集、利用授权,已经成为普遍现象。

从严格合规及削减数据安全风险,实现业务健康良性发展的目的出发,建议企业对同意授权模式做出区分。企业收集、处理的用户数据可区分为用户一般数据和用户敏感个人数据,判断的标准是,后者的泄露将会给用户的财产与精神利益带来更为严重的后果。参照国际惯例,敏感个人数据一般包括反映个人财产财务、健康医疗、政治及宗教信仰、性取向、位置状况等数据,以及未成年人个人数据,企业也可根据自身业务场景自主决定增加敏感数据的类型。对于个人一般数据,建议适用"默示同意"原则,在提供商品或服务过程中,推定用户同意收集其为实现业务目的的相关数据,但同时为用户提供退出通道。对于个人敏感数据,建议适用"明示同意"原则,且区别于目前实践中"一揽子"授权的协议方式,对于个人敏感数据,应当向用户揭示提供该信息的风险,由用户进行单独、单次授权。当然,也有学者认为百度利用cookie等网络技术向朱某使用的浏览器提供个性化推荐服务正是信息合理利用的充分体现,是满足信息流通这一大数据时代重要社会诉求的重要途径,因此不属于侵权行为。

就本案而言,百度收集的朱某cookie信息虽然是碎片化的,但是其之所以可以用作精准营销,就必然是经过"大数据"技术得到的、反映用户需求的精准信息,其中难免会涉及敏感信息,二审法院认为涉案信息为非敏感信息未免片面。但是我国法律确实没有明确什么信息适用明示同意、什么信息适用默示同意,所以二审法院认为百度收集cookie信息并没有损害用户的知情同意权也并无不当。

(8)侵犯隐私权——顾某与奇智软件(北京)有限公司、北京奇虎科技有限公司隐私权纠纷一案

[案情概要]

顾某从360安全中心网,下载安装了360安全浏览器5.0正式版软件。该软件系免费软件,其安装许可协议载明:除非接受该协议条款,否则无权下载、安装或使用该软件及其相关服务;该协议是用户与奇虎公司之间关于用户下载、安装、使用、复制随附该协议的360软件的法律协议;等等。安装过程中提示的"用户隐私保护"包括以下内容:"360安全浏览器的安全红绿灯功能会定期与360的服务器进行通信,以便下载存在网络欺诈内容和恶意软件网站的最新黑名单列表,以及被360认证的知名网站的白名单列表。如果您访问的网址不在黑白名单列表中,360安全浏览器会发送到360的服务器,和服务端海量的恶意网址库进行比对,来保证更快速地拦截一些最新出现的恶意网址。"安装该软件时可以选择是否加入用户体验计划,关于用户体验计划的说明为:"您在安装360安全浏览器时,我们会邀请您参加用户体验改进计划,您可以选择不参加。如果您参加了这个计划,我们会收集您的浏览器使用情况数据,仅为举例的目的,比如,某个按钮的点击次数、某些关键配置的选项值,我们不会收集您的浏览历史、cookie以及其他涉及您个人的数据。收集到的数据,我们仅以汇总分析的目的使用,以便改进我们的产品。"顾某主张其下载安装的360安全浏览器5.0正式版软件收集其计算机中安装软件信息和浏览网页记录信息并上传服务器,侵害了其隐私权。

[审理结果]

原审法院认为,当事人对自己提出的主张,有责任提供证据。顾某未能就其主张的事实予以证明,应承担不利后果。顾某主张的360安全浏览器5.0正式版软件收集并上传服务器的计算机中安装软件信息。隐私是指不愿告人或不愿公开的个人事情或信息,按常人的一般性理解,是否安装上述软件的信息难以认定为隐私。顾某主张的360安全浏览器5.0正式版软件收集并上传服务器浏览网页记录信息系指使用360安全浏览器5.0正式版软件访问网站时,浏览器向其服务器上传了客户端输入网址、网址安全验证请求、部分运行环境等信息。根据查明的事实,在360安全浏览器5.0正式版软件安装过程中已有提示,为了拦截恶意网址,如果访问的网址不在黑白名单列表中,浏览

器会发送到服务器和恶意网址库进行比对;发送网址到服务器进行比对是实现安全功能的方式,安装过程中对此已有提示,顾某如不能接受完全可以不进行安装。综上,对顾某的诉讼请求,原审法院不予支持。

二审法院认为,关于浏览网页记录信息一节,根据已查明的事实,360 安全浏览器 5.0 正式版软件已在安装许可协议进行了相关事项的告知,在安装过程中亦有“用户隐私保护”提示,并对用户体验计划做了相关说明。顾某下载安装 360 安全浏览器 5.0 正式版软件,并加入用户体验计划,表明其已接受了该软件的安装许可协议,对参加用户体验计划的事项亦是明知和同意的,故二审法院认为,顾某实际上已授予 360 安全浏览器 5.0 正式版软件,收集其相关网页浏览数据的权利。现顾某并未提供充分有效的证据证明 360 安全浏览器 5.0 正式版软件超出协议条款范围收集其私人信息,故其关于隐私权受侵犯的主张不能成立。关于安装软件信息一节,法院认为隐私权是指自然人享有的对其个人的、与公共利益无关的个人信息、私人活动和私有领域进行支配的一种人格权,根据现有证据,顾某对其软件安装信息的隐私属性举证说明尚不充分。该类软件均为计算机使用过程中的常见软件,并不具有一般的人格或身份属性,故即使顾某证明了 360 安全浏览器 5.0 正式版软件确实存在上述收集并上传的行为,360 安全浏览器也无从判断顾某的真实身份及其人格特性,顾某的隐私权并未因此受到侵害。据此,顾某要求奇智公司、奇虎公司承担侵犯隐私权责任的上诉请求依据不足,不予支持。

[要点分析]

本案也涉及对于隐私信息的界定问题。在本案中,一审、二审法院均在判决书中指出,按照隐私权的定义进行一般理解,顾某软件安装信息不属于隐私信息。需要说明的是,软件安装信息不仅难以认定为隐私信息,而且很难单独或者结合其他数据以指明被收集人的身份,故也不属于个人信息。在朱某某与中国联合网络通信有限公司连云港市分公司、傅某隐私权纠纷一案中,话费缴费记录(含有漫游话费)同样很难被证明具有隐私属性及身份指向性。

在本案中,用户安装该软件时可以选择是否加入用户体验计划,关于用户体验计划的说明也较为详尽并有示例,法院认为 360 安全浏览器 5.0 正式版软件已经尽到说明义务,顾某实际上已授予 360 安全浏览器 5.0 正式版软件收集其相关网页浏览数据的权利,再一次表明了在现有法律没有明确规定的情况下法院对于保护用户知情同意权的判断标准。

（9）反不正当竞争——北京淘友天下技术有限公司等与北京微梦创科网络技术有限公司不正当竞争纠纷

［案情概要］

被上诉人北京微梦创科网络技术有限公司（以下简称微梦公司，一审原告）独立运营新浪微博，上诉人淘友技术公司及淘友科技公司（一审被告）共同运营脉脉软件。根据《开发者协议》，淘友技术公司、淘友科技公司仅为普通用户，可以获得新浪微博用户的ID头像、好友关系（无好友信息）、标签、性别，无法获得新浪微博用户的职业和教育信息，但淘友技术公司、淘友科技公司违反了《开发者协议》，使大量未注册为脉脉用户的新浪微博用户的相关信息也展示在脉脉软件中，且双方合作终止后，淘友技术公司、淘友科技公司仍使用大量非脉脉用户的微博用户信息。

［审理结果］

一审法院认为，本案的争议焦点主要有两项：一是淘友技术公司、淘友科技公司与微梦公司是否存在竞争关系（通常认为，反不正当竞争法所规范的经营者应具有竞争关系）；二是淘友技术公司、淘友科技公司的行为是否对微梦公司构成不正当竞争。一审法院认为，双方在对相关用户社交类信息的使用等方面存在竞争利益，具有竞争关系。鉴于双方曾经存在合作关系，在淘友技术公司、淘友科技公司明确了解需要通过申请获得微博用户相关信息的接口权限，且合作终止后应当及时删除从新浪微博获取的用户信息的情况下，淘友技术公司、淘友科技公司在合作期间超出许可范围抓取并使用新浪微博用户职业信息、教育信息，并在合作终止后较长一段时间内仍然使用来自新浪微博的用户信息作为脉脉软件中非脉脉用户的相关信息。同时，非法获取并在一度人脉中展示用户手机通讯录联系人与新浪微博用户的对应关系，使大量非脉脉用户的新浪微博信息及好友关系展现在脉脉软件中，便于脉脉软件拓展自身用户群，淘友技术公司、淘友科技公司的行为违反了诚实信用的原则和商业道德，危害到新浪微博平台用户信息安全，损害了微梦公司的合法竞争利益，对微梦公司构成不正当竞争。

二审法院认为，上诉人的行为违反了诚实信用原则及公认的商业道德，破坏了Open API的运行规则，损害了互联网行业合理有序公平的市场竞争秩序，一定程度上损害了被上诉人微梦公司的竞争优势及商业资源。根据《反不正当竞争法》第2条的规定，上诉人淘友技术公司、淘友科技公司展示对应关系的行为构成不正当竞争行为,驳回上诉,维持原判。

[要点分析]

第一,被上诉人北京微梦创科网络技术有限公司有权获取并使用新浪微博用户的职业信息和教育信息。微梦公司与微博用户达成的《微博服务使用协议》第6.2条约定,“保护用户隐私和其他个人信息是微梦公司的一项基本政策,微梦公司保证不会将单个用户的注册资料及用户在使用微博服务时存储在微梦公司的非公开内容用于任何非法的用途,且保证将单个用户的注册资料进行商业上的利用时应事先获得用户的同意,但下列情况除外:……6.2.4用户自行在网络上公开的信息或其他已合法公开的个人信息”。新浪微博对用户的《微博个人信息保护政策》明确载明,“未经您本人允许,微博不会向任何第三方披露您的个人信息,下列情形除外:1)微博已经取得您或您监护人的授权……4)根据您与微博相关服务条款、应用许可使用协议的约定……”微梦公司在其与微博用户的《微博服务使用协议》《微博个人信息保护政策》中明确约定可以无需征得用户同意即将其公开的个人信息作为商业使用并向第三方披露。法院在审判结果中明确指出,网络平台提供方可以对在用户同意的前提下基于自身经营活动收集并进行商业性使用的用户数据信息主张权利。互联网络时代,用户信息已成为今后数字经济中提升效率、支撑创新最重要的基本元素之一,因此,数据的获取和使用,不仅能成为企业竞争优势的来源,更能为企业创造更多的经济效益,是经营者重要的竞争优势与商业资源。

第二,上诉人淘友技术公司、淘友科技公司无权获取并使用新浪微博用户的职业信息和教育信息,无权获取并使用非脉脉用户的新浪微博信息。新浪微博通过Open API途径,让第三方应用可以在用户授权的前提下,通过相应接口获取相关信息。Open API是一种互联网应用开发模式,Open API通过《开发者协议》来约定双方的权利义务,同时亦通过该协议来实现对用户数据信息的保护。从《开发者协议》的内容来看,开发者应用或服务需要收集用户数据的,必须事先获得用户的同意,仅应当收集为应用程序运行及功能实现之目的而必要的用户数据和用户在授权网站或开发者应用生成的数据或信息。开发者应当告知用户相关数据收集的目的、范围及使用方式,以保障用户的知情权。因此,上诉人淘友技术公司、淘友科技公司获取新浪微博用户的相关信息应事前获得用户的同意。《脉脉服务协议》在“第三方平台记录信息”中约定:“用户通过新浪微博账号、QQ账号等第三方平台账号注册、登录、使用脉脉服务的,将视为用户完全了解、同意并接受淘友公司已包括但不限于收集、统计、分析等方式使用其在新浪微博、QQ 等第三方平台上填写、登记、公布、记录的全部信息。用户一旦使用第三方平台账号注册、登录、使用脉脉服务，淘友公司对该等第三方平台记录的信息的任何使用，均将被视为已经获得了用户本人的完全同意并接受。”我国相关法律尽管规定了收集使用个人数据应当符合知情同意原则，但并未明确究竟是适用“明示同意”，还是“默示同意”，但是明显可以判断，仅凭“用户通过新浪微博账号、QQ 账号等第三方平台账号注册、登录、使用脉脉服务”，并不足以推定用户的行为构成默示同意，当然也不构成明示同意。上诉人淘友技术公司、淘友科技公司在未取得用户许可的情况下，获取并使用涉案非脉脉用户的相关新浪微博信息，违反了《开发者协议》的约定。数据提供方与第三方应用均应遵守《开发者协议》，在读取和运用用户数据时以取得“用户同意 + 平台同意 + 用户同意”的三重同意为原则，以保护用户的隐私权、知情权和选择权为底线，以公平、诚信为行为准则，维护互联网络的公平竞争秩序，实现数据经济的合作共赢。另外，判决提出涉及互联网用户信息的基本原则是“用户明示同意原则 + 最少够用原则”。网络运营者是网络建设与运行的关键参与者，在保障网络安全中具有优势和基础性作用，应当遵循合法、正当、必要的原则，尽到网络运营者的管理义务。第三方应用开发者作为网络建设与运行的重要参与者，在收集、使用个人数据信息时，应当遵循诚实信用原则及公认的商业道德，取得用户明示同意并经网络运营者授权后合法获取、使用数据信息。同时，收集和使用用户信息时应坚持最少够用原则，网络运营者不得收集与其提供的服务无关的个人信息。

(10)证据证明方面——奇虎公司与腾讯公司“二选一”垄断纠纷一案

[案情概要]

奇虎公司认为，腾讯公司和腾讯计算机公司在即时通信软件及服务相关市场具有市场支配地位，本案相关地域市场为中国(不含港澳台地区)的即时通信软件及服务市场，腾讯公司和腾讯计算机公司的市场份额达76.2%，QQ 软件的渗透率高达 97%。2010 年 11 月 3 日，腾讯公司和腾讯计算机公司发布《致广大 QQ 用户的一封信》，明示禁止其用户使用奇虎公司的 360 软件，否则停止 QQ 软件服务；拒绝向安装有 360 软件的用户提供相关的软件服务，强制用户删除 360 软件；采取技术手段，阻止安装了 360 浏览器的用户访问 QQ 空间，在此期间大量用户删除了奇虎公司相关

软件。腾讯公司和腾讯计算机公司的上述行为构成限制交易,属于滥用市场支配地位,应对其垄断民事侵权行为承担相应法律责任。

［审理结果］

最高人民法院认为,反垄断法所关注的重心并非个别经营者的利益,而是健康的市场竞争机制是否受到扭曲或者破坏。腾讯实施的“二选一”是专门针对360实施的,这一行为实质上是腾讯限定了QQ软件的使用环境。虽然这一限制可能对消费者使用造成不便,但即时通讯和安全软件市场均充分替代,这些软件具有高度替代选择,QQ软件并非必需品,这种不便对消费者利益并无重大影响。从动机上看,“二选一”的目的不是排除潜在的竞争对手进入即时通信服务市场,而是就360专门针对腾讯实施不正当竞争行为做出被迫回应。最高人民法院提出,腾讯做法值得“特别应注意”的背景是,360及其关联公司专门针对腾讯QQ软件开发、经营扣扣保镖软件,实施不正当竞争行为。而且“二选一”行为仅持续1天,其影响是极其微弱的,并未显著排除或者限制安全软件市场的竞争。“二选一”之后,腾讯在即时通讯上的主要竞争对手MSN、飞信和阿里巴巴等的用户数量均有较高增幅,其结果并非压制市场竞争,恰恰相反带来了更活跃的市场竞争,并未导致排除或者限制竞争的明显效果,不构成反垄断法所禁止的滥用市场支配地位行为。

［要点分析］

“大数据”带来的不仅仅是新型的纠纷,也对司法实践中的证据证明方面产生了影响。“3Q”大战中,关于认定腾讯是否具有市场支配地位,以及是否存在滥用市场支配地位的行为,双方提交的证据中多涉及大数据的运用。比如,奇虎公司为证明在中国即时通信软件和社交网络软件不构成替代产品,举证了RBB经济咨询有限责任合伙出具的《关于奇虎360与腾讯反垄断纠纷的经济分析报告》中关于2011年每周即时通信软件有效使用时间和每周社交网络软件有效使用时间之间的相关系数为0.098接近于零。“大数据”对于事实认定的作用在该案中得以很好地体现,腾讯和奇虎360使用的大部分证据都涉及分析数据。

2.国外大数据司法实践简述

上述十大经典案例,总结了在国内司法实践中,对于涉及大数据的案件最有代表性的判决和思路,基本上也符合国际上司法实践的主流态度。国际上许多国家的互联网技术发展和普及都早于我国,对于数据泄露的防范和惩治制度更为完善,对于侵犯数据安全、个人隐私等的打击力度也更大。

2003 年艾伯特 · 冈萨雷斯(Albert Gonzalez)因盗用信用卡被捕,继而转为美国特勤局的有偿线人。在他为政府工作的几年里,一方面,他帮助美国政府诱捕黑客——那次行动,成为美国政府有史以来破获的计算机犯罪案件中最成功的一例;另一方面,他纠集起庞大的跨国黑客集团,在两三年的时间里,盗取4000 万张信用卡信息,"偷走"美国最大几个零售集团的一半交易。2010 年 3 月其被波士顿法庭以"操纵多种手段从网上入侵很多大型公司的计算机系统,并盗取公司用户的信用卡账号"的罪名判20 年徒刑,成为美国因计算机犯罪获刑最重的黑客。

2012 年 8 月曾经在 Intel 任职的比斯瓦默罕 · 帕尼(Biswamohan Pani)在波士顿得到宣判,将在联邦监狱服刑 3 年,同时被处以 1.75 万美元的罚款,但得到了 2 年的缓刑期。其被控于 2008 年 5 月在 Intel 内部下载了多份机密文档,其中包含大量处理器新品设计与制造信息,随后很快便辞职离开了马萨诸塞州,后来加盟了 Intel 的死对头 AMD,不过 AMD 表示并不知道帕尼的"阴谋",还积极配合了调查人员。Intel 发现了帕尼的行为并迅速报案,宣称他窃取的机密价值 2 亿 ~4 亿美元。其后帕尼被捕,承认了自己的罪行。

2013 年俄罗斯公民 25 岁的尼基塔 · 库兹明正式被美国当局指控制造并传播电脑病毒,在全世界攻击了上百万台电脑。报道称,美国当局表示,其与其他 2 名被告通过研制电脑病毒"Gozi"非法浏览世界各地银行信息,并从个人账户,法人账户及政府部门账户窃取资金。调查显示,这 3 人的行为造成了超过5000 万美元的损失,4 万台美国电脑遭破坏,其中有 160 台属于美国太空总署。美国纽约南区联邦法院近日做出裁决,认定尼基塔 · 库兹明、丹尼斯 · 卡洛夫斯基斯、哈伊 · 保涅斯库 3 名黑客有罪,并分别判处 95 年、67 年和 70 年的监禁处罚,总计达 232 年。这一监禁处罚再次创造了黑客刑期的最高纪录。

2014 年 9 月澳大利亚悉尼唐宁中心地方法庭宣布,泄露澳大利亚总理阿博特的女儿弗朗西斯奖学金信息的悉尼学生纽曼已经认罪。她曾利用兼职图书馆管理员的身份,非法获取怀特豪斯设计学院的内部资料,并将弗朗西斯获得该校 2011 年"导演奖学金"共 6 万澳元一事向外界泄露。纽曼将于下月再次出庭受审,若犯罪事实成立,她将被判 2 年监禁。

2015 年 7 月一名越南男子因非法侵入美国多家企业电脑,窃取大约 2 亿名美国人包括社保账号、银行账户、信用卡信息和家庭住址在内的多项个人信息，并把这些信息发布在自己运营的网站上出售获利，被新罕布什尔州一座地区法院以身份欺诈、存储设备诈骗和互联网诈骗等罪名判处13年监禁。

2016年土耳其法庭判决一名26岁的土耳其黑客入狱135年，他的被控罪名是"大规模银行诈骗"，当庭承认自己窃取并出售了11套信用卡的资料。该名黑客之前在2013年与另外11名黑客因为窃取了43套信用卡的资料已获刑199年入狱，两次判罚加在一起，他将面临334年的刑期。与他犯下的罪相比，如此长的刑期似乎有些不合理，但这或许从某种程度上说明了土耳其想以此树立警示作用。

2016年11月2日日本机床巨头企业山崎马扎克的36岁中国籍前员工2011年8月接入公司服务器，将机密信息复制到硬盘中窃走，在聊天中曾向熟人兜售该机密情报，被控违反日本《反不正当竞争法》，日本最高法院第一小法庭10月31日驳回被告方的上诉，维持一审、二审判决，判处其有期徒刑2年，缓刑4年，并处以50万日元（约合人民币3.3万元）罚款。

（三）大数据对司法实践的挑战和机遇

大数据分析作为一种新型的研究范式和决策辅助方法，正无孔不入地渗透到社会生活的各方面，司法领域也不例外。除了催生新型纠纷及在调查取证、事实证明方面带来困难以外，司法活动本身也在源源不断地产生案件判决、庭审笔录等各类业务数据，社会各界对于司法活动也存在大量的评论，可能对司法提供有益的辅助支持。

1. 数据权属及个人信息保护问题

我国政府已经建立起了多家大数据交易所，并已开始进行数据交易。然而，贵阳大数据交易所执行总裁王叁寿先生曾多次在公共场合提及大数据面临的尴尬。国家发改委的一份关于推动大数据交易发展的报告显示，大数据产业面临四个难题：数据权利类型没有明确；数据权利主体存在争议；数据的控制和使用权利界限不明，如何分离尚不明确；数据通过互联网非常容易被复制，权属保护很困难。其中，数据权属的明确，是个人信息保护以及在此基础上促进数据流通的大前提。但当前关于数据的法律属性及定位仍存在较大争议。

与促进数据产生和流通的法律保障体系模糊相对的另一个问题，是面对大数据时代个人信息数据大量、普遍的采集、存储、处理和流转，立法对我国对个人信息的保护仍不完善。如上文的司法案例中暴露出来的，对用户知情同意权“明示”或者“默示”规定不明、举证责任分配不合理、隐私信息或者个人信息的定义尚待确认等问题,都亟待立法解决。

立法的确是困难的。个人信息保护中蕴含的人格利益,与信息自由流通和应用所带来的巨大经济利益、公共安全和公共健康等公共利益之间形成了巨大的矛盾,这种矛盾和利益冲突在大数据时代将被进一步激化。大数据产生的利益应该如何分配?大数据带来的个人信息被滥用的隐患应该如何规制和防控?面对冲突,应该如何设置利益平衡点?针对这些新问题,我国和发达国家都还没有找到满意的答案。以往,面对科技发展带来的新型社会问题,我国往往会对域外较为成熟的法律制度进行借鉴,在此基础上进行立法工作,少走了很多弯路。但此类做法的弊端在于,我们跳过了真正意义上从无到有的过程,缺少了相应经验的积累。所以在与发达国家同时面对新问题的时候,特别是涉及新兴技术带来的利益应该如何分配的方面,我们的立法宜充分调动各方主体的关心和参与,考虑市场失灵的情况,观察中国市场自我调节的能力,总结司法实践中得出的经验智慧,跟进数据技术革命,并致力于为之提供良好的制度支撑。

2. 证据规则体系亟待完善

在诉讼中利用大数据证明事实,存在两个截然不同的方法。第一种方法是利用留存于互联网的个案信息,运用这类数据证明事实——电子数据证明案件事实;第二种方法是利用通过海量数据进行分析得出的大数据分析结果认知事实——司法认知的功能。

(1)我国电子证据规则仍有待完善

司法工作人员对于电子证据本身的可采性标准及效力认定等问题仍然存在疑问,这是对司法实践中电子数据证据运用面临的主要挑战。尽管我国2012年修改的《刑事诉讼法》《民事诉讼法》及2014年修改的《行政诉讼法》均将电子数据规定为证据类型之一,2015年开始施行的最高人民法院《关于适用〈中华人民共和国民事诉讼法〉的解释》中也对电子数据进行了进一步的界定,但由于电子数据易于伪造、删改的特性,加之我国相关实践经验不足,如何在司法实践中审查和认定电子证据的真实性仍然是一个难题。2016年9月,最高人民法院、最高人民检察字和公安部联合发布了《关于办理刑事案件收集提取和审查判断电子数据若干为题的规定》,对于刑事诉讼中电子数据的定义及其收集、提取、移送、展示、审查、判断等方面进行了规范。其中许多条款的设置都旨在保障电子数据的真实性识别,但在司法实践中仍然存在适用上的困难。

在大数据时代,更需要发展和细化电子数据证据保全、取证和真实性判断等方面的规范。对大数据技术的深入理解和技术跟踪,对电子证据真实性审查中的电子证据司法鉴定和证据印证这两类方法均有积极意义。电子证据同时具有脆弱性和稳定性这一对相互矛盾的特性,脆弱性包括电子数据易于被篡改、伪造和异变及电子证据本身个性化特征较弱;而稳定性则表现在易于存储不易彻底销毁,且篡改、伪造的痕迹难以完全消除。在大数据技术下,许多电子证据的上述脆弱性将得到一定程度的减弱,而稳定性特点将可能进一步增强。一方面,在大数据时代,数据成为一种重要的资源和财富,许多大数据拥有方均会采用更为先进的存储技术或采用稳定成熟的云服务平台,在这种情况下,数据因系统故障等非人为因素而发生异变的可能性微乎其微,篡改数据的痕迹也更难于完全消除,为电子司法鉴定提供了更为有利的环境;另一方面,大数据时代,一个主体的众多信息都可能被记录在许多具有独立来源的信息系统中,使电子数据证据往往可以与其他电子数据相互印证,使原本易于篡改且难于证明与特定主体相对应的电子数据可以得到补强。

(2)大数据分析技术可能为证据的收集提供新的思路和方法

大数据技术通过对海量数据的自动分析,从海量的琐碎数据中挖掘出有价值的信息,从而为人们在相应领域的活动提供依据和启示。大数据分析能够依托海量数据,挖掘出事物间的关联关系。在司法领域的证据收集中,根据具体情况可以依托大数据分析直接搜索出相关数据,也可以基于对以往大数据的分析挖掘出事物间的关联关系,再据此进行下一步的证据调查和采集。

基于目前大数据分析是一种以分析关联关系为主的、对精确要求较低的定量分析等原因,我国学者多数认为目前不宜将大数据直接作为一种证据使用。大数据分析虽然或许不能直接体现在证据的证明力中,但可以进入证据分析领域,提供“数据经验”,可以为事实认定者提供事实认定的语境和背景知识,填补人类对海量碎片信息认知能力的不足。至少在民事诉讼中,大数据分析结果并非不可作为证据使用。根据证据法的理论,如果大数据所分析得出的事实与诉讼案件有关,大数据的结论就因为具有相关性而成为适格证据。我国目前司法实践中也有当事人将市场调查报告作为证据,有些也得到了法院的采信。在华为诉IDC必要专利许可费率纠纷案中,一审、二审法院在进行标准必要专利许可费裁定时,均参考了Strategy Analytics研究机构对全球手机市场中,苹果、三星等公司销售额的统计分析和预测。“问卷调查证据和其他认定因素一样……使得法官更好地将抽象的法律和具体的事实焊接在一起,得出尽可能公正和准确的裁决。”

司法实践需要正确理解数据科学的性质和作用,对采用大数据分析结论作为证据保持审慎但开放的态度,并在此过程中起到科学引导作用。此外,大数据时代“证据偏在”的问题将更加凸显,需要借助证据制度加以克服。

3. 对司法审判的冲击

(1)微观层面:定性分析与定量分析

法官在司法裁判中适用的方法被称为法律方法或者法学方法,具体内容包括法律解释、法律推理、法律论证、利益衡量和漏洞补充等。法律方法能够帮助法官认定案件事实与法律规范之间的关系,具有较强的操作性,可以辅助法官做出裁判,但是,所有这些法律方法都倾向于定性分析。例如,在民事案件中的侵权损害赔偿,以及刑事案件中的先定罪后量刑。从历史发展来看,法律方法都是多种司法经验的总结、抽象和升华,法学研究和实践培养出来的法官具有善于进行定性分析的能力。

大数据时代更加重视量化分析,这对司法审判在微观方法层面上产生了不小的冲击。相比于依赖小数据和精确性的时代,大数据因为更强调数据的完整性和混杂性,帮助我们进一步接近事实的真相。这种量化分析的大致步骤是“先定量、后定性”,与传统司法中的操作步骤恰恰相反。对于习惯于定性分析的司法者来说,大数据时代的量化分析自然成为一种巨大挑战。

(2)宏观层面:司法克制与司法能动

传统司法的基本理念是克制主义,强调以保守的方式对待社会的发展变化,减少司法对社会的积极干预。但是在特定时间段内,司法能动主义又会彰显,以积极参与的方式推动社会的发展进步,二者之间的矛盾常在司法实践中以诉讼的方式提交到司法者面前。大数据时代要求司法者倡导能动主义,这对于传统的克制主义在宏观理念上产生了冲击。大数据时代对社会发展的迅猛影响,也会要求司法发生相应的急速变化,在宏观理念上体现为能动主义的张扬。但是在现有司法系统仍然缺少较高的权威性及丰富社会资源的背景下,多数法官更愿意选择稳妥的司法保守主义理念,与大数据时代的要求产生冲突。

4. 大数据时代对信息技术提出更高要求

现有技术无法完全满足信息的提取、储存、处理、清洗等过程中的需要,于是对信息技术提出了更高的期望。比如,在大量的信息数据中,对潜在的有用的信息和数据进行提取的过程是比较复杂的,要对信息数据反复分析研究,保证信息的真实性。在对数据信息分析研究之前,要了解业务的需求,根据目标和需求进行分析研究,并对原有数据进行评估,组织、清理、集成。在完成数据的清理工作后,要用相关的计算方法和工具建立分析模型,然后对建立的模型进行评估,将分析的结果运用到业务中,这对有效提取和分析数据的技术提出了较高的要求。大数据时代信息数据的增长速度非常快,这对信息技术的存储能力、信息数据的压缩技术、网络传输能力等都是一次巨大的挑战。大数据时代的信息技术若要快速发展,就需要大量的存储空间,尽管存储技术在不断进步,但是在数据存储过程中面临的问题将越来越多。另外,运用网络对数据信息进行传输是大数据时代信息流通的根本保证,然而各网络的连接端口上大量数据的传输必须有足够的传输能力的支持,才能保证数据的有效流通。还有就是数据污染的预防和处理及数据质量的提升的问题,大数据预处理阶段需要抽取数据把数据转化为方便处理的数据类型,对数据进行清洗和去噪,以提取有效的数据等操作。对收集到的数据进行很好的预处理,才有可能让数据分析和数据挖掘人员从可用性高的大数据中提取有价值的信息。然而现实中很多大中型企业每时每刻都在产生大量的数据,但在大数据的预处理阶段很不重视,导致数据处理很不规范,数据质量差、不准确、可用性差,这方面的提升也亟须企业更新技术。

5. 促进司法公正

首先,针对司法案件的大数据分析可以有效辅助"同案同判"目标的推进。同案同判是司法公正的一项基本要求,是自然正义在司法领域最具体的体现,蕴含法律面前人人平等的朴素理念。司法大数据分析可以减少由于时间和空间上的距离造成的信息沟壑。同一类案件处理中可能涉及很多不同的因素,司法大数据分析将在全国司法裁判文书中进行分析,辅助揭示各类因素在不同案件中所起到的作用,使法官适用法律时更能保证与全国同类案件进行类似处理,从而保证裁判的统一性。有先前同类判例的支撑,法官、律师、当事人,甚至社会大众都会提前预测到案件的结果,而在这种参照机制中,舆论是没办法参与进来的,法官免于受外界舆论造势的压力和影响,当事人也不会因为外界因素而在司法中受到不公平的对待。

其次,司法大数据分析的推进将提高司法的公开性,使司法处于阳光之下,以公开来促进公正。司法信息公开和大数据分析将在很大程度上解决司法机关与当事人和社会民众之间的信息不对称问题。这使司法人员在处理案件时会考虑到社会监督,从而促使司法人员提高案件处理质量,特别是提高司法公正。

最后,司法大数据分析将促进裁判文书质量的提高。大数据时代,裁判文书公布后,数据分析可以对裁判文书的质量进行评价,这将促进法官认真地制作裁判文书,充分地说理,呈现高质量的文字水平,提高案件裁判的质量,并对后来类似案件的审理提供有价值的参考。

6. 推动司法机关与社会公众的良性互动

近年来,比较重要或热点的司法事件经常会在社会上引起广泛关注。在当今网络信息时代,公众对司法信息需求量越来越大,对司法公开的信息及时性要求越来越高,司法领域的热点多、触点多、燃点低。不仅要通过审判活动实现司法公正,而且要以人们看得见的方式实现司法公正,让裁判过程变成当事人感受民主、客观、公正的过程。公众在互联网上的舆论可能包含改进司法工作的有益建议,也可能是基于信息不对称或错误信息而产生的不符合实际情况的认识,后者常常给相关司法人员带来压力,有时甚至不当影响了司法独立。在坚持审判独立原则的前提下,可以应用大数据技术,发现公众心理和舆论传播的特点,进行舆论风险预警和适当的、及时的信息发布,从而构建司法机关与社会公众的良性互动关系,也有助于缓解舆论对于司法人员的压力,辅助审判独立地实现。同时,大数据技术可以帮助司法机关从众多司法业务数据和互联网信息中挖掘司法为民目标的实现和提升路径,进而辅助提高社会公众对司法工作的满意度。此外,大数据形成的有效信息本身,就是综合了社会群体认识能力所能及的数据,是从中提取出的具有指导价值的信息。因此,大数据得出的结论具有社会认知的普遍性。

六、企业大数据应用法治现状

目前，大部分企业已经认识到数据及其应用与分析对企业发展的重要性。根据中国信息通信研究院《大数据发展调查报告(2017)》显示，近6成的受访企业已经成立了数据分析相关部门，同时，近3成企业正在计划成立数据部门。超过3成的受访企业已经应用了大数据技术，超过两成的企业计划在未来1年内开始应用大数据，同时，一半以上的企业将进一步加大在大数据领域的投入。可以看到，大数据的应用在企业的经营活动中不断普及和深化，同时企业对数据资源的需求愈加强烈。

企业大数据应用法治现状，是指企业在应用大数据的过程中对现有法律法规是否遵及遵从程度的现实状态，如企业的数据收集、存储、使用、加工等行为是否存在违反现有法律法规的情况，程度如何；企业是否建立了法律所要求建立的内控制度，其是否有效等。中国政法大学互联网金融法律研究院课题组梳理2017年7月1日前现行有效的、规范企业相关数据行为的法律、法规，并以此为标准设计了《企业大数据应用法治现状调查问卷》。结合采用了现场访谈调查、电话访谈调查及在线调查问卷的形式，共收集问卷10,095份，受访企业所属行业情况如图6－1所示。受访企业以营业时间3～5年的为主，详情如图6－2所示。力求通过数据分析对我国企业数据应用法治现状进行全面评估。

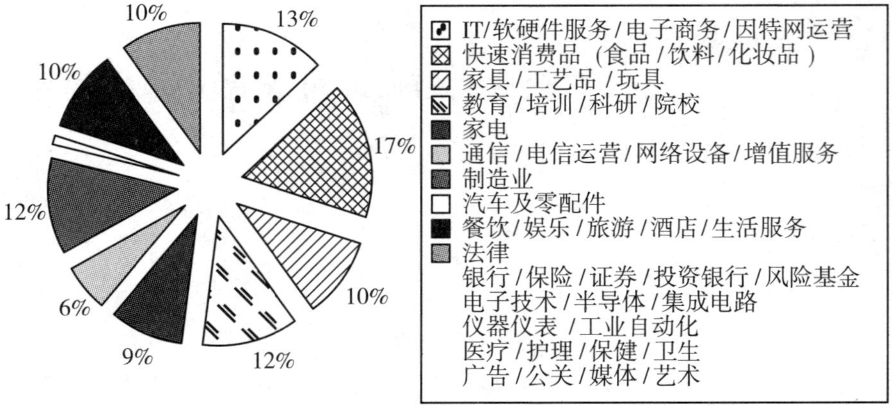

图 6－1

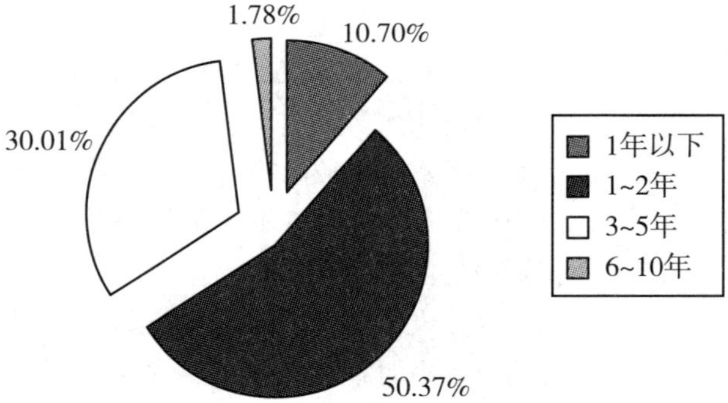

图 6－2　受访企业营业年限

总体来讲，当前法律、法规、规章所规定的义务主体基本涵盖了所有企业，涉及互联网或者其他特殊行业如通信、金融等的还设置有特殊的义务。但是企业对现行法律的遵从程度较低，违法犯罪行为猖獗。虽然法律层面对企业内部控制、涉及个人信息和商业秘密的数据保护等均有规定，在是由于企业在数据的实际控制方面占据了优势地位，因此，无论是法律的监管，还是公民个人的监督，都难以实际发挥有效作用。

(一)对内:内控制度建设

1	义务	网络运营者制定内部安全管理制度和操作规程
	来源	规定于《网络安全法》第21条,义务主体为网络运营者,即网络的所有者、管理者和网络服务提供者。为防止网络数据泄露或者被窃取、篡改,要求制定内部安全管理制度和操作规程,确定网络安全负责人,落实网络安全保护责任,并采取数据分类、重要数据备份和加密措施。企业内部安全管理制度和操作规程应当根据法律、行政法规规定的义务来确定
	现状	根据调查,在受访的属于网络运营者的企业中,有接近8成的企业已经建立有内部安全管理制度和操作规程,75.69%的受访企业有专人或专门机构负责企业所收集的个人信息保护工作。但多达84.3%的企业出现过个人信息泄露,其中员工泄密而导致的个人信息泄露占比最大。可见内部安全管理制度的建立,并未发挥有效的作用
2	义务	关键信息基础设施运营者的特殊安全保护义务
	来源	规定于《网络安全法》第31条,义务主体为关键信息基础设施运营者,即公共通信和信息服务、能源、交通、水利、金融、公共服务、电子政务等重要行业和领域,以及其他一旦遭到破坏、丧失功能或者数据泄露,可能严重危害国家安全、国计民生、公共利益的关键信息基础设施的运营者。其中规定的特殊安全保护义务包括设立专门安全管理机构和确定安全管理负责人,并对该负责人和关键岗位的人员进行安全背景审查;定期对从业人员进行网络安全教育、技术培训和技能考核;对重要系统和数据库进行容灾备份;制定网络安全事件应急预案,并定期进行演练;以及法律、行政法规所规定的其他义务
	现状	据调查,在受访的属于关键基础设施运营者的企业中,还有接近1成的运营者没有履行特殊的安全保护义务来防止数据泄露

续表

3	义务	关键信息基础设施运营者的境内产生数据境内存储义务
	来源	规定于《网络安全法》第37条，义务主体为关键信息基础设施运营者，要求关键信息基础设施的运营者在中华人民共和国境内运营时所收集和产生的个人信息和重要数据应当在境内存储
	现状	据调查，在受访的属于关键基础设施运营者的企业中，有超过9成的企业履行了该义务
4	义务	网络运营者建立健全用户信息保护制度
	来源	规定于《网络安全法》第40条，义务主体为网络运营者。该条款要求网络运营者建立针对其用户信息的内控保护制度
	现状	据调查显示，在受访的属于网络运营者的企业中，还有约两成的受访企业未建立用户信息保护制度，这些企业不仅包括了电子商务、教育等行业，还包括了《网络安全法》中规定的，需要进行重点保护的通信、信息服务、金融等重要行业和领域。而在已经建立用户保护制度的受访企业中，有84.3%的企业出现过个人信息泄露，信息泄露的原因主要包括企业提供、系统漏洞及员工泄露等。 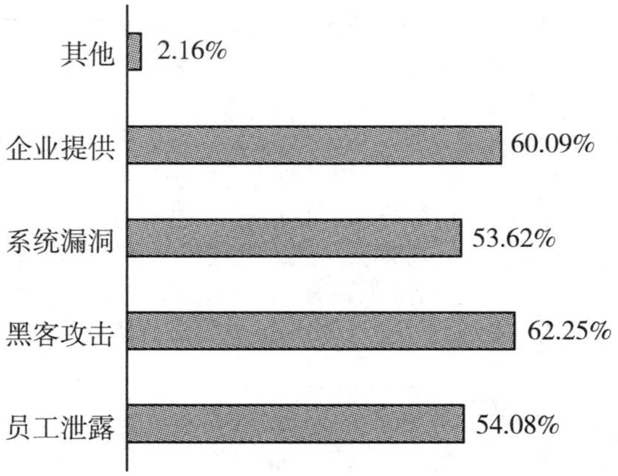 可见，即便是已经建立了用户信息保护制度的企业，由企业、员工所导致的道德风险及互联网带来的技术风险仍未得到较好的防范和化解，距法律所要求的“健全”还有相当的距离

(二)对外:个人数据与商业秘密保护

<table>
<tr><td rowspan="3">1</td><td>义务</td><td>收集、使用个人信息,应公开收集、使用规则,明示收集、使用信息的目的、方式和范围</td></tr>
<tr><td>来源</td><td>规定于以下法律法规中:《网络安全法》第41条,义务主体为网络运营者,客体为用户个人信息;《消费者权益保护法》第29条,义务主体为经营者,客体为消费者个人信息;全国人民代表大会常务委员会《关于加强网络信息保护的决定》之二,义务主体为网络服务提供者和其他企事业单位,客体为公民个人电子信息;《网络交易管理办法》第18条,义务主体为网络商品经营者、有关服务经营者,客体为消费者或者经营者信息;《电信和互联网用户个人信息保护规定》第9条,义务主体为电信业务经营者、互联网信息服务提供者,客体为用户个人信息</td></tr>
<tr><td>现状</td><td>实际上,只要借助了互联网这一载体进行了经营行为,尤其是和客户交互的行为,那么该企业几乎已经被以上义务主体所涵盖,都有履行“收集、使用个人信息,应公开收集、使用规则,明示收集、使用信息的目的、方式和范围”这一义务。
然而据调查结果显示,在收集客户的个人信息时,有超过七成的受访企业还未向用户公布过收集个人信息的规则、使用个人信息的目的,超过八成的受访企业没有向被收集者明示使用个人信息的规则,收集个人信息的目的,使用、收集个人信息的方式、范围,以及客户提供个人信息的风险后果等。调查详情如下图所示
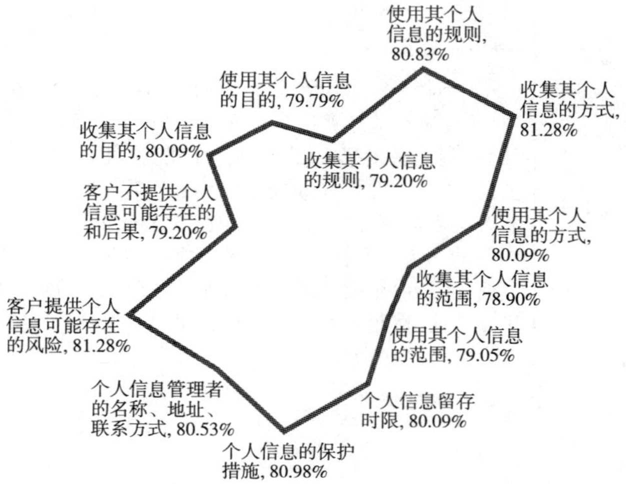
</td></tr>
</table>

续表

2	义务	收集、使用客户个人信息时，经过被收集人同意
	来源	规定于《网络安全法》第22条、第41条，《消费者权益保护法》第29条，全国人民代表大会常务委员会《关于加强网络信息保护的决定》之二，《网络交易管理办法》第18条，《电信和互联网用户个人信息保护规定》第9条等，义务主体的范围如上所述
	现状	即便法律明确要求，在收集个人信息时，要获得被收集人同意，但调查结果显示，在受访企业中，超过半数的企业在收集、使用客户个人信息时，未经被收集者同意。而在获得被收集者同意的受访企业中，仅有28.87%的受访企业表示，其所获得的“被收集人同意”是明示同意
3	义务	不得泄露、篡改、毁损其收集的个人信息，不得非法出售或非法向他人提供个人信息
	来源	规定于《民法总则》第111条，义务主体为任何组织和个人；《刑法》第253条之一，任何单位和个人；《网络安全法》第42条，义务主体为网络运营者；《消费者权益保护法》第29条，义务主体为经营者及其工作人员；全国人民代表大会常务委员会《关于加强网络信息保护的决定》之三，义务主体为网络服务提供者和其他企事业单位及其工作人员；《网络交易管理办法》第18条，义务主体为网络商品经营者、有关服务经营者及其工作人员；《电信和互联网用户个人信息保护规定》第10条，义务主体为电信业务经营者、互联网信息服务提供者及其工作人员
	现状	“不得泄露、篡改、毁损，不得非法向他人提供个人信息”这一义务，不仅是相关企业的法定义务，也是企业工作人员的法定义务。《刑法》中对此做出规定，最高人民法院和最高人民检察院也针对“侵犯公民个人信息罪”发布司法解释，以助力《刑法》条款的落地。然而，调查结果显示，受访企业中，有83.33%的企业出现过客户个人数据泄露的情况，其中，员工泄露占比54.08%，企业提供占比60.09%。泄露、非法出售或非法向他人提供客户个人数据和信息的现象在如今十分普遍，侵犯公民个人信息犯罪相当猖獗

续表

<table>
<tr><td></td><td></td><td>同时,调查显示,有4.17%的受访企业出现过客户个人信息毁损的情况,造成毁损的主要原因是员工操作问题。保护用户的个人信息安全,需在员工培训上狠下功夫。
据调查,有超过8成的企业出现过个人数据丢失的情况。导致个人信息丢失的原因如下图所示。可以看到企业普遍遭受过系统漏洞、黑客攻击和员工操作而致的客户个人数据丢失,保护所收集的个人数据的安全,履行法定义务,无论是从内部员工控制,还是技术措施的提升上来说还有很长的路要走
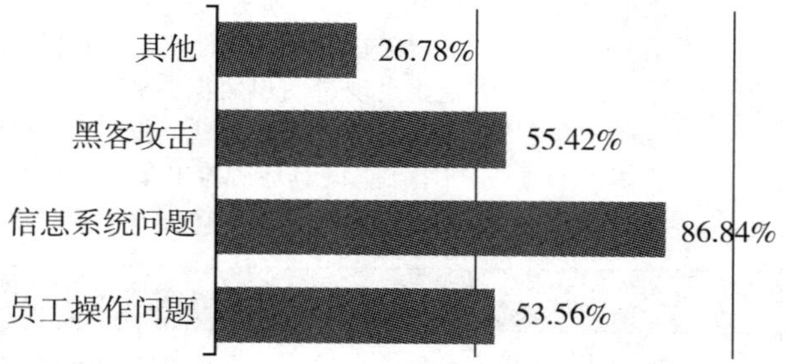
</td></tr>
<tr><td rowspan="3">4</td><td>义务</td><td>当客户个人信息出现泄露、毁损和丢失后,及时将情况告知客户</td></tr>
<tr><td>来源</td><td>规定于《网络安全法》第42条,义务主体为网络运营者</td></tr>
<tr><td>现状</td><td>据调查显示,在属网络运营者的受访企业中,仅有3成的受访企业将出现泄露、毁损和丢失客户个人信息的情况告知客户。
由于企业和客户在客户个人信息的收集和使用上,属于信息极度不对称状态。客户并不清楚了解企业收集、使用其何种个人数据,除非受到直接的侵害,否则将难以得知个人数据的状态。且企业是客户个人数据的实际控制者,在缺乏客户监督机制的情况下,出于对自身利益的考量,企业往往不会将信息丢失的情况进行告知。因此,现有的法律虽然规定有此义务,但难以起到任何实质有效的作用</td></tr>
</table>

续表

5	义务	确保收集的个人信息安全,有确保收集的个人信息安全的技术措施
	来源	规定于《民法总则》第111条,义务主体为任何组织和个人;《网络安全法》第42条,义务主体为网络运营者;《消费者权益保护法》第29条,义务主体为经营者;全国人民代表大会常务委员会《关于加强网络信息保护的决定》之四,义务主体为网络服务提供者和其他企事业单位;《网络交易管理办法》第18条,义务主体为网络商品经营者、有关服务经营者
	现状	据调查显示,在受访企业中,有8成左右的企业已经采取了保护个人信息安全的技术措施。但是,在已经采取措施的受访企业中,有85.12%的受访企业出现过用户数据泄露,有1.65%的受访企业出现过用户数据毁损,有81.82%的受访企业出现过用户数据丢失。由于法律未明确“技术措施”的具体标准和要求,实践中,企业的技术措施水平参差不齐,是否能确实保障个人数据、信息的安全性还不得而知
6	义务	企业设立有对收集、存储错误的客户个人信息进行删除、更正的措施
	来源	规定于《网络安全法》第43条,义务主体为网络运营者;《电信和互联网用户个人信息保护规定》第9条,义务主体为电信业务经营者、互联网信息服务提供者
	现状	据调查显示,在属网络运营者的受访企业中,有超过3成的企业没有为客户提供删除或更正其收集、存储错误的个人信息的渠道和措施
7	义务	制定网络安全事件应急预案
	来源	规定于《网络安全法》第25条,义务主体为网络运营者
	现状	据调查显示,在网络运营者中,仍然有接近2成的受访企业未制定网络安全事件应急预案

续表

8	义务	未经个人同意或者请求，或者明确表示拒绝的，不得向其发送商业性信息
	来源	规定于《消费者权益保护法》第29条，义务主体为经营者；全国人民代表大会常务委员会《关于加强网络信息保护的决定》之七，义务主体为任何组织和个人；《网络交易管理办法》第18条，义务主体为网络商品经营者、有关服务经营者
	现状	据调查显示，有35.42%的受访企业向客户发送过商业性信息，但是仅有3成的企业在发送商业性信息前获得了消费者明示同意，不到四成的企业为客户提供了拒绝接收商业性信息的方式
9	义务	建立网络信息安全投诉、举报制度
	来源	规定于《网络安全法》第49条，义务主体为网络运营者；《电信和互联网用户个人信息保护规定》第12条，义务主体为电信业务经营者、互联网信息服务提供者
	现状	据调查显示，在属于网络运营者的受访企业中，约4成的受访企业未建立网络信息安全投诉、举报制度
10	义务	对收集的涉经营者商业秘密的数据信息必须严格保密，不得泄露、出售或者非法向他人提供
	来源	规定于《网络交易管理办法》第18条，义务主体为网络商品经营者、有关服务经营者及其工作人员
	现状	据调查显示，有接近6成的网络经营者收集到过涉及其他经营者商业秘密的数据信息，超过3成的企业没有设置针对这些商业秘密数据信息的保护制度或措施

七、公民保护个人数据法治意识

法治意识,是指作为独立主体的社会成员在实践中所形成的关于法治的心态、观念、知识和思想体系的总称。是人们对法律和法律现象的看法,以及对法律规范的认同中自觉程度最高的一种意识。公民法治意识的培养是法治社会构建的核心环节,在一个民族乃至一个国家迈向法治的进程中,具有举足轻重的作用。

为了进一步了解中国公民个人数据保护法治意识的现状,进而全面了解中国大数据法治发展趋势,中国政法大学互联网金融法律研究院开展了 2016 ~ 2017 年中国公民保护个人数据法治意识调查。本次调查采用了现场访问、电话访谈和在线调查相结合的方式,针对个人数据滥用现状,公民个人数据保护意识,公民对数据滥用的维权意识,以及公民对我国保护个人数据的法律法规的满意度等问题进行了调研,共收回有效问卷 14,205 份。受访者的年龄分布如图 7 – 1 所示,所从事的职业情况如图 7 – 2 所示。本部分以调查数据的分析为基础,力争翔实、客观地反映中国公民保护个人数据法治意识现状,为公民、专家学者、研究机构、政府相关部门提供真实可信的参考信息。

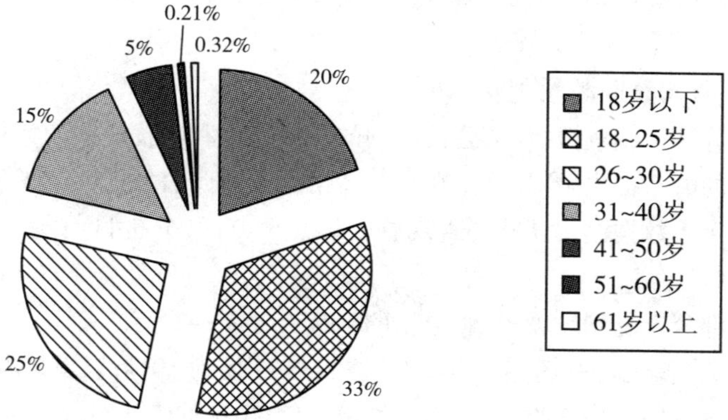

图7-1　受访者年龄分布

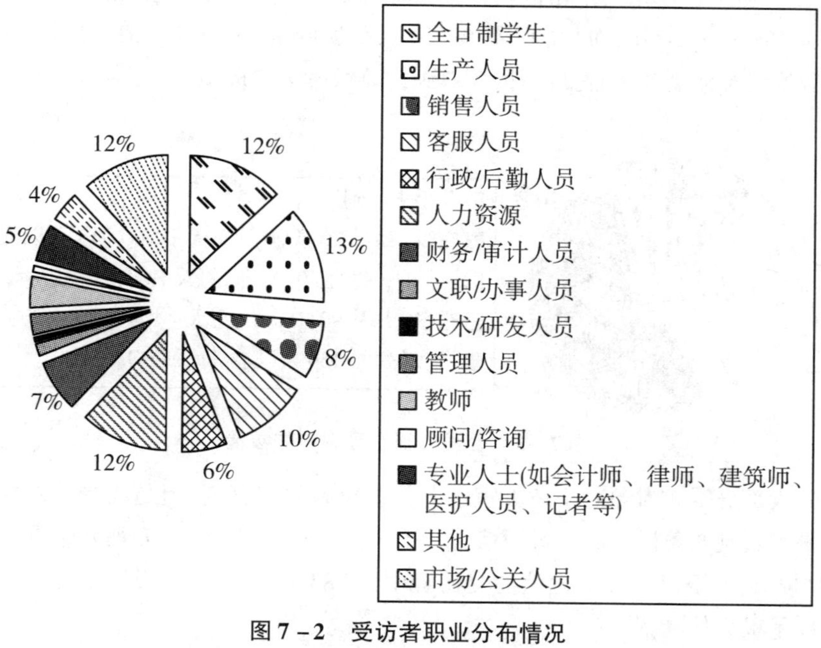

图7-2　受访者职业分布情况

总体而言,我国公民个人数据被滥用情况极其严重,垃圾短信、营销推送、诈骗电话等,使许多人饱受骚扰,不仅带来了精神上的困扰,而且直接导致了不同程度的经济损失。即便如此,大多数人还是选择忍耐和消极抵抗,少部分人选择了积极寻求救济,然而救济的结果也不尽如人意。与此同时,我国公民对个人数据的保护意识普遍不强,虽然意识到个人数据泄露的严重程度,但是对于保护的必要性不够重视，对保护的手段不够了解。

（一）个人数据滥用现状

本部分基于调查数据，从公民收到的垃圾短信和骚扰电话的数量、内容及由此引发的财产损失情况，公民账户被盗情况及由此引发的财产损失情况，以及公民对个人数据滥用现状的直观感受等几个方面，分析目前我国个人数据滥用的现状。

1. 大部分人受到垃圾短信、电话的骚扰

调查数据显示，有超过一半的受访者每月收到30条以下的垃圾短信，30%的受访者每天平均收到2~3条垃圾短信，10%的受访对象每天平均收到3~5条垃圾短信，有1%的受访对象每天平均接收到5条以上垃圾短信。如图7-3所示。在每天平均接收到5条以上垃圾短信的受访者中，31~40岁的占46.15%，41~50岁的占30.77%，26~30岁的占15.38%。31~50岁的人群普遍社会活动较多且复杂，因此收到的垃圾短信也最多。

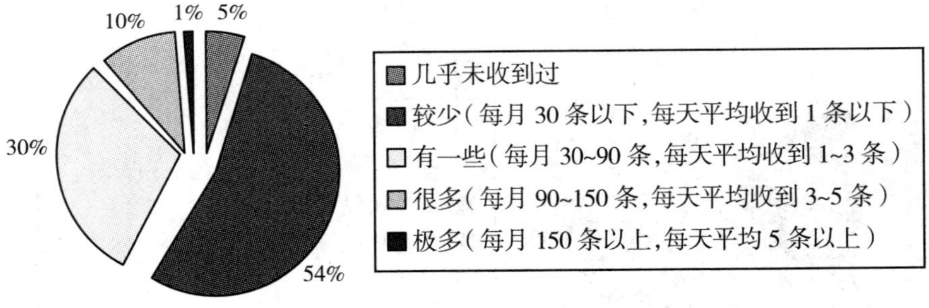

图7-3 公民收到垃圾短信的数量

大部分受访对象对于垃圾短信有普遍较高的容忍度，但是当受访对象每天平均收到5条以上的垃圾短信时几乎失去容忍度，如图7-4所示。在每天平均收到5条以上垃圾短信的受访者中，有84.62%认为垃圾短信对其已经构成了极大的骚扰。

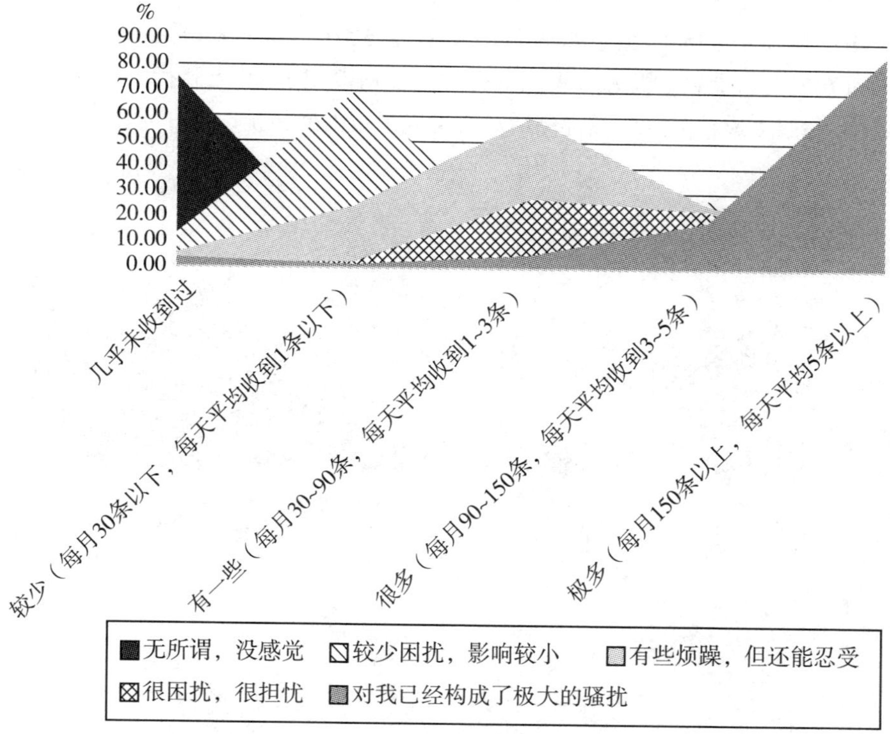

图7-4　公民对垃圾短信的容忍度

调查显示，相较于垃圾短信，公民每天平均接到的骚扰电话较少。但只有10%的受访者表示几乎没有接到过骚扰电话，如图7-5所示。在平均每天接到5个以上电话的受访者中，依然以31~50岁的受访者为主。

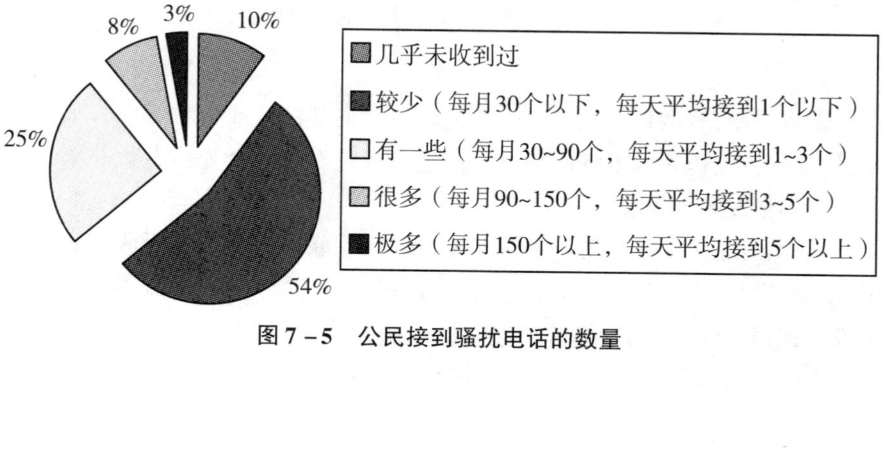

图7-5　公民接到骚扰电话的数量

受访者对骚扰电话所表现出的容忍度低于收到垃圾短信时的容忍度。每天平均接到5个以上骚扰电话,月累计接到150个以上骚扰电话的受访者中超过6成表示受到了极大的骚扰。在每天平均接到3~5个骚扰电话的受访者中,超过4成认为这些骚扰电话对其构成了极大的骚扰。

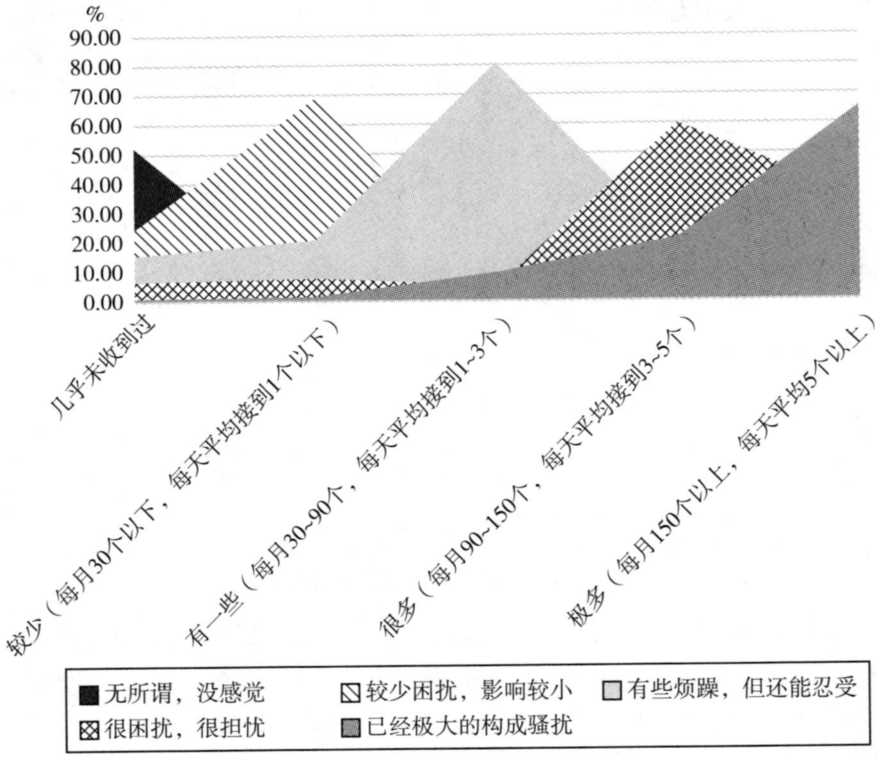

图7-6 公民对骚扰电话的容忍度

2. 个人信息泄露情况严重

调查显示,有接近6成的受访者接到过知道其姓名或单位等个人信息的推销电话,但受访者从未将任何个人信息给予过对方。个人信息被非法提供和售卖的情况不容乐观。

同时,有超过5成的受访者在注册或使用互联网金融服务后收到大量理财、基金、期货、保险等的推销短信或电话,超过5成的受访者接到过知道其姓名或单位信息的,冒充公检法、税务机关、银行的诈骗、恐吓电话(短信)。有接近3成的受访者在购买网络教育服务,网络报名考试后接到大量教育类推销、诈骗电话。有超过3成的受访者在登录公共网络(如机场免费WiFi)后,收到营销电话或短信。有接近5成的受访者在租房或购房后,遭遇营销骚扰或诈骗电话(短信),详情见图7-7。

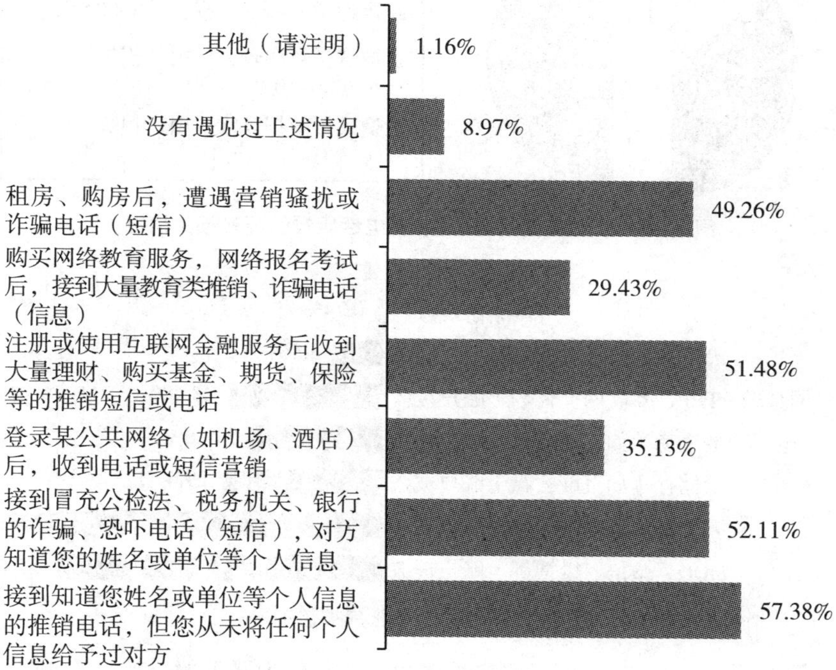

图7-7 公民接到过的骚扰电话、短信的类型

可以看到,几乎是在个人向服务或商品提供者提供本人信息的同时,其个人信息就遭遇泄露和滥用。现代社会中,几乎每个人都是个人信息泄露的受害者,有60.93%的受访者表示此类电话影响了其日常生活,对其造成了困扰;13.02%的受访者表示此类电话严重影响了其生活,使其非常困扰。此类电话在对受访者造成精神骚扰的同时,还使50%的受访者遭受到了直接经济损失,见图7-8。

调查显示,仅有8.86%的受访者没有遭遇过电子账户被盗。超过6成的受访者曾遭遇过社交账户(如QQ、微信、微博)被盗,接近6成的受访者遭遇过电子邮箱账户被盗,不到3成的受访者遭遇过电子商务交易账户,如淘宝网账户被盗、云储存账户被盗,28.48%的受访者遭遇过互联网金融如P2P账户、网络支付账户被盗。

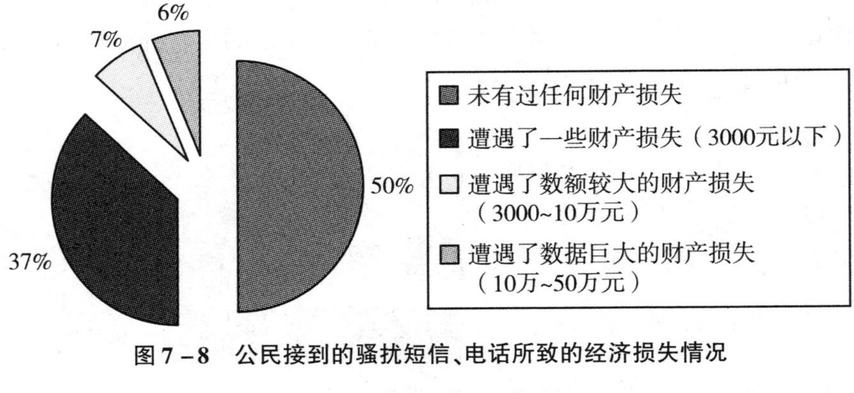

图7-8 公民接到的骚扰短信、电话所致的经济损失情况

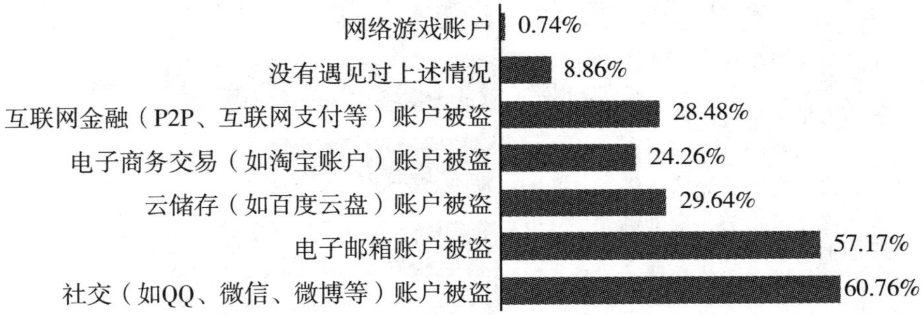

图7-9 公民电子账户被盗情况

可以看到，公民个人电子账户被盗的情况是较为严重的。其中有54%的受访者还因此遭受了不同程度的直接经济损失，其中18%的受访者遭遇到10万~50万元的经济损失，详见图7-10。94.65%的受访者认为，账户被盗与其个人信息泄露有关。

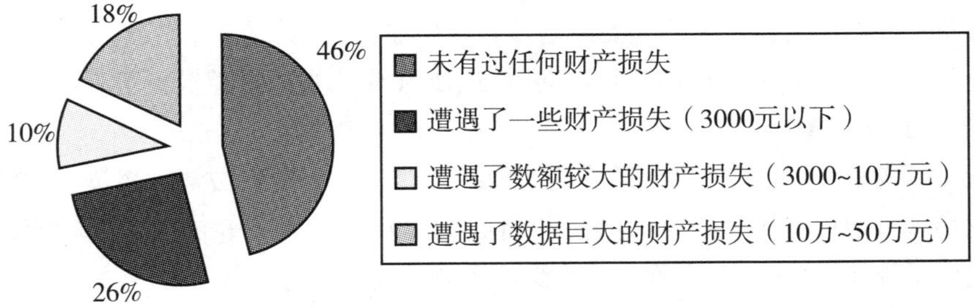

图7-10 公民因电子账户被盗造成的经济损失

(二)公民保护个人数据法治意识现状

调查数据显示,有45%的受访者认为个人数据滥用的情况非常严重,近5成的受访者认为比较严重,不到1成受访者认为不严重,见图7-11。

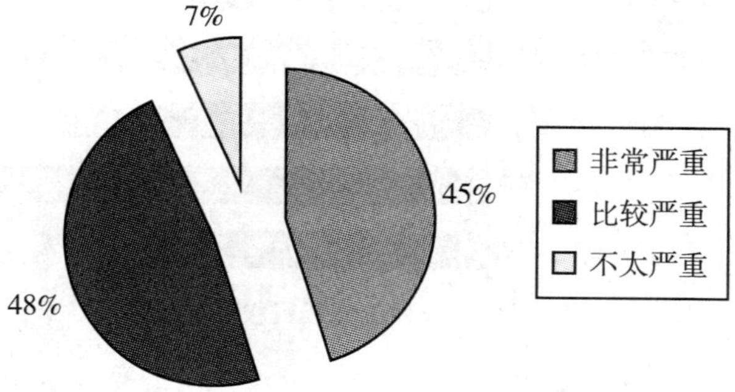

图7-11 公民对个人数据滥用现状的认识

1. 大多数人面对数据滥用,选择忍耐和消极抵抗

据调查显示,虽然只有极少的受访者没有接收到过垃圾短信和骚扰电话,但在饱受骚扰的大部分受访者中,却有超过5成的人选择不理睬,如图7-12所示。仅少部分受访者表示会采取主动措施。

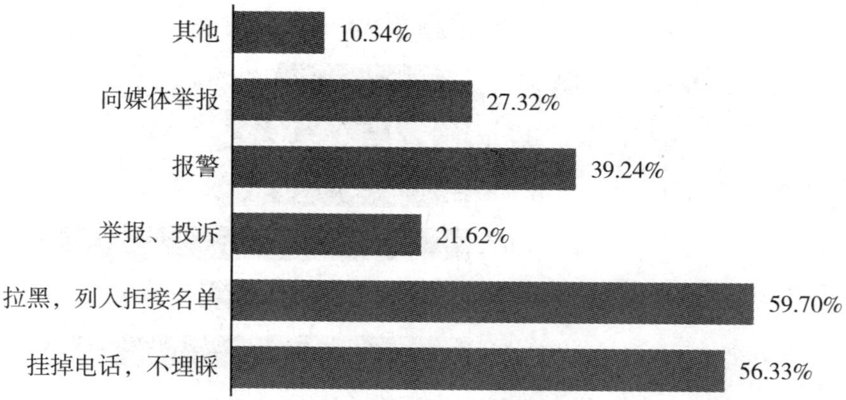

图7-12 频繁收到短信和电话骚扰时的反应

公民采取忍耐或者消极抵抗的原因:一是受访者认为维权会耗费太多时间,或维权程序太复杂;二是由于自身并非数据的实际控制者,缺乏有力的证据;三是数据的滥用,虽然为不法企业和个人带来巨大利益,但并未对个人信

息的产生者造成直接的经济损失。另有接近 4 成的受访者表示,不知道如何维权,详见图 7 - 13。

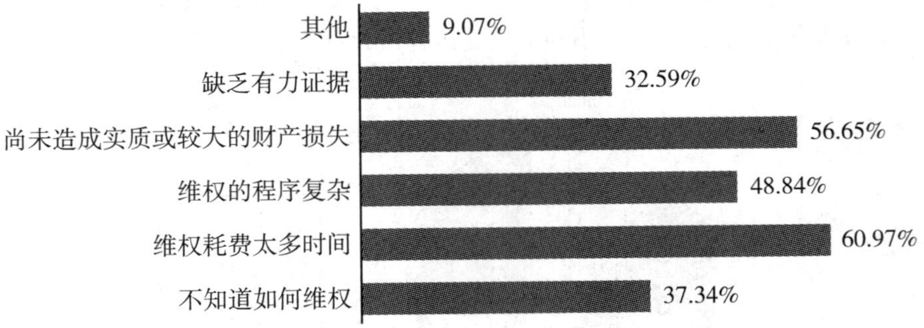

图 7 - 13　公民不选择维权的原因

在因为个人数据泄露、滥用,而遭受到财产损失的受访者中,有 43.72% 的受访者未采取任何维权措施,46.41% 的受访者向派出所报案,29.64% 的受访者选择向相关责任机构投诉和举报,28.80% 的受访者向监管机构举报,约 3 成的受访者通过网络曝光,约 2 成的受访者最终走向了诉讼,详见图 7 - 14。同时,据调查结果显示,仅有约 3 成的受访者认为,自身的救济行为达到了理想效果,这也是多数人不愿选择维权的原因之一。

图 7 - 14　公民遭受财产损失后的行为情况

2. 公民普遍缺乏保护个人数据的法治意识

在反思其个人数据信息的泄露是否由自身行为导致时,接近 8 成的受访者认为,下载移动客户端并填写个人信息进行注册的行为,导致了个人数据泄露。同时，办理商场会员卡、扫描商家二维码、购买金融产品和服务在内的网络购物、随意丢弃快递单及点击短信中来源不明的链接，这些都是可能导致个人数据泄露的行为，详见图 7 – 15。

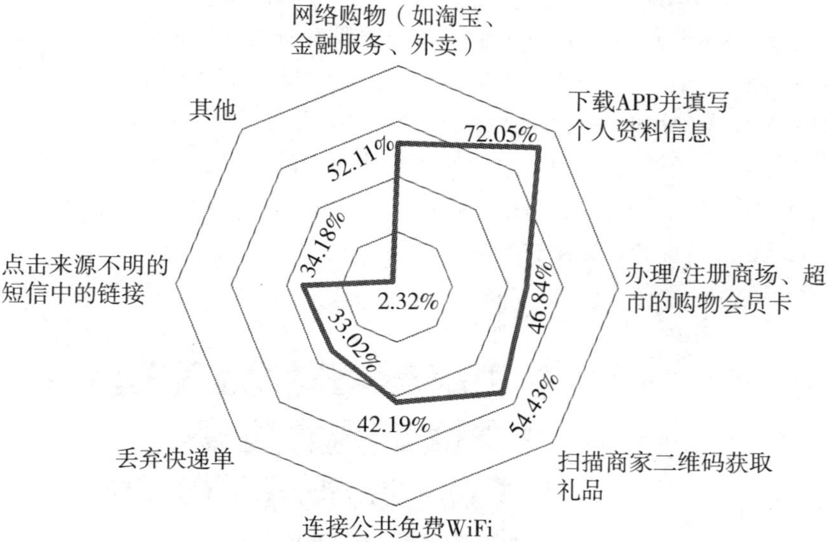

图 7 – 15　公民认为导致个人数据泄露的行为

超过 7 成的受访者认为下载和填写软件中的注册信息导致其个人数据泄露，但是当其下载安装移动客户端或 PC 端软件时，约 4 成的受访者几乎未对"用户隐私与使用协议"进行阅读，详见图 7 – 16。"用户隐私与使用协议"中一般涉及软件运营方收集、使用及存储用户信息的说明，因此，不阅读协议的

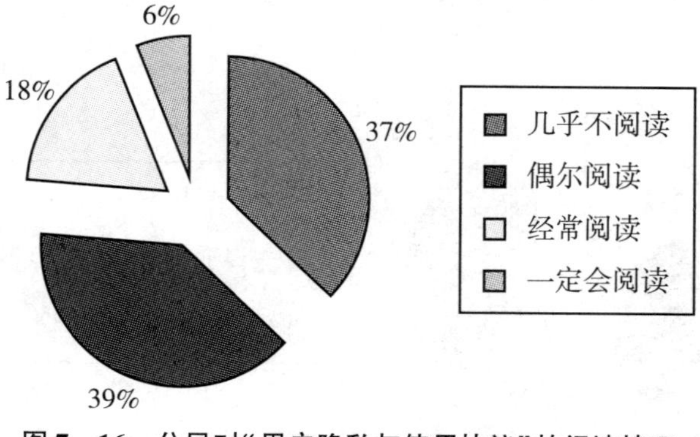

图 7 – 16　公民对"用户隐私与使用协议"的阅读情况

人群对于软件收集了何种个人信息及如何使用并不清楚，也没有表现出足够的关心。

在受访者中，选择不阅读“用户隐私与使用协议”的原因，主要是“即使不同意，也需要使用软件”，也有接近5成的受访者认为阅读很麻烦，61.29%的受访者认为不重要，而35.44%受访者表示没有看到相关协议的勾选，如图7－17所示。这反映出以下几个问题：一是由于多数软件“不同意则不可用”，迫使用户为了使用的便利而不情愿地放弃对个人数据的保护，有不公平的嫌疑；二是企业可能通过各种页面设计或默认勾选的方式获取用户“同意”，但实际上，用户根本无法留意到相关协议；三是受访者中仍然存在一定比例的个体，缺乏个人信息和数据保护意识。

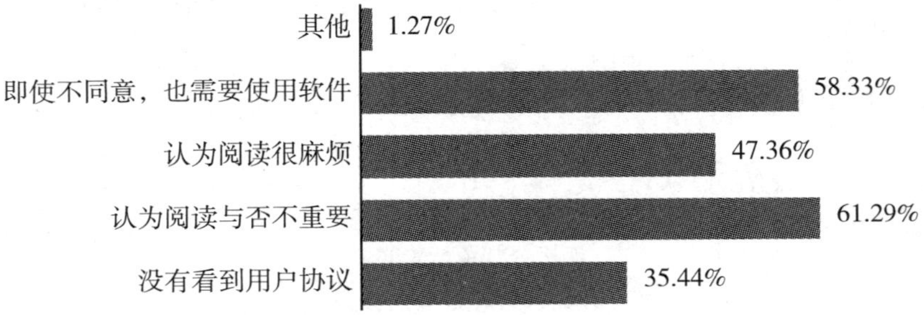

图7－17　公民不阅读用户隐私与使用协议的原因

在选择阅读“用户隐私与使用协议”的受访者中，54%的受访者仅是草草浏览，29%的受访者只阅读加黑或者加粗的条款，仅17%的受访者会认真阅读各条款，详见图7－18。在阅读完“用户隐私与使用协议”后，若对其中的部分条款存在异议，65.81%的受访者表示仍然会继续使用，34.19%的受访者表示会放弃使用。

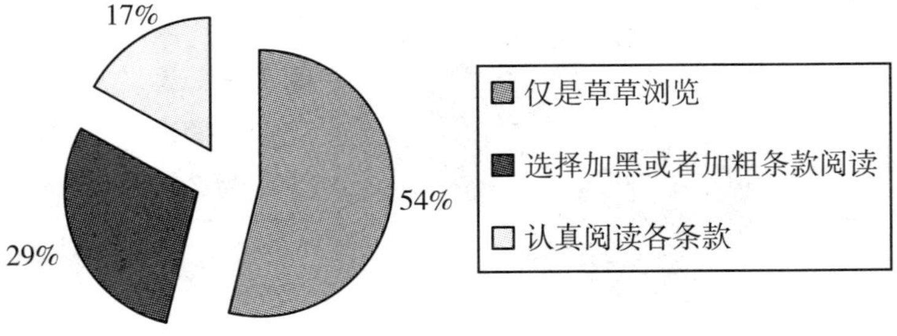

图7－18　公民阅读“用户隐私与使用协议”情况

八、中国大数据法治存在的问题

(一)数据的法律性质、属性、权属存在争议

目前,学术界和实务界都对数据的权利性质存在较大的争议。有学者认为,数据是一种财产,也有学者认为数据不能作为财产。认为数据是财产的学者又细分为两种观点:一种观点认为,数据享有者对数据享有物权,数据属于无形物,对数据享有的权利为物权;另一种观点认为,数据是一种知识产权,因为其为处理的数据所生成的结果,属于智力成果。但是,以上观点不管是知识产权、物权,均涉及部分数据的人格权属性,涉及数据在生成的过程中属于何主体,以及该主体享有什么样的权利。

实践中,经过收集后形成的数据束权属问题存在争议,数据主体对数据的权属状况、支配情况、收益状况等问题都是数据权属需要去确定的内容,确认数据的属性及权属才能界定数据主体所享有的权利和义务。在交易方面,数据交易所与场外"黑市"数据交易"并行",在国内,数据交易所数据交易量远低于场外数据交易的数量,究其原因是数据权属存在争议,数据交易的达成也面临法律性质不清,数据主体处于什么样的法律地位,对数据是否享有权利,享有什么样的权利等。因此,数据权属的不确定在一定程度上限制了数据交易所的数据交易。相对于数据交易所而言,场外黑市的数据交易程序简单,权属不分主体,这

一定程度上助长了“黑市”数据交易的“繁荣”。因此，基于以上原因我国数据交易形成了黑市交易比较频繁，交易所交易较为冷清的状况，难以形成有序且持久的交易秩序。数据权属的争议不仅影响数据本身交易的问题，也对数据交易法治产生重大的影响。

（二）数据安全保护制度尚需完善

网络强国的建设，需要强大的网络安全制度。目前，我国《网络安全法》第10条规定了网络运营者在提供网络服务应当要采取措施保护网络安全、稳定运行，有效应对网络安全事件，防范网络违法犯罪活动，维护网络数据的完整性、保密性和可用性。同时，《网络安全法》第15条也规定：“国家建立和完善网络安全标准体系。国务院标准化行政主管部门和国务院其他有关部门根据各自的职责，组织制定并适时修订有关网络安全管理以及网络产品、服务和运行安全的国家标准、行业标准。”虽然我国《网络安全法》规定了要健全网络安全标准体系的目标，但数据安全制度的落实尚需全面展开。2017年7月中央网信办发布《关键信息基础设施安全保护条例（征求意见稿）》第6条规定：“关键信息基础设施在网络安全等级保护制度基础上，实施重点保护。”其将网络信息关键基础设施进行了全面的区分与界定，针对关键信息基础设施的保护建立了较为全面的保护制度。但关键信息基础设施的范围主要以公共信息为主，其范围比较窄，尚未将个人信息数据的保护、商业秘密等较为私密的数据纳入保护范围。数据安全保护制度的完善需要全面的保护，需要将其他关键信息一同纳入或者补充制定全面的数据安全保护制度。因此，目前我国数据安全的保护尚处于制度构建阶段，现行的数据安全保护制度框架需要制定更多的具体制度去补充和实施现行制度，需要更完善的、更强有力的数据安全保护制度去保护个人信息、商业秘密、国家公共信息等。数据安全保护制度任重而道远。

（三）大数据应用法律制度不健全

大数据应用主要是指数据的收集、存储、处理、交易、使用、政府信息共享、数据跨境流动等方面的应用，我国现行法律规定主要集中在数据收集者在收集数据时应当向被收集者履行征求同意的义务。收集数据时规定应当征求被收集者同意的法律有《网络安全法》《消费者权益保护法》《征信业管理条例》《互联网信息服务管理办法》等10余部法律法规。其主要内容都为数据收集者在收集数据时应当征求被收集者的同意，但在实践中数据收集者往往将收集信息的同意与否和提供服务相关联，被收集者在有服务需求时就不得不同意收集者对信息收集，这是现行数据收集时征求被收集者同意的法律制度的缺点所在。

在数据存储方面，法律主要围绕数据存储本地化，即数据主权方面展开，强调关键信息数据的存储必须是在中国境内，数据跨境流动需要经过国家严格的审核。但是，在我国数据存储领域没有将数据存储本身法治化，即数据存储并没有门槛的限制，任何机构和个人都可以自行收集信息进行存储。存储的条件也没有任何的限制，存储在外部环境方面需要符合硬件设施存放要求的标准，在现行法律制度中都未予以明确的规定。

在数据处理、交易、使用方面，现行法律制度都缺乏全面且明确的规定，实践中针对数据处理遇到的问题主要有数据处理过程中敏感信息的模糊化，数据处理过程中的安全性较低等。现行法律并未对数据处理去敏感程度等做出明确详细的规定，也未对数据交易、使用过程中的行为进行规范，导致在数据处理、交易、使用方面处于无秩序的混乱状态，给数据交易秩序和数据安全带来了极大的挑战。

在政府数据共享方面，国务院颁布了《政务信息资源共享管理暂行办法》，在法律制度上实现了政府之间政务信息互通互联，按需共享的政务信息共享方式，并且还颁布了《政务信息系统整合共享实施方案》促进形成覆盖全国、统筹利用、统一接入的数据共享大平台，建立物理分散、逻辑集中、资源共享、政企互联的政务信息资源大数据，构建深度应用、上下联动、纵横协管的协同治理大系统。但是，这些数据共享都是在政府部门之间开展的，其主体尚未涉及向非政府机构的数据共享，非政府机构所掌握的信息是否可以向政府进行共享都存在一定的争议。

在数据的跨境流动方面，《网络安全法》第 37 条规定："关键信息基础设施的运营者在中华人民共和国境内运营中收集和产生的个人信息和重要数据应当在境内存储。因业务需要，确需向境外提供的，应当按照国家监管部门会同国务院有关部门制定的办法进行安全评估；法律、行政法规另有规定的，依照其规定。"中央网信办《个人信息和重要数据出境安全评估办法（征求意见稿）》对《网络安全法》中的相关要求作了进一步的明确和细化，为数据出境安全评估机制提供了更明确的指导。尽管制订了数据跨境流动审核的标准，但其审核标准单纯以信息数量和关键信息为审核的标准，我国关键信息的范围本身就比较窄，在一定程度上变相将数据跨境流动审核的范围变窄。

总之，大数据应用法律制度的建设是数据治理过程中最重要的一环，没有法律制度就没有数据治理，没有数据治理就没有数据监管，没有数据监管就没有数据法治。在大数据应用法律制度方面，我国数据立法还需要走漫长的路程，数据立法任务艰巨。

（四）大数据监管体系不健全

近年来，我国频繁发生信息泄露事件，因信息泄露造成人身伤亡的事件也时有发生。我国大数据的发展亟须行政监管发挥作用，抑制信息泄露给社会带来的危害。《网络安全法》授权“国家网信部门”负责统筹协调网络安全工作和相关监督管理工作，其他部门在各自职权范围内负责网络安全保护和监督管理工作，地方政府主要为县级以上政府有关部门负责网络监管和安全保护职责。大数据主要是在网络环境下进行应用，其监管也主要以数据安全监管为主，中央网信办作为网络安全监管的主要监管方，其对大数据监管也具有相应的监管职责，其他各部门在各自职权范围内行使监管职责。就地方监管而言，主要以大数据管理局及工业化与信息委员会为主，自 2012 年以来各地政府相继成立 23 个大数据行政管理机关，行政级别根据各级政府的级别不同而不同。但这些数量的大数据管理局相对于 34 个省、333 个地级市、2862 个县而言，23 个大数据管理机关显得微乎其微。工业化和信息委员会的职权分工与大数据监管存在较大出入，大数据监管体系的建设还有很长的路要走。

大数据从其物理上来看，其本身仅是网络数字编码，通过对该数字编码的编译才会获得具体的信息，整个数据变换的过程其具有较高的技术性，其数据的交易、使用均具有较强的隐蔽性，大数据监管需要结合大数据本身的性质和特点进行监管。大数据的监管不能像传统监管一样实施人力监管，其需要推动技术监管，利用技术监管技术，实现技术监管的智能化。从目前我国的监管体系来看，只是在法律上对大数据监管做了顶层设计，尚未建立从上而下、行之有效的监管体系，技术监管更是遥遥无期。从现在来看，还需耗费较大的财政、物力、人力才能建立起较为健全的监管机构体系。想要监管体系充分发挥监管作用，不仅需要完善的法律制度体系，还需要先进的技术监管系统，更需要成熟的监管体系和监管理念。

（五）法律责任制度尚不完善

法律责任分为民事责任、行政责任、刑事责任。完善的责任制度其民事、行政、刑事三种责任应当层次分明，有序衔接，责任制度的设计应当体现以民事责任为主，行政责任和刑事责任为辅。民事责任主要为了解决具体纠纷中存在的问题，行政责任主要维护市场中数据应用秩序，刑事责任主要是为了打击犯罪，对社会起到威慑的作用。

在民事责任承担方面，大数据项下的民事救济能否在现有的救济框架内解决？在实践中自然人个人信息泄露维权难上加难，其原因何在？根据《民法总则》第111条的规定："自然人的个人信息受法律保护。任何组织和个人需要获取他人个人信息的，应当依法取得并确保信息安全，不得非法收集、使用、加工、传输他人个人信息，不得非法买卖、提供或者公开他人个人信息。"与其他法律规定一样，《民法总则》针对个人信息的保护条款宣誓性意义大于实践意义，个人信息的非法收集、使用、加工等并没有相对应的赔偿条款，简单地利用传统的民事侵权救济手段无法为受害人提供全面的信息保护。数据也是一样。《民法总则》第127条规定："法律对数据、网络虚拟财产的保护有规定的，依照其规定。"根据数据的属性我们可得知，其隐蔽性较强，信息的泄露一般都是在网络环境下才能发生。非法的数据收集或者数据泄露后，受害人并不能直接掌握相关证据信息。相反，只有信息的控制者才掌握相关的证据信息，根据现有的民事证据规则（谁主张，谁举证），受害人若想通过诉讼维权很难掌握现有证据线索和直接证据，随时都有被网络运营者删除相关证据的可能，造成网络取证困难。再加上网络取证程序复杂，成本较高，诉讼维权变得艰难且投入过高，使很多人心有余而力不足。在行政责任承担方面，各位阶的立法都在不同程度上规定了相应的行政处罚，主要以罚款为主。在刑事责任方面，2017年5月，最高人民检察院和最高人民法院颁布《关于办理侵犯公民个人信息刑事案件适用法律若干问题的解释》，对侵权公民个人信息的刑事责任的承担规定了详细的适用规则。总体来看，在数据法律责任制度上，出现了刑事责任规则适用较为频繁，民事责任规则缺乏相应的法律依据和普通民事证据规则难以适用的情形。因此，在责任制度上应当将加强完善民事责任制度的构建，使民事责任成为数据维权的基本方式，形成民事责任和行政责任、刑事责任相互衔接，层层递进的责任制度。

九、大数据法治发展指数报告

(一)地方政府大数据法治指数报告

1. 地方政府大数据法治指数

大数据作为未来经济发展的基础性战略资源,市场中的大数据应用秩序及其法治建设需要高水平的政府去落实和规范。在现有法律制度的前提下,地方政府在各自立法权限范围内,针对大数据出台的规范性文件和政策文件对大数据应用的规范发展起到了重要的作用。地方政府大数据法治指数报告梳理了各地方政府在大数据法治领域所做的各项工作,对其中工作较为完善、成果较为突出的,依照指标体系进行了指数评估。此种评估是对各地方政府近几年为促进大数据法治建设所做贡献的肯定,同时也是对未来大数据法治建设的寄托,希望各地方政府能够积极响应国家大数据战略的号召,为大数据产业的进一步健康、快速发展贡献力量。

2. 指数设置

(1)指标体系

指标 1　数据管理局(20%)

1.1　成立了大数据管理部门

1.2　大数据管理部门进行了相关工作

1.3　大数据管理部门的工作促进了产业发展

指标 2 规范性文件(20%)

2.1 规范性文件的数量

2.2 规范性文件质量较高

指标 3 政策文件(20%)

3.1 政策文件的数量

3.2 政策文件质量较高

指标 4 大数据项目(20%)

4.1 地方大数据项目的数量

4.2 大数据应用创新项目的占比

4.3 大数据法治研究项目的占比

指标 5 数据交易平台(20%)

5.1 搭建了数据交易平台

5.2 数据交易平台交易规则设置合理

5.3 数据交易行为规范

(2)指数一级指标

指标 1 数据管理局

地方数据管理局的设立是各地为了统筹规划、集中力量发展大数据产业,实现区域内大数据资源的集中配置。大数据管理局的职责主要是负责研究拟订并组织实施大数据战略、规划和政策措施,引导和推动大数据研究和应用工作;协调、组织实施国家和地方数据技术标准,研究拟定基础信息资源共享交换目录、技术规范和范围;组织制定大数据收集、管理、开放、应用等标准规范;制定智慧城市运行管理规范和部件标准并组织实施;推动形成权社会大数据形成机制的建立和开发应用;负责统筹规划建设工业大数据库,建立企业能耗、环保、安全生产监测指标等数据库。支撑量化融合公共信息平台的运行;负责企业数据信息采集、统计、分析、报告等企业情况综合工作等。大数据管理局的设立,是统筹地方大数据产业发展和健全地方大数据法治的最主要途径,大数据管理局这一指标是衡量地方促进大数据发展、重视大数据发展的重要标准,设定此指标有利于促进地方政府统筹大数据发展,实现大数据发展的专业性管理。

指标 2 规范性文件

规范性文件,主要是指地方人大和政府出台的有关大数据的地方性法规和政府规章等规范性文件。规范性文件是地方促进大数据发展,确认大数据主管部门的行政权力，统筹行政机构之间权责的重要依据。此指标是衡量地方大数据法治的重要指标，此指标的设定可用于评估大数据地方顶层设计，及大数据的科学发展状况。

指标 3 政策文件

从中央到地方，政策始终是党和政府执行国家政策和行政命令的重要文件。政策是展现地方政府确认大数据发展目标、实现大数据发展任务的重要标准。政策作为我国特有的行政文件，常作为立法前进行试点建设的重要依据。政策性文件是大数据法治的重要组成部分，政策具有灵活性、实时性，在一定程度上可弥补立法滞后、僵硬等缺点。开展政策文件的指标评估，有利于将国家政策和地方政策相结合，实现大数据国家发展战略与地方战略相结合，推动大数据产业法治的发展。

指标 4 大数据项目

创新是事物发展的源泉，以创新为驱动，可带动大数据产业的进一步发展和完善。大数据项目以创新发展战略为依据，智慧城市的建设等都是大数据应用领域的创新和发展。大数据项目的设立是促进大数据产业和应用创新发展的重要方式，也是推动大数据长效发展的路径。

指标 5 数据交易平台

数据交易平台是实现数据线上交易，促进数据流通和应用的重要平台。同时，数据交易平台的设立在一定程度上也规范了数据的交易行为，是大数据规范发展的重要方式。数据交易平台的建设是促进大数据应用，将大数据交易纳入官方规范轨道的重要方式。将数据交易平台纳入评议指标，主要是为了倡导数据的官方流通和交易，遏制大数据黑市交易行为。大数据交易平台这一指标的纳入将引导政府规范政府数据的交易行为，实现大数据产业健康发展。

(3)指数二级指标

指标 1 数据管理局

1.1 成立了大数据管理部门

大数据具有强烈的专业性色彩，设立专门负责大数据立法、产业发展、大数据监管执法的机构。新时代大数据产业的发展，需要一个专业性较强、权威度较高的政府机构来进行监管。大数据管理部门的设立对地方大数据发展顶层规划和法治建设具有重要意义。

1.2 大数据管理部门进了行相关工作

大数据管理部门主要负责地方数据立法,加强顶层设计和促进地方大数据产业发展。本指标针对大数据管理机构推动地方政策、地方法规出台的工作情况进行评分,旨在鼓励大数据管理局推动地方产业发展,推动地方大数据法治的建设。

1.3 大数据管理部门的工作促进了产业发展

大数据管理部门设立的职责之一就是推动地方大数据产业园、国家大数据实验室等实体产业的发展。设立该指标旨在就地方大数据管理部门相关工作对产业发展的实际促进作用进行评分,目的是以评促建、以评促发展、以评促竞争,最终实现各地产业发展齐头并进。

指标 2 规范性文件

2.1 规范性文件的数量

规范性文件的有无,直接关系到地方大数据发展有无地方性依据,有无地方性顶层设计。而规范性文件的数量,可以在一定程度上反映当地政府对于大数据产业规范性发展的重视程度,是衡量当地大数据法治程度的重要指标。

2.2 规范性文件质量较高

规范性文件这一指标的评估,不仅要考虑其数量,更重要的是规范文件质量的优劣,只有切实对当地大数据产业起到了规范和促进的规范性文件,才能够真正为促进当地的大数据法治建设。此指标的设定,是为了提高地方大数据规范性文件的质量,促进各地方之间互相取长补短,吸取大数据法治建设的经验,为国家大数据立法的发展积累一定的经验和实务资料。

指标 3 政策文件

3.1 政策文件的数量

政策性文件的数量,取决于政府机关对大数据发展的重视。作为中国特色的政治决策,地方政策在内容上对大数据产业发展具有鼓励和规范两个方面的作用,因此政策的数量在一定程度上影响着大数据法治的建设。政策文件指标的设立旨在衡量各地方对大数据产业的重视程度,鼓励地方政府出台大数据发展的相关政策,弥补大数据立法的滞后性。

3.2 政策文件质量较高

政策性文件的质量直接影响大数据产业的发展,设立政策文件质量的指标对其进行评估,旨在促进地方出台符合本地大数据产业发展需求的高质量政策,实实在在地促进大数据的发展。

指标 4　大数据项目

4.1　地方大数据项目的数量

大数据项目是促进大数据发展、实施国家大数据战略的重要组成部分。大数据项目的设立为创新经济发展方式、改善传统产业发展环境、引领创新潮流提供机会。设立此项目指标，旨在衡量地方对大数据创新的投入，加快大数据应用领域的创新与发展，从而带动整个大数据产业的创新与发展。

4.2　大数据应用创新项目的占比

大数据应用是依托大数据资源发展的新兴产业，大数据应用创新项目的设立对大数据应用的创新和发展具有实质性的推动作用。设置此指标旨在通过统计各地大数据应用的创新项目的占比，了解该地在设立大数据项目时对于大数据应用创新的重视程度，鼓励地方政府加大对大数据应用的研究力度，始终坚持以创新驱动发展、引领发展。

4.3　大数据法治研究项目的占比

大数据法治是中国特色社会主义法治的重要组成部分，是解决产业发展需求，规范大数据技术应用的必由之路。对大数据法治研究的投入，是着力于规范数据的收集、存储、处理、交易、应用、共享、开放等行为，推动大数据产业健康发展的体现。设立此项指标，旨在评估各地政府在大数据法治研究和建设方面的投入和贡献。

指标 5　数据交易平台

5.1　搭建了数据交易平台

数据交易是促进数据流通，实现数据价值的重要方式。而搭建数据交易平台则是规范数据交易，实现数据的有序流通和合法使用的重要方式。设立此指标的主要目的是鼓励地方政府以官方身份引导和规范数据交易，将大数据交易纳入政府监管和法治的轨道。

5.2　数据交易平台交易规则设置合理

数据交易平台是对大数据交易进行直接监督的线上机构，其交易规则设置的优劣直接影响到数据交易规范工作的有效性。交易平台规则指标的设立主要目的是考察数据交易平台对大数据交易行为的合规性掌控能力。

5.3　数据交易行为规范

数据交易平台的搭建和数据交易规则的设置，其最终目的就在于规范数据交易行为、实现数据交易的有序发展。因此，数据交易行为是否规范及其规范程度，是衡量数据交易平台设立价值的最终体现。同时，此指标还能在一定程度上反映该地区大数据法治工作的实际效果，具有较高参考价值。

3. 大数据法治政府指数报告①

表9－1 贵州省人民政府大数据法治指数

序号	一级指标	得分
指标1	数据管理局	10
指标2	规范性文件	7.5
指标3	政策文件	10
指标4	大数据项目	4.66
指标5	数据交易平台	10
均　分		8.43

表9－2 贵阳市人民政府大数据法治指数

序号	一级指标	得分
指标1	数据管理局	10
指标2	规范性文件	7
指标3	政策文件	10
指标4	大数据项目	4.66
指标5	数据交易平台	10
均　分		8.33

表9－3 广东省人民政府大数据法治指数

序号	一级指标	得分
指标1	数据管理局	10
指标2	规范性文件	7.5
指标3	政策文件	3.3
指标4	大数据项目	8.66
指标5	数据交易平台	10
均　分		7.89

① 本次指数评估内容皆来源于政府网站公开信息，此次评估不设排名，仅依据指标进行评分，如有不准确之处，请联系本报告编委会。

表9－4　浙江省人民政府大数据法治指数

序号	一级指标	得分
指标1	数据管理局	10
指标2	规范性文件	4
指标3	政策文件	5
指标4	大数据项目	8.66
指标5	数据交易平台	10
均　分		7.53

表9－5　银川市人民政府大数据法治指数

序号	一级指标	得分
指标1	数据管理局	10
指标2	规范性文件	6
指标3	政策文件	4
指标4	大数据项目	6
指标5	数据交易平台	10
均　分		7.2

表9－6　重庆市人民政府大数据法治指数

序号	一级指标	得分
指标1	数据管理局	10
指标2	规范性文件	4
指标3	政策文件	5
指标4	大数据项目	6.67
指标5	数据交易平台	10
均　分		7.13

表 9－7 山东省人民政府大数据法治指数

序号	一级指标	得分
指标 1	数据管理局	10
指标 2	规范性文件	3.5
指标 3	政策文件	4
指标 4	大数据项目	6.67
指标 5	数据交易平台	10
均 分		6.83

表 9－8 山西省人民政府大数据法治指数

序号	一级指标	得分
指标 1	数据管理局	0
指标 2	规范性文件	10
指标 3	政策文件	4
指标 4	大数据项目	6.67
指标 5	数据交易平台	10
均 分		6.13

表 9－9 上海市人民政府大数据法治指数

序号	一级指标	得分
指标 1	数据管理局	0
指标 2	规范性文件	10
指标 3	政策文件	4
指标 4	大数据项目	4.6
指标 5	数据交易平台	10
均 分		5.73

表 9－10 兰州市人民政府大数据法治指数

序号	一级指标	得分
指标 1	数据管理局	10
指标 2	规范性文件	0
指标 3	政策文件	4
指标 4	大数据项目	4.5
指标 5	数据交易平台	10
均　分		5.7

表 9－11 北京市人民政府大数据法治指数

序号	一级指标	得分
指标 1	数据管理局	0
指标 2	规范性文件	4
指标 3	政策文件	2
指标 4	大数据项目	10
指标 5	数据交易平台	10
均　分		5.2

表 9－12 内蒙古自治区人民政府大数据法治指数

序号	一级指标	得分
指标 1	数据管理局	10
指标 2	规范性文件	0
指标 3	政策文件	6
指标 4	大数据项目	8
指标 5	数据交易平台	0
均　分		5

表 9–13 湖北省人民政府大数据法治指数

序号	一级指标	得分
指标 1	数据管理局	0
指标 2	规范性文件	0
指标 3	政策文件	9
指标 4	大数据项目	6
指标 5	数据交易平台	10
均　分		5

表 9–14 河南省人民政府大数据法治指数

序号	一级指标	得分
指标 1	数据管理局	0
指标 2	规范性文件	0
指标 3	政策文件	10
指标 4	大数据项目	3
指标 5	数据交易平台	10
均　分		4.6

表 9–15 海南省人民政府大数据法治指数

序号	一级指标	得分
指标 1	数据管理局	0
指标 2	规范性文件	0
指标 3	政策文件	8
指标 4	大数据项目	4
指标 5	数据交易平台	10
均　分		4.4

表 9－16　云岩区人民政府大数据法治指数

序号	一级指标	得分
指标 1	数据管理局	0
指标 2	规范性文件	0
指标 3	政策文件	2
指标 4	大数据项目	3
指标 5	数据交易平台	0
均　分		1

表 9－17　贵阳国家高新区人民政府大数据法治指数

序号	一级指标	得分
指标 1	数据管理局	0
指标 2	规范性文件	0
指标 3	政策文件	10
指标 4	大数据项目	5
指标 5	数据交易平台	0
均　分		3

表 9－18　贵安新区人民政府大数据法治指数

序号	一级指标	得分
指标 1	数据管理局	0
指标 2	规范性文件	0
指标 3	政策文件	2
指标 4	大数据项目	3
指标 5	数据交易平台	0
均　分		1

表9-19 福建省人民政府大数据法治指数

序号	一级指标	得分
指标1	数据管理局	0
指标2	规范性文件	0
指标3	政策文件	8
指标4	大数据项目	4
指标5	数据交易平台	10
均　分		4.4

表9-20 福州市人民政府大数据法治指数

序号	一级指标	得分
指标1	数据管理局	0
指标2	规范性文件	0
指标3	政策文件	4
指标4	大数据项目	6
指标5	数据交易平台	0
均　分		2

表9-21 三明市人民政府大数据法治指数

序号	一级指标	得分
指标1	数据管理局	0
指标2	规范性文件	0
指标3	政策文件	2
指标4	大数据项目	3
指标5	数据交易平台	0
均　分		1

表9-22 南平市人民政府大数据法治指数

序号	一级指标	得分
指标1	数据管理局	0
指标2	规范性文件	0
指标3	政策文件	3
指标4	大数据项目	2
指标5	数据交易平台	0
均　分		1

表9-23 青岛市人民政府大数据法治指数

序号	一级指标	得分
指标1	数据管理局	10
指标2	规范性文件	0
指标3	政策文件	2
指标4	大数据项目	4
指标5	数据交易平台	0
均　分		3.2

表9-24 济南市人民政府大数据法治指数

序号	一级指标	得分
指标1	数据管理局	0
指标2	规范性文件	0
指标3	政策文件	4
指标4	大数据项目	4
指标5	数据交易平台	0
均　分		1.6

表 9－25　威海市人民政府大数据法治指数

序号	一级指标	得分
指标 1	数据管理局	0
指标 2	规范性文件	0
指标 3	政策文件	3
指标 4	大数据项目	2
指标 5	数据交易平台	0
均　分		1

表 9－26　滨州市人民政府大数据法治指数

序号	一级指标	得分
指标 1	数据管理局	0
指标 2	规范性文件	0
指标 3	政策文件	3
指标 4	大数据项目	2
指标 5	数据交易平台	0
均　分		1

表 9－27　天津市人民政府大数据法治指数

序号	一级指标	得分
指标 1	数据管理局	0
指标 2	规范性文件	3
指标 3	政策文件	2
指标 4	大数据项目	5
指标 5	数据交易平台	0
均　分		2

表 9－28 广州市人民政府大数据法治指数

序号	一级指标	得分
指标 1	数据管理局	10
指标 2	规范性文件	3
指标 3	政策文件	3
指标 4	大数据项目	4
指标 5	数据交易平台	0
均　分		4

表 9－29 深圳市人民政府大数据法治指数

序号	一级指标	得分
指标 1	数据管理局	0
指标 2	规范性文件	0
指标 3	政策文件	3
指标 4	大数据项目	4
指标 5	数据交易平台	0
均　分		1.4

表 9－30 中山市人民政府大数据法治指数

序号	一级指标	得分
指标 1	数据管理局	0
指标 2	规范性文件	0
指标 3	政策文件	3
指标 4	大数据项目	2
指标 5	数据交易平台	0
均　分		1

表 9－31 江门市人民政府大数据法治指数

序号	一级指标	得分
指标 1	数据管理局	10
指标 2	规范性文件	0
指标 3	政策文件	2
指标 4	大数据项目	2
指标 5	数据交易平台	0
均　分		2.8

表 9－32 佛山市人民政府大数据法治指数

序号	一级指标	得分
指标 1	数据管理局	10
指标 2	规范性文件	0
指标 3	政策文件	0
指标 4	大数据项目	2
指标 5	数据交易平台	0
均　分		2.4

表 9－33 武汉市人民政府大数据法治指数

序号	一级指标	得分
指标 1	数据管理局	0
指标 2	规范性文件	0
指标 3	政策文件	4
指标 4	大数据项目	4
指标 5	数据交易平台	0
均　分		1.6

表 9-34 黄石市人民政府大数据法治指数

序号	一级指标	得分
指标 1	数据管理局	10
指标 2	规范性文件	0
指标 3	政策文件	0
指标 4	大数据项目	4
指标 5	数据交易平台	0
均　分		2.8

表 9-35 湖州市人民政府大数据法治指数

序号	一级指标	得分
指标 1	数据管理局	0
指标 2	规范性文件	0
指标 3	政策文件	4
指标 4	大数据项目	2
指标 5	数据交易平台	0
均　分		1.2

表 9-36 甘肃省人民政府大数据法治指数

序号	一级指标	得分
指标 1	数据管理局	0
指标 2	规范性文件	0
指标 3	政策文件	8
指标 4	大数据项目	4
指标 5	数据交易平台	10
均　分		4.4

表 9－37　酒泉市人民政府大数据法治指数

序号	一级指标	得分
指标 1	数据管理局	10
指标 2	规范性文件	0
指标 3	政策文件	0
指标 4	大数据项目	4
指标 5	数据交易平台	0
均　分		2.8

表 9－38　河北省人民政府大数据法治指数

序号	一级指标	得分
指标 1	数据管理局	0
指标 2	规范性文件	6
指标 3	政策文件	8
指标 4	大数据项目	4
指标 5	数据交易平台	10
均　分		5.6

表 9－39　石家庄市人民政府大数据法治指数

序号	一级指标	得分
指标 1	数据管理局	0
指标 2	规范性文件	0
指标 3	政策文件	4
指标 4	大数据项目	4
指标 5	数据交易平台	0
均　分		1.6

表 9－40　廊坊市人民政府大数据法治指数

序号	一级指标	得分
指标 1	数据管理局	0
指标 2	规范性文件	0
指标 3	政策文件	2
指标 4	大数据项目	3
指标 5	数据交易平台	0
均　分		1

表 9－41　阳泉市人民政府大数据法治指数

序号	一级指标	得分
指标 1	数据管理局	0
指标 2	规范性文件	0
指标 3	政策文件	2
指标 4	大数据项目	3
指标 5	数据交易平台	0
均　分		1

表 9－42　吕梁市人民政府大数据法治指数

序号	一级指标	得分
指标 1	数据管理局	0
指标 2	规范性文件	0
指标 3	政策文件	2
指标 4	大数据项目	3
指标 5	数据交易平台	0
均　分		1

表9－43 大同市人民政府大数据法治指数

序号	一级指标	得分
指标1	数据管理局	0
指标2	规范性文件	2
指标3	政策文件	0
指标4	大数据项目	3
指标5	数据交易平台	0
均　分		1

表9－44 江苏省人民政府大数据法治指数

序号	一级指标	得分
指标1	数据管理局	0
指标2	规范性文件	0
指标3	政策文件	4
指标4	大数据项目	4
指标5	数据交易平台	10
均　分		3.6

表9－45 南京市人民政府大数据法治指数

序号	一级指标	得分
指标1	数据管理局	0
指标2	规范性文件	0
指标3	政策文件	4
指标4	大数据项目	2
指标5	数据交易平台	0
均　分		1.2

表 9－46 苏州市人民政府大数据法治指数

序号	一级指标	得分
指标 1	数据管理局	0
指标 2	规范性文件	0
指标 3	政策文件	4
指标 4	大数据项目	2
指标 5	数据交易平台	0
均　分		1.2

表 9－47 镇江市人民政府大数据法治指数

序号	一级指标	得分
指标 1	数据管理局	0
指标 2	规范性文件	0
指标 3	政策文件	2
指标 4	大数据项目	3
指标 5	数据交易平台	0
均　分		1

表 9－48 泰州市人民政府大数据法治指数

序号	一级指标	得分
指标 1	数据管理局	0
指标 2	规范性文件	2
指标 3	政策文件	0
指标 4	大数据项目	3
指标 5	数据交易平台	0
均　分		1

表 9－49　无锡市人民政府大数据法治指数

序号	一级指标	得分
指标 1	数据管理局	0
指标 2	规范性文件	2
指标 3	政策文件	0
指标 4	大数据项目	3
指标 5	数据交易平台	0
均　分		1

表 9－50　杭州市人民政府大数据法治指数

序号	一级指标	得分
指标 1	数据管理局	10
指标 2	规范性文件	0
指标 3	政策文件	2
指标 4	大数据项目	3
指标 5	数据交易平台	0
均　分		3

表 9－51　台州市人民政府大数据法治指数

序号	一级指标	得分
指标 1	数据管理局	0
指标 2	规范性文件	0
指标 3	政策文件	4
指标 4	大数据项目	3
指标 5	数据交易平台	0
均　分		1.4

表 9－52 宁波市人民政府大数据法治指数

序号	一级指标	得分
指标 1	数据管理局	10
指标 2	规范性文件	0
指标 3	政策文件	2
指标 4	大数据项目	3
指标 5	数据交易平台	0
均　分		3

表 9－53 安徽省人民政府大数据法治指数

序号	一级指标	得分
指标 1	数据管理局	0
指标 2	规范性文件	0
指标 3	政策文件	8
指标 4	大数据项目	2
指标 5	数据交易平台	10
均　分		4

表 9－54 合肥市人民政府大数据法治指数

序号	一级指标	得分
指标 1	数据管理局	10
指标 2	规范性文件	0
指标 3	政策文件	2
指标 4	大数据项目	3
指标 5	数据交易平台	0
均　分		3

表 9－55 淮南市人民政府大数据法治指数

序号	一级指标	得分
指标 1	数据管理局	0
指标 2	规范性文件	0
指标 3	政策文件	2
指标 4	大数据项目	3
指标 5	数据交易平台	0
均　分		1

表 9－56 石柱县人民政府大数据法治指数

序号	一级指标	得分
指标 1	数据管理局	0
指标 2	规范性文件	0
指标 3	政策文件	2
指标 4	大数据项目	0
指标 5	数据交易平台	0
均　分		0.4

表 9－57 辽宁省人民政府大数据法治指数

序号	一级指标	得分
指标 1	数据管理局	0
指标 2	规范性文件	0
指标 3	政策文件	4
指标 4	大数据项目	3
指标 5	数据交易平台	0
均　分		1.4

表 9-58 沈阳市人民政府大数据法治指数

序号	一级指标	得分
指标 1	数据管理局	10
指标 2	规范性文件	0
指标 3	政策文件	4
指标 4	大数据项目	2
指标 5	数据交易平台	0
均　分		3.2

表 9-59 盘锦市人民政府大数据法治指数

序号	一级指标	得分
指标 1	数据管理局	0
指标 2	规范性文件	0
指标 3	政策文件	2
指标 4	大数据项目	0
指标 5	数据交易平台	0
均　分		0.4

表 9-60 江西省人民政府大数据法治指数

序号	一级指标	得分
指标 1	数据管理局	0
指标 2	规范性文件	0
指标 3	政策文件	6
指标 4	大数据项目	3
指标 5	数据交易平台	10
均　分		3.8

表 9 - 61 赣州市人民政府大数据法治指数

序号	一级指标	得分
指标 1	数据管理局	0
指标 2	规范性文件	0
指标 3	政策文件	2
指标 4	大数据项目	0
指标 5	数据交易平台	0
均　分		0.4

表 9 - 62 呼和浩特市人民政府大数据法治指数

序号	一级指标	得分
指标 1	数据管理局	0
指标 2	规范性文件	0
指标 3	政策文件	2
指标 4	大数据项目	3
指标 5	数据交易平台	0
均　分		1

表 9 - 63 广西壮族自治区人民政府大数据法治指数

序号	一级指标	得分
指标 1	数据管理局	0
指标 2	规范性文件	0
指标 3	政策文件	2
指标 4	大数据项目	3
指标 5	数据交易平台	0
均　分		1

表 9－64 钦州市人民政府大数据法治指数

序号	一级指标	得分
指标 1	数据管理局	0
指标 2	规范性文件	0
指标 3	政策文件	2
指标 4	大数据项目	0
指标 5	数据交易平台	0
均　分		0.4

表 9－65 柳州市人民政府大数据法治指数

序号	一级指标	得分
指标 1	数据管理局	0
指标 2	规范性文件	0
指标 3	政策文件	2
指标 4	大数据项目	0
指标 5	数据交易平台	0
均　分		0.4

表 9－66 陕西省人民政府大数据法治指数

序号	一级指标	得分
指标 1	数据管理局	0
指标 2	规范性文件	2
指标 3	政策文件	4
指标 4	大数据项目	4
指标 5	数据交易平台	0
均　分		2

表 9-67 西安市人民政府大数据法治指数

序号	一级指标	得分
指标 1	数据管理局	0
指标 2	规范性文件	0
指标 3	政策文件	2
指标 4	大数据项目	3
指标 5	数据交易平台	0
均分		1

表 9-68 咸阳市人民政府大数据法治指数

序号	一级指标	得分
指标 1	数据管理局	10
指标 2	规范性文件	0
指标 3	政策文件	0
指标 4	大数据项目	2
指标 5	数据交易平台	0
均分		2.4

表 9-69 青海省人民政府大数据法治指数

序号	一级指标	得分
指标 1	数据管理局	0
指标 2	规范性文件	0
指标 3	政策文件	4
指标 4	大数据项目	3
指标 5	数据交易平台	0
均分		1.4

表 9－70　海北自治州人民政府大数据法治指数

序号	一级指标	得分
指标 1	数据管理局	0
指标 2	规范性文件	0
指标 3	政策文件	2
指标 4	大数据项目	0
指标 5	数据交易平台	0
均　分		0.4

表 9－71　吉林省人民政府大数据法治指数

序号	一级指标	得分
指标 1	数据管理局	0
指标 2	规范性文件	2
指标 3	政策文件	4
指标 4	大数据项目	2
指标 5	数据交易平台	10
均　分		3.6

表 9－72　四川省人民政府大数据法治指数

序号	一级指标	得分
指标 1	数据管理局	0
指标 2	规范性文件	0
指标 3	政策文件	2
指标 4	大数据项目	3
指标 5	数据交易平台	10
均　分		3

表 9-73 成都市人民政府大数据法治指数

序号	一级指标	得分
指标 1	数据管理局	10
指标 2	规范性文件	0
指标 3	政策文件	2
指标 4	大数据项目	3
指标 5	数据交易平台	0
均 分		3

表 9-74 宁夏回族自治区人民政府大数据法治指数

序号	一级指标	得分
指标 1	数据管理局	10
指标 2	规范性文件	0
指标 3	政策文件	4
指标 4	大数据项目	0
指标 5	数据交易平台	0
均 分		2.8

表 9-75 中卫市人民政府大数据法治指数

序号	一级指标	得分
指标 1	数据管理局	10
指标 2	规范性文件	0
指标 3	政策文件	0
指标 4	大数据项目	5
指标 5	数据交易平台	3
均 分		1

表 9－76　新疆维吾尔自治区人民政府大数据法治指数

序号	一级指标	得分
指标 1	数据管理局	0
指标 2	规范性文件	2
指标 3	政策文件	2
指标 4	大数据项目	1
指标 5	数据交易平台	0
均　分		1

表 9－77　云南省人民政府大数据法治指数

序号	一级指标	得分
指标 1	数据管理局	0
指标 2	规范性文件	0
指标 3	政策文件	2
指标 4	大数据项目	3
指标 5	数据交易平台	0
均　分		1

表 9－78　昆明市人民政府大数据法治指数

序号	一级指标	得分
指标 1	数据管理局	10
指标 2	规范性文件	0
指标 3	政策文件	0
指标 4	大数据项目	2
指标 5	数据交易平台	0
均　分		2.4

表 9-79　保山市人民政府大数据法治指数

序号	一级指标	得分
指标 1	数据管理局	10
指标 2	规范性文件	0
指标 3	政策文件	0
指标 4	大数据项目	2
指标 5	数据交易平台	0
均　分		2.4

表 9-80　哈尔滨市人民政府大数据法治指数

序号	一级指标	得分
指标 1	数据管理局	0
指标 2	规范性文件	0
指标 3	政策文件	2
指标 4	大数据项目	3
指标 5	数据交易平台	0
均　分		1

(二)高校大数据法治研究指数报告

1. 高校大数据法治研究指数

高校是大数据法治理论研究的主要阵地,是推动国家大数据立法、指引大数据应用规范发展的重要力量。近年来,随着大数据时代的到来和国家大数据战略的实施,各高校对大数据法治研究的重视程度也越来越高,将大数据法律问题的研究作为衡量本校科研实力的重要指标。

本部分根据各高校研究机构设立情况、人才培养工作开展情况、学术成果取得情况及高校在大数据法治领域的综合影响力四大指标为其评分,此种评分的目的在于鼓励各高校对大数据法治研究的持续投入,积极发挥高校的研究和育才职能,为中国的大数据法治建设添砖加瓦,为大数据产业和社会经济的发展输出高素质专业性人才。

2. 指数设置

(1)指标体系

指标 1　研究机构(25%)

1.1　成立相关研究机构

1.2　研究机构进行了大数据法治相关研究

1.3　研究机构对本校的大数据法治研究做出较大贡献

指标 2　人才培养(25%)

2.1　开设本科生课程

2.2　开设研究生课程

2.3　设有相关专业博士点

指标 3　学术成果(25%)

3.1　发表相关论文

3.2　形成体系化的相关研究报告

3.3　出版相关书籍

指标 4　影响力(25%)

4.1　在大数据法治领域的理论研究有权威发言权

4.2　对大数据相关法规的制定有指引作用

(2)指数一级指标

指标 1　研究机构

高校在大数据法治的发展中,承担着前沿科研阵地和高端智库的两大角色。而其科研工作的开展,又主要集中于科研机构之中,目前我国绝大部分的大数据法治研究机构,都是由高校成立。因此,校内是否设立了对大数据法治相关理论进行学术科研的研究机构,以及科研机构在本校大数据法治研究工作中是否做出较大贡献,是评估该高校大数据法治研究的重要指标。

指标 2　人才培养

高校作为高等教育的主要阵地,其首要任务在于人才培养。就大数据法治研究而言,将本校的相关科研成果转化为教育资源,继而为大数据法治的构建输送人才,是高校大数据法治研究的重要使命。

指标 3　学术成果

学术成果是衡量一项科研工作深入化、体系化程度的重要标准,无论是论文、报告,还是出版物,均代表着该科研工作在不同角度的进益情况。在大数据法治理论研究的领域也是如此,高校相关学术成果的产出情况,在很大程度上可以用于评估该校的大数据法治研究指数。

指标 4 影响力

本指标体系中的“影响力”主要是指高校在大数据法治研究领域的权威程度。须知学术研究的最终价值，在于相关知识的外化，如是否能对该领域其他学者的研究有所助益，是否能够对相关法规的制定起到一定的指引作用。因此，高校在大数据法治研究领域的影响力也作为重要指标纳入评估体系。

(3)指数二级指标

指标 1 研究机构

1.1 成立相关研究机构

对于高校而言，设立科研机构往往需要校内多个部门在综合考量学校学科发展、人才结构等因素的前提下进行审核批准。因此，尽管高校进行大数据法治研究并不必然成立相关科研机构，但是大数据法治研究机构的成立，从一定程度上却可用于判定该校在此研究领域的重视程度、人员配置、发展预期等情况。

1.2 研究机构进行了大数据法治相关研究

随着大数据产业的发展，“大数据”已成为各领域的热门词汇，即使在学术研究的领域，亦存在追逐热点的情形。据调查，有不少企业、高校及社会团体都在近几年成立或声称成立了大数据法治研究机构，而其在该领域的研究活动却无迹可寻。故而，研究机构的实际科研工作情况，须纳入指标体系当中，以免鱼目混珠。

1.3 研究机构对本校的大数据法治研究做出较大贡献

研究机构设立的最终目标，是在于对本校的大数据法治研究工作贡献力量，不论是提升本校的学术成果数量，还是将科研成果转化为课堂教学、贡献于人才培养，抑或是举办的学术活动取得较大社会反响，为本校在大数据法治领域的影响力得以提升，都属于这一指标进行指数判定的参考因素。

指标 2 人才培养

2.1 开设本科生课程

本科生培养是高校人才培养的重中之重，因此高校在大数据法治研究领域的人才培养工作，首先需应考虑开设本科生课程。当然，由于大数据法治体系尚未成型，相关理论的研究仍存在诸多争议，而法学本科学生尚处于培养法学思维、构建基础法学知识体系的时期，因此不宜将其作为必修课在本科生中推广。但是，大数据法治作为紧跟时代发展脉搏的新研究领域，对于本科学生运用基础法律知识解决新问题、了解法学发展新动态等均有助益,因此完全可以开设专业选修课,为法学学生提供学习大数据法治理论研究最新动态的平台。

2.2 开设研究生课程

与本科生相比,面对新技术的发展,法学研究生更具客观分析其中法律关系、溯求主客体法律性质、探寻相应规范途径的能力。因此,可以面向研究生开设大数据法治相关理论及研讨课程。当然,还需根据其主要研修的专业来界定授课范围。

2.3 设有相关专业博士点

与本科生与研究生的培养不同,培养大数据法治研究领域的博士研究生,已不仅仅是在传授知识,更多的是为大数据法治研究的进一步深入发展吸纳人才。而能够培养该领域的博士生,也代表着该高校有在此领域颇具研究成果的博士研究生导师。因此高校内是否有针对大数据法治理论进行研究的博士生,也是人才培养指标的重要组成部分。

指标 3 学术成果

3.1 发表相关论文

发表学术论文是最普遍的学术成果表现形式,且由于论文的篇幅限制,在研究的各个阶段均可产生相关论文。目前,大数据法治研究的论文已有不少,绝大多数是高校学者所发表,故而论文的发表情况,可作为衡量高校大数据法治研究状况的指标。

3.2 形成体系化的相关研究报告

相较于论文,研究报告的体系化特征更突出,往往要在某一阶段的研究进入尾声时才能够整理成型,是更具学术研究价值和实践参考价值的研究成果。

3.3 出版相关书籍

书籍的出版意味着研究的内容已经过较为成熟的论证和整理,且具有较强的体系完整行和理论创新性。目前,已有部分高校学者出版了大数据法治相关的专著,因此相关书籍的出版情况,亦纳入此评估体系。

指标 4 影响力

4.1 对大数据法治研究的发展有引领作用

尽管大数据法治理论研究中仍存在诸多争议点,但梳理后不难发现其中仍可划分为几大主流观点,高校的相关研究情况往往能够为学者的论证提供支撑,可见高校的科研工作对于学界发展亦存在很大的影响。如若高校在大数据法治领域的理论研究被大多数学者所认可，并作为进一步深入研究的依据，则意味着该校在大数据法治研究的发展进程中，具有一定的权威性和引领作用。

4.2 对大数据相关法规的制定有指引作用

高校大数据法治研究工作的影响力还体现在，其对于法律法规及政策制定的指引作用。任何法规及政策的制定都离不开法学研究者的参与，尤其是在对新兴产业进行规范时，法学学者出于理论研究的建议，往往能够为政府部门提供监管和规范的思路。因此，高校在大数据法治研究领域的影响力，可以通过其对相关领域规则制定的参与程度来进行评估。

3. 大数据法治研究高校指数报告

表 9－81 中国政法大学大数据法治指数

序号	一级指标	得分
指标 1	研究机构	10
指标 2	人才培养	10
指标 3	学术成果	10
指标 4	影响力	9.8
均　分		9.96

表 9－82 重庆大学大数据法治指数

序号	一级指标	得分
指标 1	研究机构	3.3
指标 2	人才培养	6.7
指标 3	学术成果	10
指标 4	影响力	10
均　分		7.5

表 9-83 北京航空航天大学大数据法治指数

序号	一级指标	得分
指标 1	研究机构	6.7
指标 2	人才培养	5
指标 3	学术成果	7.5
指标 4	影响力	9
均 分		7.03

表 9-84 中国人民大学大数据法治指数

序号	一级指标	得分
指标 1	研究机构	3.3
指标 2	人才培养	6.7
指标 3	学术成果	10
指标 4	影响力	7.5
均 分		6.875

表 9-85 北京邮电大学大数据法治指数

序号	一级指标	得分
指标 1	研究机构	3.3
指标 2	人才培养	5
指标 3	学术成果	10
指标 4	影响力	7.6
均 分		6.475

表 9－86 上海财经大学大数据法治指数

序号	一级指标	得分
指标 1	研究机构	3.3
指标 2	人才培养	5
指标 3	学术成果	10
指标 4	影响力	7.5
均　分		6.45

表 9－87 吉林大学大数据法治指数

序号	一级指标	得分
指标 1	研究机构	3.3
指标 2	人才培养	3.3
指标 3	学术成果	9
指标 4	影响力	7.5
均　分		5.625

表 9－88 北京大学大数据法治指数

序号	一级指标	得分
指标 1	研究机构	3.3
指标 2	人才培养	6.7
指标 3	学术成果	5
指标 4	影响力	7.5
均　分		5.625

表 9－89 东南大学大数据法治指数

序号	一级指标	得分
指标 1	研究机构	3.3
指标 2	人才培养	3.3
指标 3	学术成果	10
指标 4	影响力	5
均　分		5.4

表 9－90 四川大学大数据法治指数

序号	一级指标	得分
指标 1	研究机构	3.3
指标 2	人才培养	3.3
指标 3	学术成果	5
指标 4	影响力	7.5
均　分		4.775

表 9－91 清华大学大数据法治指数

序号	一级指标	得分
指标 1	研究机构	3.3
指标 2	人才培养	3.3
指标 3	学术成果	5
指标 4	影响力	7.5
均　分		4.775

表 9-92 北京理工大学大数据法治指数

序号	一级指标	得分
指标 1	研究机构	3.3
指标 2	人才培养	3.3
指标 3	学术成果	5
指标 4	影响力	5
均　分		4.15

表 9-93 广西民族大学大数据法治指数

序号	一级指标	得分
指标 1	研究机构	3.3
指标 2	人才培养	3.3
指标 3	学术成果	5
指标 4	影响力	5
均　分		4.15

表 9-94 中国青年政治学院大数据法治指数

序号	一级指标	得分
指标 1	研究机构	3.3
指标 2	人才培养	3.3
指标 3	学术成果	2
指标 4	影响力	5
均　分		3.4

(三)机构大数据法治研究指数报告

1. 机构大数据法治研究指数

大数据法治研究机构是大数据法治理论研究的前沿阵地,肩负着大数据法治前沿理论问题研究、大数据法治知识与理念传播推广的使命。近年来,随着大数据产业的蓬勃发展,大数据法治的理论研究逐渐深入,大数据法治机构的数量也稳步上涨。本部分根据人才培养、课题研究、讲座、研讨会及学术成果等指标，对各大数据法治研究机构进行指数计算。目前，可查到的大数据法治研究机构共14所，绝大多数为高校成立，鉴于部分研究机构仅能查询到成立信息而无具体的活动信息，故此部分报告中不对其进行评估。

2. 指标体系

(1)指标体系

指标1　人才培养(10%)

1.1　机构内部进行了大数据法治人才培养工作

1.2　人才培养工作有较大成效

指标2　课题研究(20%)

2.1　进行大数据法治相关课题研究

2.2　课题具有较高科研价值

2.3　课题研究已产生一定的研究成果

指标3　讲座(20%)

3.1　举办了大数据法治方面的专题讲座

3.2　讲座涉及的知识领域全面

3.3　讲座面向的听众范围较广

指标4　研讨会(20%)

4.1　举办了大数据法治方面的学术研讨活动

4.2　研讨会专题设置全面、有研讨价值

4.3　与会人员专业程度高

4.4　研讨活动影响力大

指标5　学术成果(30%)

5.1　形成研究报告或出版论文、专著

5.2　研究成果在学界认可度高

(2)指数一级指标

指标1　人才培养

相对于高校而言，研究机构的主要责任集中于其科研工作之上，但是作为学科理论研究的前沿阵地，研究机构的人才培养工作对于培养该领域科研的后备人才而言，具有非常重要的意义。就大数据法治研究而言，由于大数据属于新型产业，针对这一领域的法治研究尚有很长的路要走。高校的人才培养工作旨在将大数据法治知识普及于法学学子，而研究机构的人才培养工作则是在为大数据法治的理论研究贮备最专业的科研人才。因此，此处将人才培养作为评估科研机构大数据法治研究指数的重要指标。

指标 2　课题研究

研究课题的设立表明该机构已针对大数据法治理论研究整合科研资源、设置研究体系,切实开展了这一领域的学术研究活动。科研是研究机构的首要工作,也是其最重要的社会义务。研究机构中往往汇集了该领域最具权威性和研究经验的专家学者,是最具科研实力和统筹最多科研资源的组织。对于大数据法治研究机构而言,有否进行相关课题的研究、研究成果如何,是判定该机构在大数据法治领域所处地位的最重要的指标。

指标 3　讲座

举办讲座,是研究机构将自身研究成果转化为学术资源和社会资源的一种方式。通过举办讲座,研究机构不但可以将本机构的研究成果普及于普通听众,更可以通过邀请机构外专家的方式,为本机构的专家学者提供开拓研究思路,完善学术观点的平台。

指标 4　研讨会

对于科研工作而言,研讨会是其中必不可少的一个环节。无论是本课题组内、本机构内的闭门研讨会,抑或是多方共同参与的大型论坛,对于推进研究工作而言均十分重要。大数据法治研究区别于传统的法学研究领域,其中不仅涉及多个法学学科,还与现代科技的发展紧密相连,因此,大数据法治机构是否就本机构的研究工作组织过研讨活动,以及研讨活动的实际价值,均是评估该机构大数据法治研究工作的指标。

指标 5　学术成果

相对于前面几项指标,这一指标则更注重于大数据法治研究机构的前述各项工作最终实际成效如何,学术成果正是对工作成效的最直观的判定指标。不论是论文、研究报告还是专著,均需在一定研究工作的基础上才可形成,尤其是研究报告和专著,需在研究工作较为成熟、深入、体系化的前提下才能完成。因此,学术成果应当纳入评估研究机构工作的指标体系。

(3)指数二级指标

指标 1　人才培养

1.1　机构内部进行了大数据法治人才培养工作

由于研究机构实际上并不必然承担人才培养工作,且对于大数据法治研究刚刚起步的机构而言,仍需待本机构的科研步入正轨后方有能力对后备科研力量进行培养,因此首先将人才培养工作的有无作为该项指标下的二级评价标准。

1.2 人才培养工作有较大成效

在开展了大数据法治领域人才培养工作的前提下，是否切实为其提供了充分的学习机会和参与研究的实践平台，以及最终有否输出此领域的优秀人才，是评价人才培养工作成效的最终指标。

指标2 课题研究

2.1 进行大数据法治相关课题研究

大数据法治理论研究可细化为多个角度的研究主题，如果只是零散地对其进行研究，对于整个大数据法治体系的构建，则稍显不足。因此，以其是否设立大数据法治研究课题为标准，用以评估研究机构的相关科研工作开展情况。

2.2 课题具有较高科研价值

对于课题研究而言，其科研价值不在于数量多寡而在于研究内容对理论体系的贡献，因此，此处在课题研究的指标下，将其科研价值作为具体评估指标。科研价值的衡量标准则以目前产业发展、理论体系构建的实际需求为指向。

2.3 课题研究已产生一定的研究成果

大数据法治课题研究的最终目标，在于通过理论研究构建大数据法治体系，服务产业和社会发展需求，而要对这一目标的实现情况进行量化评估则过于抽象。因此，此处仍以研究成果的取得为标准，衡量该机构课题研究工作的实际成果。

指标3 讲座

3.1 举办了大数据法治方面的专题讲座

与人才培养一样，以科研工作为首务的研究机构，并不必然需要举办相关的专题讲座，但是举办讲座的情况却能够反映出该机构向公众输送本机构研究成果的态度，是科研机构积极承担其社会责任的一种体现。大数据产业方兴未艾，学者、企业乃至普通公众均对其规范问题等有强烈的好奇心和浓厚的求知欲，因此大数据法治领域专题讲座的举办情况是评估该机构的重要指标。

3.2 讲座涉及的知识领域全面

就大数据法治领域的理论研究而言，除了法学知识，对大数据相关技术知识的了解也至关重要，因此，要评价研究机构举办讲座的情况，其所涉知识领域的全面情况至关重要。

3.3 讲座面向的听众范围较广

如前所述，讲座的价值不仅仅在于学界内的知识流动，更是面向社会的一种教育和知识普及手段,大数据等新型产业所涉及的法律问题因其关注度甚广,更加需要来自权威研究机构的知识普及,因此将受众范围作为讲座项下的细化指标。

指标 4 研讨会

4.1 举办了大数据法治方面的学术研讨活动

举办学术研讨会需统筹本机构乃至整个相关学界的专家力量,需对该领域的法学研究现状及存在的问题有较为清晰的认知,方能有所“研讨”。故而,举办相关研讨活动对于研究机构而言,是衡量其科研工作进程的重要指标。

4.2 研讨会专题设置全面、有研讨价值

研讨会专题的设置需综合考量该领域的理论发展现状及存在的问题,若其设置合理、全面且有讨论的价值,则可明确研讨最终寻求的争议焦点,使专家学者有的放矢,最大效率地表达自己的观点并实现观点碰撞、理论交流。

4.3 与会人员专业程度高

研讨会能否最终为学术研究提供帮助,除了主题设置的合理性之外,与会人员的专业程度也是重要因素之一,这一点毋庸置疑。故而评价体系中,设定与会人员专业程度这一指标。

4.4 研讨活动影响力大

研讨活动的主要目的虽在于促进研究机构内部的科研活动,但是影响力较大的大型论坛的举办,往往能够在更大的范围内惠及该领域整体的学术研究工作。同时还能够使更多的学者、公众关注到这一学科的发展动态,对于鼓励更多专家学者投身于相关研究、更好地促进学科理论发展颇有助益。故而影响力也纳入此项下的评价体系之中。

指标 5 学术成果

5.1 形成研究报告或出版论文、专著

前文中已多次提及学术成果对于评级某一研究工作、研究机构的重要价值,不同形式的成果则可以代表该项研究工作的侧重领域,故而应当综合考虑,纳入评估体系。

5.2 研究成果在学界认可度高

鉴于现有的研究成果虽算不上体系完善,却也已积累了不小的数目,但学术研究的价值判定终究不能够仅以数量为准,还需注重其质量,故而在此项下仍需设置“认可程度”作为参考指标。

3. 大数据法治研究机构指数报告

表 9－95　中国政法大学大数据与法制研究中心大数据法治指数

序号	一级指标	得分
指标 1	人才培养	9
指标 2	课题研究	10
指标 3	讲座	10
指标 4	研讨会	9
指标 5	学术成果	10
均　分		9.7

表 9－96　北京航空航天大学工业与信息化法治研究院大数据法治指数

序号	一级指标	得分
指标 1	人才培养	7
指标 2	课题研究	10
指标 3	讲座	10
指标 4	研讨会	9
指标 5	学术成果	10
均　分		9.5

表 9－97　重庆大学国家网络安全与大数据法治战略研究院大数据法治指数

序号	一级指标	得分
指标 1	人才培养	5
指标 2	课题研究	5
指标 3	讲座	5
指标 4	研讨会	9
指标 5	学术成果	10
均　分		7.3

表 9－98　中国人民大学未来法治研究院大数据法治指数

序号	一级指标	得分
指标 1	人才培养	7
指标 2	课题研究	8
指标 3	讲座	8
指标 4	研讨会	8
指标 5	学术成果	6
均　分		7.2

表 9－99　北京邮电大学互联网治理与法律研究院大数据法治指数

序号	一级指标	得分
指标 1	人才培养	9
指标 2	课题研究	5
指标 3	讲座	5
指标 4	研讨会	8
指标 5	学术成果	9
均　分		7.3

表 9－100　吉林大学司法数据应用研究中心

序号	一级指标	得分
指标 1	人才培养	5
指标 2	课题研究	9
指标 3	讲座	5
指标 4	研讨会	5
指标 5	学术成果	9
均　分		7.0

表 9-101 上海财经大学网络与大数据法治研究中心大数据法治指数

序号	一级指标	得分
指标 1	人才培养	5
指标 2	课题研究	6
指标 3	讲座	7
指标 4	研讨会	7
指标 5	学术成果	6
均　分		6.3

表 9-102 中国青年政治学院互联网金融法治研究中心

序号	一级指标	得分
指标 1	人才培养	5
指标 2	课题研究	5
指标 3	讲座	5
指标 4	研讨会	7
指标 5	学术成果	8
均　分		6.3

表 9-103 四川大学法学院法律大数据研究室大数据法治指数

序号	一级指标	得分
指标 1	人才培养	7
指标 2	课题研究	5
指标 3	讲座	5
指标 4	研讨会	7
指标 5	学术成果	7
均　分		6.2

表 9-104 北京理工大学网络法治研究所大数据法治指数

序号	一级指标	得分
指标 1	人才培养	5
指标 2	课题研究	5
指标 3	讲座	5
指标 4	研讨会	8
指标 5	学术成果	6
均　分		5.9

附一　中国大数据领域法规及政策

《中华人民共和国网络安全法》

第一章　总　　则

第一条　为了保障网络安全，维护网络空间主权和国家安全、社会公共利益，保护公民、法人和其他组织的合法权益，促进经济社会信息化健康发展，制定本法。

第二条　在中华人民共和国境内建设、运营、维护和使用网络，以及网络安全的监督管理，适用本法。

第三条　国家坚持网络安全与信息化发展并重，遵循积极利用、科学发展、依法管理、确保安全的方针，推进网络基础设施建设和互联互通，鼓励网络技术创新和应用，支持培养网络安全人才，建立健全网络安全保障体系，提高网络安全保护能力。

第四条　国家制定并不断完善网络安全战略，明确保障网络安全的基本要求和主要目标，提出重点领域的网络安全政策、工作任务和措施。

第五条　国家采取措施，监测、防御、处置来源于中华人民共和国境内外的网络安全风险和威胁，保护关键信息基础设施免受攻击、侵入、干扰和破坏，依法惩治网络违法犯罪活动，维护网络空间安全和秩序。

第六条　国家倡导诚实守信、健康文明的网络行为，推动传播社会主义核心价值观，采取措施提高全社会的网络安全意识和水平,形成全社会共同参与促进网络安全的良好环境。

第七条 国家积极开展网络空间治理、网络技术研发和标准制定、打击网络违法犯罪等方面的国际交流与合作,推动构建和平、安全、开放、合作的网络空间,建立多边、民主、透明的网络治理体系。

第八条 国家网信部门负责统筹协调网络安全工作和相关监督管理工作。国务院电信主管部门、公安部门和其他有关机关依照本法和有关法律、行政法规的规定,在各自职责范围内负责网络安全保护和监督管理工作。

县级以上地方人民政府有关部门的网络安全保护和监督管理职责,按照国家有关规定确定。

第九条 网络运营者开展经营和服务活动,必须遵守法律、行政法规,尊重社会公德,遵守商业道德,诚实信用,履行网络安全保护义务,接受政府和社会的监督,承担社会责任。

第十条 建设、运营网络或者通过网络提供服务,应当依照法律、行政法规的规定和国家标准的强制性要求,采取技术措施和其他必要措施,保障网络安全、稳定运行,有效应对网络安全事件,防范网络违法犯罪活动,维护网络数据的完整性、保密性和可用性。

第十一条 网络相关行业组织按照章程,加强行业自律,制定网络安全行为规范,指导会员加强网络安全保护,提高网络安全保护水平,促进行业健康发展。

第十二条 国家保护公民、法人和其他组织依法使用网络的权利,促进网络接入普及,提升网络服务水平,为社会提供安全、便利的网络服务,保障网络信息依法有序自由流动。

任何个人和组织使用网络应当遵守宪法法律,遵守公共秩序,尊重社会公德,不得危害网络安全,不得利用网络从事危害国家安全、荣誉和利益,煽动颠覆国家政权、推翻社会主义制度,煽动分裂国家、破坏国家统一,宣扬恐怖主义、极端主义,宣扬民族仇恨、民族歧视,传播暴力、淫秽色情信息,编造、传播虚假信息扰乱经济秩序和社会秩序,以及侵害他人名誉、隐私、知识产权和其他合法权益等活动。

第十三条 国家支持研究开发有利于未成年人健康成长的网络产品和服务,依法惩治利用网络从事危害未成年人身心健康的活动,为未成年人提供安全、健康的网络环境。

第十四条 任何个人和组织有权对危害网络安全的行为向网信、电信、公安等部门举报。收到举报的部门应当及时依法作出处理;不属于本部门职责的,应当及时移送有权处理的部门。

有关部门应当对举报人的相关信息予以保密,保护举报人的合法权益。

第二章　网络安全支持与促进

第十五条　国家建立和完善网络安全标准体系。国务院标准化行政主管部门和国务院其他有关部门根据各自的职责,组织制定并适时修订有关网络安全管理以及网络产品、服务和运行安全的国家标准、行业标准。

国家支持企业、研究机构、高等学校、网络相关行业组织参与网络安全国家标准、行业标准的制定。

第十六条　国务院和省、自治区、直辖市人民政府应当统筹规划,加大投入,扶持重点网络安全技术产业和项目,支持网络安全技术的研究开发和应用,推广安全可信的网络产品和服务,保护网络技术知识产权,支持企业、研究机构和高等学校等参与国家网络安全技术创新项目。

第十七条　国家推进网络安全社会化服务体系建设,鼓励有关企业、机构开展网络安全认证、检测和风险评估等安全服务。

第十八条　国家鼓励开发网络数据安全保护和利用技术,促进公共数据资源开放,推动技术创新和经济社会发展。

国家支持创新网络安全管理方式,运用网络新技术,提升网络安全保护水平。

第十九条　各级人民政府及其有关部门应当组织开展经常性的网络安全宣传教育,并指导、督促有关单位做好网络安全宣传教育工作。

大众传播媒介应当有针对性地面向社会进行网络安全宣传教育。

第二十条　国家支持企业和高等学校、职业学校等教育培训机构开展网络安全相关教育与培训,采取多种方式培养网络安全人才,促进网络安全人才交流。

第三章　网络运行安全

第一节　一 般 规 定

第二十一条　国家实行网络安全等级保护制度。网络运营者应当按照网络安全等级保护制度的要求,履行下列安全保护义务,保障网络免受干扰、破

坏或者未经授权的访问,防止网络数据泄露或者被窃取、篡改:

(一)制定内部安全管理制度和操作规程,确定网络安全负责人,落实网络安全保护责任;

(二)采取防范计算机病毒和网络攻击、网络侵入等危害网络安全行为的技术措施;

(三)采取监测、记录网络运行状态、网络安全事件的技术措施,并按照规定留存相关的网络日志不少于六个月;

(四)采取数据分类、重要数据备份和加密等措施;

(五)法律、行政法规规定的其他义务。

第二十二条　网络产品、服务应当符合相关国家标准的强制性要求。网络产品、服务的提供者不得设置恶意程序;发现其网络产品、服务存在安全缺陷、漏洞等风险时,应当立即采取补救措施,按照规定及时告知用户并向有关主管部门报告。

网络产品、服务的提供者应当为其产品、服务持续提供安全维护;在规定或者当事人约定的期限内,不得终止提供安全维护。

网络产品、服务具有收集用户信息功能的,其提供者应当向用户明示并取得同意;涉及用户个人信息的,还应当遵守本法和有关法律、行政法规关于个人信息保护的规定。

第二十三条　网络关键设备和网络安全专用产品应当按照相关国家标准的强制性要求,由具备资格的机构安全认证合格或者安全检测符合要求后,方可销售或者提供。国家网信部门会同国务院有关部门制定、公布网络关键设备和网络安全专用产品目录,并推动安全认证和安全检测结果互认,避免重复认证、检测。

第二十四条　网络运营者为用户办理网络接入、域名注册服务,办理固定电话、移动电话等入网手续,或者为用户提供信息发布、即时通讯等服务,在与用户签订协议或者确认提供服务时,应当要求用户提供真实身份信息。用户不提供真实身份信息的,网络运营者不得为其提供相关服务。

国家实施网络可信身份战略,支持研究开发安全、方便的电子身份认证技术,推动不同电子身份认证之间的互认。

第二十五条　网络运营者应当制定网络安全事件应急预案,及时处置系统漏洞、计算机病毒、网络攻击、网络侵入等安全风险;在发生危害网络安全的事件时,立即启动应急预案,采取相应的补救措施,并按照规定向有关主管部门报告。

第二十六条 开展网络安全认证、检测、风险评估等活动，向社会发布系统漏洞、计算机病毒、网络攻击、网络侵入等网络安全信息，应当遵守国家有关规定。

第二十七条 任何个人和组织不得从事非法侵入他人网络、干扰他人网络正常功能、窃取网络数据等危害网络安全的活动；不得提供专门用于从事侵入网络、干扰网络正常功能及防护措施、窃取网络数据等危害网络安全活动的程序、工具；明知他人从事危害网络安全的活动的，不得为其提供技术支持、广告推广、支付结算等帮助。

第二十八条 网络运营者应当为公安机关、国家安全机关依法维护国家安全和侦查犯罪的活动提供技术支持和协助。

第二十九条 国家支持网络运营者之间在网络安全信息收集、分析、通报和应急处置等方面进行合作，提高网络运营者的安全保障能力。

有关行业组织建立健全本行业的网络安全保护规范和协作机制，加强对网络安全风险的分析评估，定期向会员进行风险警示，支持、协助会员应对网络安全风险。

第三十条 网信部门和有关部门在履行网络安全保护职责中获取的信息，只能用于维护网络安全的需要，不得用于其他用途。

第二节 关键信息基础设施的运行安全

第三十一条 国家对公共通信和信息服务、能源、交通、水利、金融、公共服务、电子政务等重要行业和领域，以及其他一旦遭到破坏、丧失功能或者数据泄露，可能严重危害国家安全、国计民生、公共利益的关键信息基础设施，在网络安全等级保护制度的基础上，实行重点保护。关键信息基础设施的具体范围和安全保护办法由国务院制定。

国家鼓励关键信息基础设施以外的网络运营者自愿参与关键信息基础设施保护体系。

第三十二条 按照国务院规定的职责分工，负责关键信息基础设施安全保护工作的部门分别编制并组织实施本行业、本领域的关键信息基础设施安全规划，指导和监督关键信息基础设施运行安全保护工作。

第三十三条 建设关键信息基础设施应当确保其具有支持业务稳定、持续运行的性能，并保证安全技术措施同步规划、同步建设、同步使用。

第三十四条 除本法第二十一条的规定外,关键信息基础设施的运营者还应当履行下列安全保护义务:

(一)设置专门安全管理机构和安全管理负责人,并对该负责人和关键岗位的人员进行安全背景审查;

(二)定期对从业人员进行网络安全教育、技术培训和技能考核;

(三)对重要系统和数据库进行容灾备份;

(四)制定网络安全事件应急预案,并定期进行演练;

(五)法律、行政法规规定的其他义务。

第三十五条 关键信息基础设施的运营者采购网络产品和服务,可能影响国家安全的,应当通过国家网信部门会同国务院有关部门组织的国家安全审查。

第三十六条 关键信息基础设施的运营者采购网络产品和服务,应当按照规定与提供者签订安全保密协议,明确安全和保密义务与责任。

第三十七条 关键信息基础设施的运营者在中华人民共和国境内运营中收集和产生的个人信息和重要数据应当在境内存储。因业务需要,确需向境外提供的,应当按照国家网信部门会同国务院有关部门制定的办法进行安全评估;法律、行政法规另有规定的,依照其规定。

第三十八条 关键信息基础设施的运营者应当自行或者委托网络安全服务机构对其网络的安全性和可能存在的风险每年至少进行一次检测评估,并将检测评估情况和改进措施报送相关负责关键信息基础设施安全保护工作的部门。

第三十九条 国家网信部门应当统筹协调有关部门对关键信息基础设施的安全保护采取下列措施:

(一)对关键信息基础设施的安全风险进行抽查检测,提出改进措施,必要时可以委托网络安全服务机构对网络存在的安全风险进行检测评估;

(二)定期组织关键信息基础设施的运营者进行网络安全应急演练,提高应对网络安全事件的水平和协同配合能力;

(三)促进有关部门、关键信息基础设施的运营者以及有关研究机构、网络安全服务机构等之间的网络安全信息共享;

(四)对网络安全事件的应急处置与网络功能的恢复等,提供技术支持和协助。

第四章 网络信息安全

第四十条 网络运营者应当对其收集的用户信息严格保密，并建立健全用户信息保护制度。

第四十一条 网络运营者收集、使用个人信息，应当遵循合法、正当、必要的原则，公开收集、使用规则，明示收集、使用信息的目的、方式和范围，并经被收集者同意。

网络运营者不得收集与其提供的服务无关的个人信息，不得违反法律、行政法规的规定和双方的约定收集、使用个人信息，并应当依照法律、行政法规的规定和与用户的约定，处理其保存的个人信息。

第四十二条 网络运营者不得泄露、篡改、毁损其收集的个人信息；未经被收集者同意，不得向他人提供个人信息。但是，经过处理无法识别特定个人且不能复原的除外。

网络运营者应当采取技术措施和其他必要措施，确保其收集的个人信息安全，防止信息泄露、毁损、丢失。在发生或者可能发生个人信息泄露、毁损、丢失的情况时，应当立即采取补救措施，按照规定及时告知用户并向有关主管部门报告。

第四十三条 个人发现网络运营者违反法律、行政法规的规定或者双方的约定收集、使用其个人信息的，有权要求网络运营者删除其个人信息；发现网络运营者收集、存储的其个人信息有错误的，有权要求网络运营者予以更正。网络运营者应当采取措施予以删除或者更正。

第四十四条 任何个人和组织不得窃取或者以其他非法方式获取个人信息，不得非法出售或者非法向他人提供个人信息。

第四十五条 依法负有网络安全监督管理职责的部门及其工作人员，必须对在履行职责中知悉的个人信息、隐私和商业秘密严格保密，不得泄露、出售或者非法向他人提供。

第四十六条 任何个人和组织应当对其使用网络的行为负责，不得设立用于实施诈骗，传授犯罪方法，制作或者销售违禁物品、管制物品等违法犯罪活动的网站、通讯群组，不得利用网络发布涉及实施诈骗，制作或者销售违禁物品、管制物品以及其他违法犯罪活动的信息。

第四十七条 网络运营者应当加强对其用户发布的信息的管理，发现法律、行政法规禁止发布或者传输的信息的，应当立即停止传输该信息，采取消除等处置措施，防止信息扩散，保存有关记录，并向有关主管部门报告。

第四十八条　任何个人和组织发送的电子信息、提供的应用软件，不得设置恶意程序，不得含有法律、行政法规禁止发布或者传输的信息。

电子信息发送服务提供者和应用软件下载服务提供者，应当履行安全管理义务，知道其用户有前款规定行为的，应当停止提供服务，采取消除等处置措施，保存有关记录，并向有关主管部门报告。

第四十九条　网络运营者应当建立网络信息安全投诉、举报制度，公布投诉、举报方式等信息，及时受理并处理有关网络信息安全的投诉和举报。

网络运营者对网信部门和有关部门依法实施的监督检查，应当予以配合。

第五十条　国家网信部门和有关部门依法履行网络信息安全监督管理职责，发现法律、行政法规禁止发布或者传输的信息的，应当要求网络运营者停止传输，采取消除等处置措施，保存有关记录；对来源于中华人民共和国境外的上述信息，应当通知有关机构采取技术措施和其他必要措施阻断传播。

第五章　监测预警与应急处置

第五十一条　国家建立网络安全监测预警和信息通报制度。国家网信部门应当统筹协调有关部门加强网络安全信息收集、分析和通报工作，按照规定统一发布网络安全监测预警信息。

第五十二条　负责关键信息基础设施安全保护工作的部门，应当建立健全本行业、本领域的网络安全监测预警和信息通报制度，并按照规定报送网络安全监测预警信息。

第五十三条　国家网信部门协调有关部门建立健全网络安全风险评估和应急工作机制，制定网络安全事件应急预案，并定期组织演练。

负责关键信息基础设施安全保护工作的部门应当制定本行业、本领域的网络安全事件应急预案，并定期组织演练。

网络安全事件应急预案应当按照事件发生后的危害程度、影响范围等因素对网络安全事件进行分级，并规定相应的应急处置措施。

第五十四条　网络安全事件发生的风险增大时，省级以上人民政府有关部门应当按照规定的权限和程序，并根据网络安全风险的特点和可能造成的危害，采取下列措施：

（一）要求有关部门、机构和人员及时收集、报告有关信息，加强对网络安全风险的监测；

（二）组织有关部门、机构和专业人员，对网络安全风险信息进行分析评估，预测事件发生的可能性、影响范围和危害程度；

（三）向社会发布网络安全风险预警，发布避免、减轻危害的措施。

第五十五条 发生网络安全事件，应当立即启动网络安全事件应急预案，对网络安全事件进行调查和评估，要求网络运营者采取技术措施和其他必要措施，消除安全隐患，防止危害扩大，并及时向社会发布与公众有关的警示信息。

第五十六条 省级以上人民政府有关部门在履行网络安全监督管理职责中，发现网络存在较大安全风险或者发生安全事件的，可以按照规定的权限和程序对该网络的运营者的法定代表人或者主要负责人进行约谈。网络运营者应当按照要求采取措施，进行整改，消除隐患。

第五十七条 因网络安全事件，发生突发事件或者生产安全事故的，应当依照《中华人民共和国突发事件应对法》、《中华人民共和国安全生产法》等有关法律、行政法规的规定处置。

第五十八条 因维护国家安全和社会公共秩序，处置重大突发社会安全事件的需要，经国务院决定或者批准，可以在特定区域对网络通信采取限制等临时措施。

第六章 法律责任

第五十九条 网络运营者不履行本法第二十一条、第二十五条规定的网络安全保护义务的，由有关主管部门责令改正，给予警告；拒不改正或者导致危害网络安全等后果的，处一万元以上十万元以下罚款，对直接负责的主管人员处五千元以上五万元以下罚款。

关键信息基础设施的运营者不履行本法第三十三条、第三十四条、第三十六条、第三十八条规定的网络安全保护义务的，由有关主管部门责令改正，给予警告；拒不改正或者导致危害网络安全等后果的，处十万元以上一百万元以下罚款，对直接负责的主管人员处一万元以上十万元以下罚款。

第六十条 违反本法第二十二条第一款、第二款和第四十八条第一款规定，有下列行为之一的，由有关主管部门责令改正，给予警告；拒不改正或者导致危害网络安全等后果的，处五万元以上五十万元以下罚款，对直接负责的主管人员处一万元以上十万元以下罚款：

（一）设置恶意程序的；

（二）对其产品、服务存在的安全缺陷、漏洞等风险未立即采取补救措施，或者未按照规定及时告知用户并向有关主管部门报告的；

（三）擅自终止为其产品、服务提供安全维护的。

第六十一条　网络运营者违反本法第二十四条第一款规定，未要求用户提供真实身份信息，或者对不提供真实身份信息的用户提供相关服务的，由有关主管部门责令改正；拒不改正或者情节严重的，处五万元以上五十万元以下罚款，并可以由有关主管部门责令暂停相关业务、停业整顿、关闭网站、吊销相关业务许可证或者吊销营业执照，对直接负责的主管人员和其他直接责任人员处一万元以上十万元以下罚款。

第六十二条　违反本法第二十六条规定，开展网络安全认证、检测、风险评估等活动，或者向社会发布系统漏洞、计算机病毒、网络攻击、网络侵入等网络安全信息的，由有关主管部门责令改正，给予警告；拒不改正或者情节严重的，处一万元以上十万元以下罚款，并可以由有关主管部门责令暂停相关业务、停业整顿、关闭网站、吊销相关业务许可证或者吊销营业执照，对直接负责的主管人员和其他直接责任人员处五千元以上五万元以下罚款。

第六十三条　违反本法第二十七条规定，从事危害网络安全的活动，或者提供专门用于从事危害网络安全活动的程序、工具，或者为他人从事危害网络安全的活动提供技术支持、广告推广、支付结算等帮助，尚不构成犯罪的，由公安机关没收违法所得，处五日以下拘留，可以并处五万元以上五十万元以下罚款；情节较重的，处五日以上十五日以下拘留，可以并处十万元以上一百万元以下罚款。

单位有前款行为的，由公安机关没收违法所得，处十万元以上一百万元以下罚款，并对直接负责的主管人员和其他直接责任人员依照前款规定处罚。

违反本法第二十七条规定，受到治安管理处罚的人员，五年内不得从事网络安全管理和网络运营关键岗位的工作；受到刑事处罚的人员，终身不得从事网络安全管理和网络运营关键岗位的工作。

第六十四条　网络运营者、网络产品或者服务的提供者违反本法第二十二条第三款、第四十一条至第四十三条规定，侵害个人信息依法得到保护的权利的，由有关主管部门责令改正，可以根据情节单处或者并处警告、没收违法所得、处违法所得一倍以上十倍以下罚款，没有违法所得的，处一百万元以下罚款，对直接负责的主管人员和其他直接责任人员处一万元以上十万元以下罚款；情节严重的，并可以责令暂停相关业务、停业整顿、关闭网站、吊销相关业务许可证或者吊销营业执照。

违反本法第四十四条规定，窃取或者以其他非法方式获取、非法出售或者非法向他人提供个人信息，尚不构成犯罪的，由公安机关没收违法所得，并处违法所得一倍以上十倍以下罚款，没有违法所得的，处一百万元以下罚款。

第六十五条 关键信息基础设施的运营者违反本法第三十五条规定，使用未经安全审查或者安全审查未通过的网络产品或者服务的，由有关主管部门责令停止使用，处采购金额一倍以上十倍以下罚款；对直接负责的主管人员和其他直接责任人员处一万元以上十万元以下罚款。

第六十六条 关键信息基础设施的运营者违反本法第三十七条规定，在境外存储网络数据，或者向境外提供网络数据的，由有关主管部门责令改正，给予警告，没收违法所得，处五万元以上五十万元以下罚款，并可以责令暂停相关业务、停业整顿、关闭网站、吊销相关业务许可证或者吊销营业执照；对直接负责的主管人员和其他直接责任人员处一万元以上十万元以下罚款。

第六十七条 违反本法第四十六条规定，设立用于实施违法犯罪活动的网站、通讯群组，或者利用网络发布涉及实施违法犯罪活动的信息，尚不构成犯罪的，由公安机关处五日以下拘留，可以并处一万元以上十万元以下罚款；情节较重的，处五日以上十五日以下拘留，可以并处五万元以上五十万元以下罚款。关闭用于实施违法犯罪活动的网站、通讯群组。

单位有前款行为的，由公安机关处十万元以上五十万元以下罚款，并对直接负责的主管人员和其他直接责任人员依照前款规定处罚。

第六十八条 网络运营者违反本法第四十七条规定，对法律、行政法规禁止发布或者传输的信息未停止传输、采取消除等处置措施、保存有关记录的，由有关主管部门责令改正，给予警告，没收违法所得；拒不改正或者情节严重的，处十万元以上五十万元以下罚款，并可以责令暂停相关业务、停业整顿、关闭网站、吊销相关业务许可证或者吊销营业执照，对直接负责的主管人员和其他直接责任人员处一万元以上十万元以下罚款。

电子信息发送服务提供者、应用软件下载服务提供者，不履行本法第四十八条第二款规定的安全管理义务的，依照前款规定处罚。

第六十九条 网络运营者违反本法规定，有下列行为之一的，由有关主管部门责令改正；拒不改正或者情节严重的，处五万元以上五十万元以下罚款，对直接负责的主管人员和其他直接责任人员，处一万元以上十万元以下罚款：

（一）不按照有关部门的要求对法律、行政法规禁止发布或者传输的信息，采取停止传输、消除等处置措施的；

（二）拒绝、阻碍有关部门依法实施的监督检查的；

（三）拒不向公安机关、国家安全机关提供技术支持和协助的。

第七十条　发布或者传输本法第十二条第二款和其他法律、行政法规禁止发布或者传输的信息的，依照有关法律、行政法规的规定处罚。

第七十一条　有本法规定的违法行为的，依照有关法律、行政法规的规定记入信用档案，并予以公示。

第七十二条　国家机关政务网络的运营者不履行本法规定的网络安全保护义务的，由其上级机关或者有关机关责令改正；对直接负责的主管人员和其他直接责任人员依法给予处分。

第七十三条　网信部门和有关部门违反本法第三十条规定，将在履行网络安全保护职责中获取的信息用于其他用途的，对直接负责的主管人员和其他直接责任人员依法给予处分。

网信部门和有关部门的工作人员玩忽职守、滥用职权、徇私舞弊，尚不构成犯罪的，依法给予处分。

第七十四条　违反本法规定，给他人造成损害的，依法承担民事责任。

违反本法规定，构成违反治安管理行为的，依法给予治安管理处罚；构成犯罪的，依法追究刑事责任。

第七十五条　境外的机构、组织、个人从事攻击、侵入、干扰、破坏等危害中华人民共和国的关键信息基础设施的活动，造成严重后果的，依法追究法律责任；国务院公安部门和有关部门并可以决定对该机构、组织、个人采取冻结财产或者其他必要的制裁措施。

第七章　附　　则

第七十六条　本法下列用语的含义：

（一）网络，是指由计算机或者其他信息终端及相关设备组成的按照一定的规则和程序对信息进行收集、存储、传输、交换、处理的系统。

（二）网络安全，是指通过采取必要措施，防范对网络的攻击、侵入、干扰、破坏和非法使用以及意外事故，使网络处于稳定可靠运行的状态，以及保障网络数据的完整性、保密性、可用性的能力。

（三）网络运营者，是指网络的所有者、管理者和网络服务提供者。

（四）网络数据，是指通过网络收集、存储、传输、处理和产生的各种电子数据。

（五）个人信息，是指以电子或者其他方式记录的能够单独或者与其他信息结合识别自然人个人身份的各种信息，包括但不限于自然人的姓名、出生日期、身份证件号码、个人生物识别信息、住址、电话号码等。

第七十七条 存储、处理涉及国家秘密信息的网络的运行安全保护，除应当遵守本法外，还应当遵守保密法律、行政法规的规定。

第七十八条 军事网络的安全保护，由中央军事委员会另行规定。

第七十九条 本法自2017年6月1日起施行。

《促进大数据发展行动纲要》

大数据是以容量大、类型多、存取速度快、应用价值高为主要特征的数据集合。正快速发展为对数量巨大、来源分散、格式多样的数据进行采集、存储和关联分析,从中发现新知识、创造新价值、提升新能力的新一代信息技术和服务业态。

信息技术与经济社会的交汇融合引发了数据迅猛增长,数据已成为国家基础性战略资源,大数据正日益对全球生产、流通、分配、消费活动以及经济运行机制、社会生活方式和国家治理能力产生重要影响。目前,我国在大数据发展和应用方面已具备一定基础,拥有市场优势和发展潜力,但也存在政府数据开放共享不足、产业基础薄弱、缺乏顶层设计和统筹规划、法律法规建设滞后、创新应用领域不广等问题,亟待解决。为贯彻落实党中央、国务院决策部署,全面推进我国大数据发展和应用,加快建设数据强国,特制定本行动纲要。

一、发展形势和重要意义

全球范围内,运用大数据推动经济发展、完善社会治理、提升政府服务和监管能力正成为趋势,有关发达国家相继制定实施大数据战略性文件,大力推动大数据发展和应用。目前,我国互联网、移动互联网用户规模居全球第一,拥有丰富的数据资源和应用市场优势,大数据部分关键技术研发取得突破,涌现出一批互联网创新企业和创新应用,一些地方政府已启动大数据相关工作。坚持创新驱动发展,加快大数据部署,深化大数据应用,已成为稳增长、促改革、调结构、惠民生和推动政府治理能力现代化的内在需要和必然选择。

(一)大数据成为推动经济转型发展的新动力。以数据流引领技术流、物质流、资金流、人才流,将深刻影响社会分工协作的组织模式,促进生产组织方式的集约和创新。大数据推动社会生产要素的网络化共享、集约化整合、协作化开发和高效化利用,改变了传统的生产方式和经济运行机制,可显著提升经济运行水平和效率。大数据持续激发商业模式创新,不断催生新业态,已成为互联网等新兴领域促进业务创新增值、提升企业核心价值的重要驱动力。大数据产业正在成为新的经济增长点,将对未来信息产业格局产生重要影响。

(二)大数据成为重塑国家竞争优势的新机遇。在全球信息化快速发展的大背景下,大数据已成为国家重要的基础性战略资源,正引领新一轮科技创新。充分利用我国的数据规模优势,实现数据规模、质量和应用水平同步提升,发掘和释放数据资源的潜在价值,有利于更好发挥数据资源的战略作用,增强网络空间数据主权保护能力,维护国家安全,有效提升国家竞争力。

(三)大数据成为提升政府治理能力的新途径。大数据应用能够揭示传统技术方式难以展现的关联关系,推动政府数据开放共享,促进社会事业数据融合和资源整合,将极大提升政府整体数据分析能力,为有效处理复杂社会问题提供新的手段。建立"用数据说话、用数据决策、用数据管理、用数据创新"的管理机制,实现基于数据的科学决策,将推动政府管理理念和社会治理模式进步,加快建设与社会主义市场经济体制和中国特色社会主义事业发展相适应的法治政府、创新政府、廉洁政府和服务型政府,逐步实现政府治理能力现代化。

二、指导思想和总体目标

(一)指导思想。深入贯彻党的十八大和十八届二中、三中、四中全会精神,按照党中央、国务院决策部署,发挥市场在资源配置中的决定性作用,加强顶层设计和统筹协调,大力推动政府信息系统和公共数据互联开放共享,加快政府信息平台整合,消除信息孤岛,推进数据资源向社会开放,增强政府公信力,引导社会发展,服务公众企业。以企业为主体,营造宽松公平环境,加大大数据关键技术研发、产业发展和人才培养力度,着力推进数据汇集和发掘,深化大数据在各行业创新应用,促进大数据产业健康发展;完善法规制度和标准体系,科学规范利用大数据,切实保障数据安全。通过促进大数据发展,加快建设数据强国,释放技术红利、制度红利和创新红利,提升政府治理能力,推动经济转型升级。

(二)总体目标。立足我国国情和现实需要,推动大数据发展和应用在未来5~10年逐步实现以下目标:

打造精准治理、多方协作的社会治理新模式。将大数据作为提升政府治理能力的重要手段,通过高效采集、有效整合、深化应用政府数据和社会数据,提升政府决策和风险防范水平,提高社会治理的精准性和有效性,增强乡村社会治理能力;助力简政放权,支持从事前审批向事中事后监管转变,推动商事制度改革;促进政府监管和社会监督有机结合,有效调动社会力量参与社会治理的积极性。2017年底前形成跨部门数据资源共享共用格局。

建立运行平稳、安全高效的经济运行新机制。充分运用大数据,不断提升信用、财政、金融、税收、农业、统计、进出口、资源环境、产品质量、企业登记监管等领域数据资源的获取和利用能力,丰富经济统计数据来源,实现对经济运行更为准确的监测、分析、预测、预警，提高决策的针对性、科学性和时效性，提升宏观调控以及产业发展、信用体系、市场监管等方面管理效能，保障供需平衡，促进经济平稳运行。

构建以人为本、惠及全民的民生服务新体系。围绕服务型政府建设，在公用事业、市政管理、城乡环境、农村生活、健康医疗、减灾救灾、社会救助、养老服务、劳动就业、社会保障、文化教育、交通旅游、质量安全、消费维权、社区服务等领域全面推广大数据应用，利用大数据洞察民生需求，优化资源配置，丰富服务内容，拓展服务渠道，扩大服务范围，提高服务质量，提升城市辐射能力，推动公共服务向基层延伸，缩小城乡、区域差距，促进形成公平普惠、便捷高效的民生服务体系，不断满足人民群众日益增长的个性化、多样化需求。

开启大众创业、万众创新的创新驱动新格局。形成公共数据资源合理适度开放共享的法规制度和政策体系，2018 年底前建成国家政府数据统一开放平台，率先在信用、交通、医疗、卫生、就业、社保、地理、文化、教育、科技、资源、农业、环境、安监、金融、质量、统计、气象、海洋、企业登记监管等重要领域实现公共数据资源合理适度向社会开放，带动社会公众开展大数据增值性、公益性开发和创新应用，充分释放数据红利，激发大众创业、万众创新活力。

培育高端智能、新兴繁荣的产业发展新生态。推动大数据与云计算、物联网、移动互联网等新一代信息技术融合发展，探索大数据与传统产业协同发展的新业态、新模式，促进传统产业转型升级和新兴产业发展，培育新的经济增长点。形成一批满足大数据重大应用需求的产品、系统和解决方案，建立安全可信的大数据技术体系，大数据产品和服务达到国际先进水平，国内市场占有率显著提高。培育一批面向全球的骨干企业和特色鲜明的创新型中小企业。构建形成政产学研用多方联动、协调发展的大数据产业生态体系。

三、主要任务

（一）加快政府数据开放共享，推动资源整合，提升治理能力。

1. 大力推动政府部门数据共享。加强顶层设计和统筹规划，明确各部门数据共享的范围边界和使用方式，厘清各部门数据管理及共享的义务和权利，依托政府数据统一共享交换平台，大力推进国家人口基础信息库、法人单位信息资源库、自然资源和空间地理基础信息库等国家基础数据资源，以及金税、金关、金财、金审、金盾、金宏、金保、金土、金农、金水、金质等信息系统跨部门、跨区域共享。加快各地区、各部门、各有关企事业单位及社会组织信用信息系统的互联互通和信息共享，丰富面向公众的信用信息服务，提高政府服务和监管水平。结合信息惠民工程实施和智慧城市建设，推动中央部门与地方政府条块结合、联合试点，实现公共服务的多方数据共享、制度对接和协同配合。

2. 稳步推动公共数据资源开放。在依法加强安全保障和隐私保护的前提下，稳步推动公共数据资源开放。推动建立政府部门和事业单位等公共机构数据资源清单，按照“增量先行”的方式，加强对政府部门数据的国家统筹管理，加快建设国家政府数据统一开放平台。制定公共机构数据开放计划，落实数据开放和维护责任，推进公共机构数据资源统一汇聚和集中向社会开放，提升政府数据开放共享标准化程度，优先推动信用、交通、医疗、卫生、就业、社保、地理、文化、教育、科技、资源、农业、环境、安监、金融、质量、统计、气象、海洋、企业登记监管等民生保障服务相关领域的政府数据集向社会开放。建立政府和社会互动的大数据采集形成机制，制定政府数据共享开放目录。通过政务数据公开共享，引导企业、行业协会、科研机构、社会组织等主动采集并开放数据。

专栏1　政府数据资源共享开放工程

推动政府数据资源共享。制定政府数据资源共享管理办法，整合政府部门公共数据资源，促进互联互通，提高共享能力，提升政府数据的一致性和准确性。2017 年底前，明确各部门数据共享的范围边界和使用方式，跨部门数据资源共享共用格局基本形成。

形成政府数据统一共享交换平台。充分利用统一的国家电子政务网络，构建跨部门的政府数据统一共享交换平台，到 2018 年，中央政府层面实现数据统一共享交换平台的全覆盖，实现金税、金关、金财、金审、金盾、金宏、金保、金土、金农、金水、金质等信息系统通过统一平台进行数据共享和交换。

形成国家政府数据统一开放平台。建立政府部门和事业单位等公共机构数据资源清单，制定实施政府数据开放共享标准，制定数据开放计划。2018 年底前，建成国家政府数据统一开放平台。2020 年底前，逐步实现信用、交通、医疗、卫生、就业、社保、地理、文化、教育、科技、资源、农业、环境、安监、金融、质量、统计、气象、海洋、企业登记监管等民生保障服务相关领域的政府数据集向社会开放。

3. 统筹规划大数据基础设施建设。结合国家政务信息化工程建设规划，统筹政务数据资源和社会数据资源，布局国家大数据平台、数据中心等基础设施。加快完善国家人口基础信息库、法人单位信息资源库、自然资源和空间地理基础信息库等基础信息资源和健康、就业、社保、能源、信用、统计、质量、国土、农业、城乡建设、企业登记监管等重要领域信息资源，加强与社会大数据的汇聚整合和关联分析。推动国民经济动员大数据应用。加强军民信息资源共享。充分利用现有企业、政府等数据资源和平台设施，注重对现有数据中心及服务器资源的改造和利用，建设绿色环保、低成本、高效率、基于云计算的大数据基础设施和区域性、行业性数据汇聚平台，避免盲目建设和重复投资。加强对互联网重要数据资源的备份及保护。

专栏2 国家大数据资源统筹发展工程

整合各类政府信息平台和信息系统。严格控制新建平台，依托现有平台资源，在地市级以上（含地市级）政府集中构建统一的互联网政务数据服务平台和信息惠民服务平台，在基层街道、社区统一应用，并逐步向农村特别是农村社区延伸。除国务院另有规定外，原则上不再审批有关部门、地市级以下（不含地市级）政府新建孤立的信息平台和信息系统。到2018年，中央层面构建形成统一的互联网政务数据服务平台；国家信息惠民试点城市实现基础信息集中采集、多方利用，实现公共服务和社会信息服务的全人群覆盖、全天候受理和“一站式”办理。

整合分散的数据中心资源。充分利用现有政府和社会数据中心资源，运用云计算技术，整合规模小、效率低、能耗高的分散数据中心，构建形成布局合理、规模适度、保障有力、绿色集约的政务数据中心体系。统筹发挥各部门已建数据中心的作用，严格控制部门新建数据中心。开展区域试点，推进贵州等大数据综合试验区建设，促进区域性大数据基础设施的整合和数据资源的汇聚应用。

加快完善国家基础信息资源体系。加快建设完善国家人口基础信息库、法人单位信息资源库、自然资源和空间地理基础信息库等基础信息资源。依托现有相关信息系统，逐步完善健康、社保、就业、能源、信用、统计、质量、国土、农业、城乡建设、企业登记监管等重要领域信息资源。到2018年，跨部门共享校核的国家人口基础信息库、法人单位信息资源库、自然资源和空间地理基础信息库等国家基础信息资源体系基本建成，实现与各领域信息资源的汇聚整合和关联应用。

加强互联网信息采集利用。加强顶层设计，树立国际视野，充分利用已有资源，加强互联网信息采集、保存和分析能力建设，制定完善互联网信息保存相关法律法规，构建互联网信息保存和信息服务体系。

4. 支持宏观调控科学化。建立国家宏观调控数据体系，及时发布有关统计指标和数据，强化互联网数据资源利用和信息服务，加强与政务数据资源的关联分析和融合利用，为政府开展金融、税收、审计、统计、农业、规划、消费、投资、进出口、城乡建设、劳动就业、收入分配、电力及产业运行、质量安全、节能减排等领域运行动态监测、产业安全预测预警以及转变发展方式分析决策提供信息支持，提高宏观调控的科学性、预见性和有效性。

5. 推动政府治理精准化。在企业监管、质量安全、节能降耗、环境保护、食品安全、安全生产、信用体系建设、旅游服务等领域，推动有关政府部门和企事业单位将市场监管、检验检测、违法失信、企业生产经营、销售物流、投诉举报、消费维权等数据进行汇聚整合和关联分析，统一公示企业信用信息，预警企业不正当行为，提升政府决策和风险防范能力，支持加强事中事后监管和服务，提高监管和服务的针对性、有效性。推动改进政府管理和公共治理方式，借助大数据实现政府负面清单、权力清单和责任清单的透明化管理，完善大数据监督和技术反腐体系，促进政府简政放权、依法行政。

6. 推进商事服务便捷化。加快建立公民、法人和其他组织统一社会信用代码制度，依托全国统一的信用信息共享交换平台，建设企业信用信息公示系统和“信用中国”网站，共享整合各地区、各领域信用信息，为社会公众提供查询注册登记、行政许可、行政处罚等各类信用信息的一站式服务。在全面实行工商营业执照、组织机构代码证和税务登记证“三证合一”、“一照一码”登记制度改革中，积极运用大数据手段，简化办理程序。建立项目并联审批平台，形成网上审批大数据资源库，实现跨部门、跨层级项目审批、核准、备案的统一受理、同步审查、信息共享、透明公开。鼓励政府部门高效采集、有效整合并充分运用政府数据和社会数据，掌握企业需求，推动行政管理流程优化再造，在注册登记、市场准入等商事服务中提供更加便捷有效、更有针对性的服务。利用大数据等手段，密切跟踪中小微企业特别是新设小微企业运行情况，为完善相关政策提供支持。

7. 促进安全保障高效化。加强有关执法部门间的数据流通，在法律许可和确保安全的前提下，加强对社会治理相关领域数据的归集、发掘及关联分析，强化对妥善应对和处理重大突发公共事件的数据支持，提高公共安全保障能力,推动构建智能防控、综合治理的公共安全体系,维护国家安全和社会安定。

专栏 3 政府治理大数据工程

推动宏观调控决策支持、风险预警和执行监督大数据应用。统筹利用政府和社会数据资源,探索建立国家宏观调控决策支持、风险预警和执行监督大数据应用体系。到 2018 年,开展政府和社会合作开发利用大数据试点,完善金融、税收、审计、统计、农业、规划、消费、投资、进出口、城乡建设、劳动就业、收入分配、电力及产业运行、质量安全、节能减排等领域国民经济相关数据的采集和利用机制,推进各级政府按照统一体系开展数据采集和综合利用,加强对宏观调控决策的支撑。

推动信用信息共享机制和信用信息系统建设。加快建立统一社会信用代码制度,建立信用信息共享交换机制。充分利用社会各方面信息资源,推动公共信用数据与互联网、移动互联网、电子商务等数据的汇聚整合,鼓励互联网企业运用大数据技术建立市场化的第三方信用信息共享平台,使政府主导征信体系的权威性和互联网大数据征信平台的规模效应得到充分发挥,依托全国统一的信用信息共享交换平台,建设企业信用信息公示系统,实现覆盖各级政府、各类别信用主体的基础信用信息共享,初步建成社会信用体系,为经济高效运行提供全面准确的基础信用信息服务。

建设社会治理大数据应用体系。到 2018 年,围绕实施区域协调发展、新型城镇化等重大战略和主体功能区规划,在企业监管、质量安全、质量诚信、节能降耗、环境保护、食品安全、安全生产、信用体系建设、旅游服务等领域探索开展一批应用试点,打通政府部门、企事业单位之间的数据壁垒,实现合作开发和综合利用。实时采集并汇总分析政府部门和企事业单位的市场监管、检验检测、违法失信、企业生产经营、销售物流、投诉举报、消费维权等数据,有效促进各级政府社会治理能力提升。

8. 加快民生服务普惠化。结合新型城镇化发展、信息惠民工程实施和智慧城市建设,以优化提升民生服务、激发社会活力、促进大数据应用市场化服务为重点,引导鼓励企业和社会机构开展创新应用研究,深入发掘公共服务数据,在城乡建设、人居环境、健康医疗、社会救助、养老服务、劳动就业、社会保障、质量安全、文化教育、交通旅游、消费维权、城乡服务等领域,开展大数据应用示范,推动传统公共服务数据与互联网、移动互联网、可穿戴设备等数据的汇聚整合,开发各类便民应用,优化公共资源配置,提升公共服务水平。

专栏4　公共服务大数据工程

医疗健康服务大数据。构建电子健康档案、电子病历数据库,建设覆盖公共卫生、医疗服务、医疗保障、药品供应、计划生育和综合管理业务的医疗健康管理和服务大数据应用体系。探索预约挂号、分级诊疗、远程医疗、检查检验结果共享、防治结合、医养结合、健康咨询等服务,优化形成规范、共享、互信的诊疗流程。鼓励和规范有关企事业单位开展医疗健康大数据创新应用研究,构建综合健康服务应用。

社会保障服务大数据。建设由城市延伸到农村的统一社会救助、社会福利、社会保障大数据平台,加强与相关部门的数据对接和信息共享,支撑大数据在劳动用工和社保基金监管、医疗保险对医疗服务行为监控、劳动保障监察、内控稽核以及人力资源社会保障相关政策制定和执行效果跟踪评价等方面的应用。利用大数据创新服务模式,为社会公众提供更为个性化、更具针对性的服务。

教育文化大数据。完善教育管理公共服务平台,推动教育基础数据的伴随式收集和全国互通共享。建立各阶段适龄入学人口基础数据库、学生基础数据库和终身电子学籍档案,实现学生学籍档案在不同教育阶段的纵向贯通。推动形成覆盖全国、协同服务、全网互通的教育资源云服务体系。探索发挥大数据对变革教育方式、促进教育公平、提升教育质量的支撑作用。加强数字图书馆、档案馆、博物馆、美术馆和文化馆等公益设施建设,构建文化传播大数据综合服务平台,传播中国文化,为社会提供文化服务。

交通旅游服务大数据。探索开展交通、公安、气象、安监、地震、测绘等跨部门、跨地域数据融合和协同创新。建立综合交通服务大数据平台,共同利用大数据提升协同管理和公共服务能力,积极吸引社会优质资源,利用交通大数据开展出行信息服务、交通诱导等增值服务。建立旅游投诉及评价全媒体交互中心,实现对旅游城市、重点景区游客流量的监控、预警和及时分流疏导,为规范市场秩序、方便游客出行、提升旅游服务水平、促进旅游消费和旅游产业转型升级提供有力支撑。

(二)推动产业创新发展,培育新兴业态,助力经济转型。

1. 发展工业大数据。推动大数据在工业研发设计、生产制造、经营管理、市场营销、售后服务等产品全生命周期、产业链全流程各环节的应用,分析感知用户需求,提升产品附加价值,打造智能工厂。建立面向不同行业、不同环节的工业大数据资源聚合和分析应用平台。抓住互联网跨界融合机遇,促进大数据、物联网、云计算和三维(3D)打印技术、个性化定制等在制造业全产业链集成运用,推动制造模式变革和工业转型升级。

2. 发展新兴产业大数据。大力培育互联网金融、数据服务、数据探矿、数据化学、数据材料、数据制药等新业态,提升相关产业大数据资源的采集获取和分析利用能力,充分发掘数据资源支撑创新的潜力,带动技术研发体系创新、管理方式变革、商业模式创新和产业价值链体系重构,推动跨领域、跨行业的数据融合和协同创新,促进战略性新兴产业发展、服务业创新发展和信息消费扩大,探索形成协同发展的新业态、新模式,培育新的经济增长点。

专栏5　工业和新兴产业大数据工程

工业大数据应用。利用大数据推动信息化和工业化深度融合,研究推动大数据在研发设计、生产制造、经营管理、市场营销、售后服务等产业链各环节的应用,研发面向不同行业、不同环节的大数据分析应用平台,选择典型企业、重点行业、重点地区开展工业企业大数据应用项目试点,积极推动制造业网络化和智能化。

服务业大数据应用。利用大数据支持品牌建立、产品定位、精准营销、认证认可、质量诚信提升和定制服务等,研发面向服务业的大数据解决方案,扩大服务范围,增强服务能力,提升服务质量,鼓励创新商业模式、服务内容和服务形式。

培育数据应用新业态。积极推动不同行业大数据的聚合、大数据与其他行业的融合,大力培育互联网金融、数据服务、数据处理分析、数据影视、数据探矿、数据化学、数据材料、数据制药等新业态。

电子商务大数据应用。推动大数据在电子商务中的应用,充分利用电子商务中形成的大数据资源为政府实施市场监管和调控服务,电子商务企业应依法向政府部门报送数据。

3. 发展农业农村大数据。构建面向农业农村的综合信息服务体系,为农民生产生活提供综合、高效、便捷的信息服务,缩小城乡数字鸿沟,促进城乡发展一体化。加强农业农村经济大数据建设,完善村、县相关数据采集、传输、共享基础设施,建立农业农村数据采集、运算、应用、服务体系,强化农村生态环境治理,增强乡村社会治理能力。统筹国内国际农业数据资源,强化农业资源要素数据的集聚利用,提升预测预警能力。整合构建国家涉农大数据中心,推进各地区、各行业、各领域涉农数据资源的共享开放,加强数据资源发掘运用。加快农业大数据关键技术研发,加大示范力度,提升生产智能化、经营网络化、管理高效化、服务便捷化能力和水平。

专栏6　现代农业大数据工程

农业农村信息综合服务。充分利用现有数据资源,完善相关数据采集共享功能,完善信息进村入户村级站的数据采集和信息发布功能,建设农产品全球生产、消费、库存、进出口、价格、成本等数据调查分析系统工程,构建面向农业农村的综合信息服务平台,涵盖农业生产、经营、管理、服务和农村环境整治等环节,集合公益服务、便民服务、电子商务和网络服务,为农业农村农民生产生活提供综合、高效、便捷的信息服务,加强全球农业调查分析,引导国内农产品生产和消费,完善农产品价格形成机制,缩小城乡数字鸿沟,促进城乡发展一体化。

农业资源要素数据共享。利用物联网、云计算、卫星遥感等技术,建立我国农业耕地、草原、林地、水利设施、水资源、农业设施设备、新型经营主体、农业劳动力、金融资本等资源要素数据监测体系,促进农业环境、气象、生态等信息共享,构建农业资源要素数据共享平台,为各级政府、企业、农户提供农业资源数据查询服务,鼓励各类市场主体充分发掘平台数据,开发测土配方施肥、统防统治、农业保险等服务。

农产品质量安全信息服务。建立农产品生产的生态环境、生产资料、生产过程、市场流通、加工储藏、检验检测等数据共享机制,推进数据实现自动化采集、网络化传输、标准化处理和可视化运用,提高数据的真实性、准确性、及时性和关联性,与农产品电子商务等交易平台互联共享,实现各环节信息可查询、来源可追溯、去向可跟踪、责任可追究,推进实现种子、农药、化肥等重要生产资料信息可追溯,为生产者、消费者、监管者提供农产品质量安全信息服务,促进农产品消费安全。

4. 发展万众创新大数据。适应国家创新驱动发展战略，实施大数据创新行动计划，鼓励企业和公众发掘利用开放数据资源，激发创新创业活力，促进创新链和产业链深度融合，推动大数据发展与科研创新有机结合，形成大数据驱动型的科研创新模式，打通科技创新和经济社会发展之间的通道，推动万众创新、开放创新和联动创新。

专栏7　万众创新大数据工程

大数据创新应用。通过应用创新开发竞赛、服务外包、社会众包、助推计划、补助奖励、应用培训等方式，鼓励企业和公众发掘利用开放数据资源，激发创新创业活力。

大数据创新服务。面向经济社会发展需求，研发一批大数据公共服务产品，实现不同行业、领域大数据的融合，扩大服务范围、提高服务能力。

发展科学大数据。积极推动由国家公共财政支持的公益性科研活动获取和产生的科学数据逐步开放共享，构建科学大数据国家重大基础设施，实现对国家重要科技数据的权威汇集、长期保存、集成管理和全面共享。面向经济社会发展需求，发展科学大数据应用服务中心，支持解决经济社会发展和国家安全重大问题。

知识服务大数据应用。利用大数据、云计算等技术，对各领域知识进行大规模整合，搭建层次清晰、覆盖全面、内容准确的知识资源库群，建立国家知识服务平台与知识资源服务中心，形成以国家平台为枢纽、行业平台为支撑，覆盖国民经济主要领域，分布合理、互联互通的国家知识服务体系，为生产生活提供精准、高水平的知识服务。提高我国知识资源的生产与供给能力。

5. 推进基础研究和核心技术攻关。围绕数据科学理论体系、大数据计算系统与分析理论、大数据驱动的颠覆性应用模型探索等重大基础研究进行前瞻布局，开展数据科学研究，引导和鼓励在大数据理论、方法及关键应用技术等方面展开探索。采取政产学研用相结合的协同创新模式和基于开源社区的开放创新模式，加强海量数据存储、数据清洗、数据分析发掘、数据可视化、信息安全与隐私保护等领域关键技术攻关，形成安全可靠的大数据技术体系。支持自然语言理解、机器学习、深度学习等人工智能技术创新，提升数据分析处理能力、知识发现能力和辅助决策能力。

6. 形成大数据产品体系。围绕数据采集、整理、分析、发掘、展现、应用等环节,支持大型通用海量数据存储与管理软件、大数据分析发掘软件、数据可视化软件等软件产品和海量数据存储设备、大数据一体机等硬件产品发展,带动芯片、操作系统等信息技术核心基础产品发展,打造较为健全的大数据产品体系。大力发展与重点行业领域业务流程及数据应用需求深度融合的大数据解决方案。

专栏8　大数据关键技术及产品研发与产业化工程

通过优化整合后的国家科技计划(专项、基金等),支持符合条件的大数据关键技术研发。

加强大数据基础研究。融合数理科学、计算机科学、社会科学及其他应用学科,以研究相关性和复杂网络为主,探讨建立数据科学的学科体系;研究面向大数据计算的新体系和大数据分析理论,突破大数据认知与处理的技术瓶颈;面向网络、安全、金融、生物组学、健康医疗等重点需求,探索建立数据科学驱动行业应用的模型。

大数据技术产品研发。加大投入力度,加强数据存储、整理、分析处理、可视化、信息安全与隐私保护等领域技术产品的研发,突破关键环节技术瓶颈。到2020年,形成一批具有国际竞争力的大数据处理、分析、可视化软件和硬件支撑平台等产品。

提升大数据技术服务能力。促进大数据与各行业应用的深度融合,形成一批代表性应用案例,以应用带动大数据技术和产品研发,形成面向各行业的成熟的大数据解决方案。

7. 完善大数据产业链。支持企业开展基于大数据的第三方数据分析发掘服务、技术外包服务和知识流程外包服务。鼓励企业根据数据资源基础和业务特色,积极发展互联网金融和移动金融等新业态。推动大数据与移动互联网、物联网、云计算的深度融合,深化大数据在各行业的创新应用,积极探索创新协作共赢的应用模式和商业模式。加强大数据应用创新能力建设,建立政产学研用联动、大中小企业协调发展的大数据产业体系。建立和完善大数据产业公共服务支撑体系,组建大数据开源社区和产业联盟,促进协同创新,加快计量、标准化、检验检测和认证认可等大数据产业质量技术基础建设,加速大数据应用普及。

专栏9 大数据产业支撑能力提升工程

培育骨干企业。完善政策体系，着力营造服务环境优、要素成本低的良好氛围，加速培育大数据龙头骨干企业。充分发挥骨干企业的带动作用，形成大中小企业相互支撑、协同合作的大数据产业生态体系。到2020年，培育10家国际领先的大数据核心龙头企业，500家大数据应用、服务和产品制造企业。

大数据产业公共服务。整合优质公共服务资源，汇聚海量数据资源，形成面向大数据相关领域的公共服务平台，为企业和用户提供研发设计、技术产业化、人力资源、市场推广、评估评价、认证认可、检验检测、宣传展示、应用推广、行业咨询、投融资、教育培训等公共服务。

中小微企业公共服务大数据。整合现有中小微企业公共服务系统与数据资源，链接各省（区、市）建成的中小微企业公共服务线上管理系统，形成全国统一的中小微企业公共服务大数据平台，为中小微企业提供科技服务、综合服务、商贸服务等各类公共服务。

（三）强化安全保障，提高管理水平，促进健康发展。

1. 健全大数据安全保障体系。加强大数据环境下的网络安全问题研究和基于大数据的网络安全技术研究，落实信息安全等级保护、风险评估等网络安全制度，建立健全大数据安全保障体系，并建立大数据安全评估体系。切实加强关键信息基础设施安全防护，做好大数据平台及服务商的可靠性及安全性评测、应用安全评测、监测预警和风险评估。明确数据采集、传输、存储、使用、开放等各环节保障网络安全的范围边界、责任主体和具体要求，切实加强对涉及国家利益、公共安全、商业秘密、个人隐私、军工科研生产等信息的保护。妥善处理发展创新与保障安全的关系，审慎监管，保护创新，探索完善安全保密管理规范措施，切实保障数据安全。

2. 强化安全支撑。采用安全可信产品和服务，提升基础设施关键设备安全可靠水平。建设国家网络安全信息汇聚共享和关联分析平台，促进网络安全相关数据融合和资源合理分配，提升重大网络安全事件应急处理能力；深化网络安全防护体系和态势感知能力建设，增强网络空间安全防护和安全事件识别能力。开展安全监测和预警通报工作，加强大数据环境下防攻击、防泄露、防窃取的监测、预警、控制和应急处置能力建设。

专栏 10　网络和大数据安全保障工程

网络和大数据安全支撑体系建设。在涉及国家安全稳定的领域采用安全可靠的产品和服务,到 2020 年,实现关键部门的关键设备安全可靠。完善网络安全保密防护体系。

大数据安全保障体系建设。明确数据采集、传输、存储、使用、开放等各环节保障网络安全的范围边界、责任主体和具体要求,建设完善金融、能源、交通、电信、统计、广电、公共安全、公共事业等重要数据资源和信息系统的安全保密防护体系。

网络安全信息共享和重大风险识别大数据支撑体系建设。通过对网络安全威胁特征、方法、模式的追踪、分析,实现对网络安全威胁新技术、新方法的及时识别与有效防护。强化资源整合与信息共享,建立网络安全信息共享机制,推动政府、行业、企业间的网络风险信息共享,通过大数据分析,对网络安全重大事件进行预警、研判和应对指挥。

四、政策机制

(一)完善组织实施机制。建立国家大数据发展和应用统筹协调机制,推动形成职责明晰、协同推进的工作格局。加强大数据重大问题研究,加快制定出台配套政策,强化国家数据资源统筹管理。加强大数据与物联网、智慧城市、云计算等相关政策、规划的协同。加强中央与地方协调,引导地方各级政府结合自身条件合理定位、科学谋划,将大数据发展纳入本地区经济社会和城镇化发展规划,制定出台促进大数据产业发展的政策措施,突出区域特色和分工,抓好措施落实,实现科学有序发展。设立大数据专家咨询委员会,为大数据发展应用及相关工程实施提供决策咨询。各有关部门要进一步统一思想,认真落实本行动纲要提出的各项任务,共同推动形成公共信息资源共享共用和大数据产业健康安全发展的良好格局。

(二)加快法规制度建设。修订政府信息公开条例。积极研究数据开放、保护等方面制度,实现对数据资源采集、传输、存储、利用、开放的规范管理,促进政府数据在风险可控原则下最大程度开放,明确政府统筹利用市场主体大数据的权限及范围。制定政府信息资源管理办法,建立政府部门数据资源统筹管理和共享复用制度。研究推动网上个人信息保护立法工作,界定个人信息采集应用的范围和方式,明确相关主体的权利、责任和义务,加强对数据滥用、侵犯个人隐私等行为的管理和惩戒。推动出台相关法律法规,加强对基础信息网络和关键行业领域重要信息系统的安全保护，保障网络数据安全。研究推动数据资源权益相关立法工作。

（三）健全市场发展机制。建立市场化的数据应用机制，在保障公平竞争的前提下，支持社会资本参与公共服务建设。鼓励政府与企业、社会机构开展合作，通过政府采购、服务外包、社会众包等多种方式，依托专业企业开展政府大数据应用，降低社会管理成本。引导培育大数据交易市场，开展面向应用的数据交易市场试点，探索开展大数据衍生产品交易，鼓励产业链各环节市场主体进行数据交换和交易，促进数据资源流通，建立健全数据资源交易机制和定价机制，规范交易行为。

（四）建立标准规范体系。推进大数据产业标准体系建设，加快建立政府部门、事业单位等公共机构的数据标准和统计标准体系，推进数据采集、政府数据开放、指标口径、分类目录、交换接口、访问接口、数据质量、数据交易、技术产品、安全保密等关键共性标准的制定和实施。加快建立大数据市场交易标准体系。开展标准验证和应用试点示范，建立标准符合性评估体系，充分发挥标准在培育服务市场、提升服务能力、支撑行业管理等方面的作用。积极参与相关国际标准制定工作。

（五）加大财政金融支持。强化中央财政资金引导，集中力量支持大数据核心关键技术攻关、产业链构建、重大应用示范和公共服务平台建设等。利用现有资金渠道，推动建设一批国际领先的重大示范工程。完善政府采购大数据服务的配套政策，加大对政府部门和企业合作开发大数据的支持力度。鼓励金融机构加强和改进金融服务，加大对大数据企业的支持力度。鼓励大数据企业进入资本市场融资，努力为企业重组并购创造更加宽松的金融政策环境。引导创业投资基金投向大数据产业，鼓励设立一批投资于大数据产业领域的创业投资基金。

（六）加强专业人才培养。创新人才培养模式，建立健全多层次、多类型的大数据人才培养体系。鼓励高校设立数据科学和数据工程相关专业，重点培养专业化数据工程师等大数据专业人才。鼓励采取跨校联合培养等方式开展跨学科大数据综合型人才培养，大力培养具有统计分析、计算机技术、经济管理等多学科知识的跨界复合型人才。鼓励高等院校、职业院校和企业合作，加强职业技能人才实践培养，积极培育大数据技术和应用创新型人才。依托社会化教育资源，开展大数据知识普及和教育培训，提高社会整体认知和应用水平。

（七）促进国际交流合作。坚持平等合作、互利共赢的原则，建立完善国际合作机制，积极推进大数据技术交流与合作，充分利用国际创新资源，促进大数据相关技术发展。结合大数据应用创新需要，积极引进大数据高层次人才和领军人才，完善配套措施，鼓励海外高端人才回国就业创业。引导国内企业与国际优势企业加强大数据关键技术、产品的研发合作，支持国内企业参与全球市场竞争，积极开拓国际市场，形成若干具有国际竞争力的大数据企业和产品。

国务院办公厅《关于运用大数据加强对市场主体服务和监管的若干意见》

为充分运用大数据先进理念、技术和资源，加强对市场主体的服务和监管，推进简政放权和政府职能转变，提高政府治理能力，经国务院同意，现提出以下意见。

一、充分认识运用大数据加强对市场主体服务和监管的重要性

简政放权和工商登记制度改革措施的稳步推进，降低了市场准入门槛，简化了登记手续，激发了市场主体活力，有力带动和促进了就业。为确保改革措施顺利推进、取得实效，一方面要切实加强和改进政府服务，充分保护创业者的积极性，使其留得下、守得住、做得强；另一方面要切实加强和改进市场监管，在宽进的同时实行严管，维护市场正常秩序，促进市场公平竞争。

当前，市场主体数量快速增长，市场活跃度不断提升，全社会信息量爆炸式增长，数量巨大、来源分散、格式多样的大数据对政府服务和监管能力提出了新的挑战，也带来了新的机遇。既要高度重视信息公开和信息流动带来的安全问题，也要充分认识推进信息公开、整合信息资源、加强大数据运用对维护国家统一、提升国家治理能力、提高经济社会运行效率的重大意义。充分运用大数据的先进理念、技术和资源，是提升国家竞争力的战略选择，是提高政府服务和监管能力的必然要求，有利于政府充分获取和运用信息，更加准确地了解市场主体需求，提高服务和监管的针对性、有效性；有利于顺利推进简政放权，实现放管结合，切实转变政府职能；有利于加强社会监督，发挥公众对规范市场主体行为的积极作用；有利于高效利用现代信息技术、社会数据资源和社会化的信息服务，降低行政监管成本。国务院有关部门和地方各级人民政府要结合工作实际，在公共服务和市场监管中积极稳妥、充分有效、安全可靠地运用大数据等现代信息技术，不断提升政府治理能力。

二、总体要求

（一）指导思想。全面贯彻落实党的十八大和十八届二中、三中、四中全会精神，按照党中央、国务院决策部署，围绕使市场在资源配置中起决定性作用和更好发挥政府作用，推进简政放权和政府职能转变，以社会信用体系建设和政府信息公开、数据开放为抓手，充分运用大数据、云计算等现代信息技术，提高政府服务水平，加强事中事后监管，维护市场正常秩序，促进市场公平竞

争，释放市场主体活力，进一步优化发展环境。

（二）主要目标。提高大数据运用能力，增强政府服务和监管的有效性。高效采集、有效整合、充分运用政府数据和社会数据，健全政府运用大数据的工作机制，将运用大数据作为提高政府治理能力的重要手段，不断提高政府服务和监管的针对性、有效性。

推动简政放权和政府职能转变，促进市场主体依法诚信经营。运用大数据提高政府公共服务能力，加强对市场主体的事中事后监管，为推进简政放权和政府职能转变提供基础支撑。以国家统一的信用信息共享交换平台为基础，运用大数据推动社会信用体系建设，建立跨地区、多部门的信用联动奖惩机制，构建公平诚信的市场环境。

提高政府服务水平和监管效率，降低服务和监管成本。充分运用大数据的理念、技术和资源，完善对市场主体的全方位服务，加强对市场主体的全生命周期监管。根据服务和监管需要，有序推进政府购买服务，不断降低政府运行成本。

政府监管和社会监督有机结合，构建全方位的市场监管体系。通过政府信息公开和数据开放、社会信息资源开放共享，提高市场主体生产经营活动的透明度。有效调动社会力量监督市场主体的积极性，形成全社会广泛参与的市场监管格局。

三、运用大数据提高为市场主体服务水平

（三）运用大数据创新政府服务理念和服务方式。充分运用大数据技术，积极掌握不同地区、不同行业、不同类型企业的共性、个性化需求，在注册登记、市场准入、政府采购、政府购买服务、项目投资、政策动态、招标投标、检验检测、认证认可、融资担保、税收征缴、进出口、市场拓展、技术改造、上下游协作配套、产业联盟、兼并重组、培训咨询、成果转化、人力资源、法律服务、知识产权等方面主动提供更具针对性的服务，推动企业可持续发展。

（四）提高注册登记和行政审批效率。加快建立公民、法人和其他组织统一社会信用代码制度。全面实行工商营业执照、组织机构代码证和税务登记证"三证合一"、"一照一码"登记制度改革，以简化办理程序、方便市场主体、减轻社会负担为出发点，做好制度设计。鼓励建立多部门网上项目并联审批平台，实现跨部门、跨层级项目审批、核准、备案的"统一受理、同步审查、信息共享、透明公开"。运用大数据推动行政管理流程优化再造。

（五）提高信息服务水平。鼓励政府部门利用网站和微博、微信等新兴媒体，紧密结合企业需求，整合相关信息为企业提供服务，组织开展企业与金融机构融资对接、上下游企业合作对接等活动。充分发挥公共信用服务机构作用，为司法和行政机关、社会信用服务机构、社会公众提供基础性、公共性信用记录查询服务。

（六）建立健全守信激励机制。在市场监管和公共服务过程中，同等条件下，对诚实守信者实行优先办理、简化程序等“绿色通道”支持激励政策。在财政资金补助、政府采购、政府购买服务、政府投资工程建设招投标过程中，应查询市场主体信用记录或要求其提供由具备资质的信用服务机构出具的信用报告，优先选择信用状况较好的市场主体。

（七）加强统计监测和数据加工服务。创新统计调查信息采集和挖掘分析技术。加强跨部门数据关联比对分析等加工服务，充分挖掘政府数据价值。根据宏观经济数据、产业发展动态、市场供需状况、质量管理状况等信息，充分运用大数据技术，改进经济运行监测预测和风险预警，并及时向社会发布相关信息，合理引导市场预期。

（八）引导专业机构和行业组织运用大数据完善服务。发挥政府组织协调作用，在依法有序开放政府信息资源的基础上，制定切实有效的政策措施，支持银行、证券、信托、融资租赁、担保、保险等专业服务机构和行业协会、商会运用大数据更加便捷高效地为企业提供服务，支持企业发展。支持和推动金融信息服务企业积极运用大数据技术开发新产品，切实维护国家金融信息安全。

（九）运用大数据评估政府服务绩效。综合利用政府和社会信息资源，委托第三方机构对政府面向市场主体开展公共服务的绩效进行综合评估，或者对具体服务政策和措施进行专项评估，并根据评估结果及时调整和优化，提高各级政府及其部门施政和服务的有效性。

四、运用大数据加强和改进市场监管

（十）健全事中事后监管机制。创新市场经营交易行为监管方式，在企业监管、环境治理、食品药品安全、消费安全、安全生产、信用体系建设等领域，推动汇总整合并及时向社会公开有关市场监管数据、法定检验监测数据、违法失信数据、投诉举报数据和企业依法依规应公开的数据，鼓励和引导企业自愿公示更多生产经营数据、销售物流数据等，构建大数据监管模型，进行关联分析，及时掌握市场主体经营行为、规律与特征，主动发现违法违规现象，提高政府科学决策和风险预判能力，加强对市场主体的事中事后监管。对企业的商业轨迹进行整理和分析，全面、客观地评估企业经营状况和信用等级，实现有效监管。建立行政执法与司法、金融等信息共享平台,增强联合执法能力。

(十一)建立健全信用承诺制度。全面建立市场主体准入前信用承诺制度,要求市场主体以规范格式向社会作出公开承诺,违法失信经营后将自愿接受约束和惩戒。信用承诺纳入市场主体信用记录,接受社会监督,并作为事中事后监管的参考。

(十二)加快建立统一的信用信息共享交换平台。以社会信用信息系统先导工程为基础,充分发挥国家人口基础信息库、法人单位信息资源库的基础作用和企业信用信息公示系统的依托作用,建立国家统一的信用信息共享交换平台,整合金融、工商登记、税收缴纳、社保缴费、交通违法、安全生产、质量监管、统计调查等领域信用信息,实现各地区、各部门信用信息共建共享。具有市场监管职责的部门在履职过程中应准确采集市场主体信用记录,建立部门和行业信用信息系统,按要求纳入国家统一的信用信息共享交换平台。

(十三)建立健全失信联合惩戒机制。各级人民政府应将使用信用信息和信用报告嵌入行政管理和公共服务的各领域、各环节,作为必要条件或重要参考依据。充分发挥行政、司法、金融、社会等领域的综合监管效能,在市场准入、行政审批、资质认定、享受财政补贴和税收优惠政策、企业法定代表人和负责人任职资格审查、政府采购、政府购买服务、银行信贷、招标投标、国有土地出让、企业上市、货物通关、税收征缴、社保缴费、外汇管理、劳动用工、价格制定、电子商务、产品质量、食品药品安全、消费品安全、知识产权、环境保护、治安管理、人口管理、出入境管理、授予荣誉称号等方面,建立跨部门联动响应和失信约束机制,对违法失信主体依法予以限制或禁入。建立各行业"黑名单"制度和市场退出机制。推动将申请人良好的信用状况作为各类行政许可的必备条件。

(十四)建立产品信息溯源制度。对食品、药品、农产品、日用消费品、特种设备、地理标志保护产品等关系人民群众生命财产安全的重要产品加强监督管理,利用物联网、射频识别等信息技术,建立产品质量追溯体系,形成来源可查、去向可追、责任可究的信息链条,方便监管部门监管和社会公众查询。

(十五)加强对电子商务领域的市场监管。明确电子商务平台责任,加强对交易行为的监督管理,推行网络经营者身份标识制度,完善网店实名制和交易信用评价制度,加强网上支付安全保障,严厉打击电子商务领域违法失信行为。加强对电子商务平台的监督管理,加强电子商务信息采集和分析,指导开展电子商务网站可信认证服务,推广应用网站可信标识,推进电子商务可信交易环境建设。健全权益保护和争议调处机制。

（十六）运用大数据科学制定和调整监管制度和政策。在研究制定市场监管制度和政策过程中，应充分运用大数据，建立科学合理的仿真模型，对监管对象、市场和社会反应进行预测，并就可能出现的风险提出处置预案。跟踪监测有关制度和政策的实施效果，定期评估并根据需要及时调整。

（十七）推动形成全社会共同参与监管的环境和机制。通过政府信息公开和数据开放、社会信息资源开放共享，提高市场主体生产经营活动的透明度，为新闻媒体、行业组织、利益相关主体和消费者共同参与对市场主体的监督创造条件。引导有关方面对违法失信者进行市场性、行业性、社会性约束和惩戒，形成全社会广泛参与的监管格局。

五、推进政府和社会信息资源开放共享

（十八）进一步加大政府信息公开和数据开放力度。除法律法规另有规定外，应将行政许可、行政处罚等信息自作出行政决定之日起 7 个工作日内上网公开，提高行政管理透明度和政府公信力。提高政府数据开放意识，有序开放政府数据，方便全社会开发利用。

（十九）大力推进市场主体信息公示。严格执行《企业信息公示暂行条例》，加快实施经营异常名录制度和严重违法失信企业名单制度。建设国家企业信用信息公示系统，依法对企业注册登记、行政许可、行政处罚等基本信用信息以及企业年度报告、经营异常名录和严重违法失信企业名单进行公示，提高市场透明度，并与国家统一的信用信息共享交换平台实现有机对接和信息共享。支持探索开展社会化的信用信息公示服务。建设“信用中国”网站，归集整合各地区、各部门掌握的应向社会公开的信用信息，实现信用信息一站式查询，方便社会了解市场主体信用状况。各级政府及其部门网站要与“信用中国”网站连接，并将本单位政务公开信息和相关市场主体违法违规信息在“信用中国”网站公开。

（二十）积极推进政府内部信息交换共享。打破信息的地区封锁和部门分割，着力推动信息共享和整合。各地区、各部门已建、在建信息系统要实现互联互通和信息交换共享。除法律法规明确规定外，对申请立项新建的部门信息系统，凡未明确部门间信息共享需求的，一概不予审批；对在建的部门信息系统，凡不能与其他部门互联共享信息的，一概不得通过验收；凡不支持地方信息共享平台建设、不向地方信息共享平台提供信息的部门信息系统，一概不予审批或验收。

（二十一）有序推进全社会信息资源开放共享。支持征信机构依法采集市场交易和社会交往中的信用信息，支持互联网企业、行业组织、新闻媒体、科研机构等社会力量依法采集相关信息。引导各类社会机构整合和开放数据，构建政府和社会互动的信息采集、共享和应用机制，形成政府信息与社会信息交互融合的大数据资源。

六、提高政府运用大数据的能力

（二十二）加强电子政务建设。健全国家电子政务网络，整合网络资源，实现互联互通，为各级政府及其部门履行职能提供服务。加快推进国家政务信息化工程建设，统筹建立人口、法人单位、自然资源和空间地理、宏观经济等国家信息资源库，加快建设完善国家重要信息系统，提高政务信息化水平。

（二十三）加强和规范政府数据采集。建立健全政府大数据采集制度，明确信息采集责任。各部门在履职过程中，要依法及时、准确、规范、完整地记录和采集相关信息，妥善保存并及时更新。加强对市场主体相关信息的记录，形成信用档案，对严重违法失信的市场主体，按照有关规定列入"黑名单"并公开曝光。

（二十四）建立政府信息资源管理体系。全面推行政府信息电子化、系统化管理。探索建立政府信息资源目录。在战略规划、管理方式、技术手段、保障措施等方面加大创新力度，增强政府信息资源管理能力，充分挖掘政府信息资源价值。鼓励地方因地制宜统一政府信息资源管理力量，统筹推进政府信息资源的建设、管理和开发利用。

（二十五）加强政府信息标准化建设和分类管理。建立健全政府信息化建设和政府信息资源管理标准体系。严格区分涉密信息和非涉密信息，依法推进政府信息在采集、共享、使用等环节的分类管理，合理设定政府信息公开范围。

（二十六）推动政府向社会力量购买大数据资源和技术服务。各地区、各部门要按照有利于转变政府职能、有利于降低行政成本、有利于提升服务质量水平和财政资金效益的原则，充分发挥市场机构在信息基础设施建设、信息技术、信息资源整合开发和服务等方面的优势，通过政府购买服务、协议约定、依法提供等方式，加强政府与企业合作，为政府科学决策、依法监管和高效服务提供支撑保障。按照规范、安全、经济的要求，建立健全政府向社会力量购买信息产品和信息技术服务的机制，加强采购需求管理和绩效评价。加强对所购买信息资源准确性、可靠性的评估。

七、积极培育和发展社会化征信服务

（二十七）推动征信机构建立市场主体信用记录。支持征信机构与政府部门、企事业单位、社会组织等深入合作，依法开展征信业务，建立以自然人、法人和其他组织为对象的征信系统，依法采集、整理、加工和保存在市场交易和社会交往活动中形成的信用信息，采取合理措施保障信用信息的准确性，建立起全面覆盖经济社会各领域、各环节的市场主体信用记录。

（二十八）鼓励征信机构开展专业化征信服务。引导征信机构根据市场需求，大力加强信用服务产品创新，提供专业化的征信服务。建立健全并严格执行内部风险防范、避免利益冲突和保障信息安全的规章制度，依法向客户提供便捷高效的征信服务。进一步扩大信用报告在行政管理和公共服务及银行、证券、保险等领域的应用。

（二十九）大力培育发展信用服务业。鼓励发展信用咨询、信用评估、信用担保和信用保险等信用服务业。对符合条件的信用服务机构，按有关规定享受国家和地方关于现代服务业和高新技术产业的各项优惠政策。加强信用服务市场监管，进一步提高信用服务行业的市场公信力和社会影响力。支持鼓励国内有实力的信用服务机构参与国际合作，拓展国际市场，为我国企业实施海外并购、国际招投标等提供服务。

八、健全保障措施，加强组织领导

（三十）提升产业支撑能力。进一步健全创新体系，鼓励相关企业、高校和科研机构开展产学研合作，推进大数据协同融合创新，加快突破大规模数据仓库、非关系型数据库、数据挖掘、数据智能分析、数据可视化等大数据关键共性技术，支持高性能计算机、存储设备、网络设备、智能终端和大型通用数据库软件等产品创新。支持企事业单位开展大数据公共技术服务平台建设。鼓励具有自主知识产权和技术创新能力的大数据企业做强做大。推动各领域大数据创新应用，提升社会治理、公共服务和科学决策水平，培育新的增长点。落实和完善支持大数据产业发展的财税、金融、产业、人才等政策，推动大数据产业加快发展。

（三十一）建立完善管理制度。处理好大数据发展、服务、应用与安全的关系。加快研究完善规范电子政务，监管信息跨境流动，保护国家经济安全、信息安全，以及保护企业商业秘密、个人隐私方面的管理制度，加快制定出台相关法律法规。建立统一社会信用代码制度。建立健全各部门政府信息记录和采集制度。建立政府信息资源管理制度，加强知识产权保护。加快出台关于推进公共信息资源开放共享的政策意见。制定政务信用信息公开共享办法和信息目录。推动出台相关法规,对政府部门在行政管理、公共服务中使用信用信息和信用报告作出规定,为联合惩戒市场主体违法失信行为提供依据。

(三十二)完善标准规范。建立大数据标准体系,研究制定有关大数据的基础标准、技术标准、应用标准和管理标准等。加快建立政府信息采集、存储、公开、共享、使用、质量保障和安全管理的技术标准。引导建立企业间信息共享交换的标准规范,促进信息资源开发利用。

(三十三)加强网络和信息安全保护。落实国家信息安全等级保护制度要求,加强对涉及国家安全重要数据的管理,加强对大数据相关技术、设备和服务提供商的风险评估和安全管理。加大网络和信息安全技术研发和资金投入,建立健全信息安全保障体系。采取必要的管理和技术手段,切实保护国家信息安全以及公民、法人和其他组织信息安全。

(三十四)加强人才队伍建设。鼓励高校、人力资源服务机构和企业重点培养跨界复合型、应用创新型大数据专业人才,完善大数据技术、管理和服务人才培养体系。加强政府工作人员培训,增强运用大数据能力。

(三十五)加强领导,明确分工。各地区、各部门要切实加强对大数据运用工作的组织领导,按照职责分工,研究出台具体方案和实施办法,做好本地区、本部门的大数据运用工作,不断提高服务和监管能力。

(三十六)联系实际,突出重点。紧密结合各地区、各部门实际,整合数据资源为社会、政府、企业提供服务。在工商登记、统计调查、质量监管、竞争执法、消费维权等领域率先开展大数据示范应用工程,实现大数据汇聚整合。在宏观管理、税收征缴、资源利用与环境保护、食品药品安全、安全生产、信用体系建设、健康医疗、劳动保障、教育文化、交通旅游、金融服务、中小企业服务、工业制造、现代农业、商贸物流、社会综合治理、收入分配调节等领域实施大数据示范应用工程。

各地区、各部门要加强对本意见落实工作的监督检查,推动在服务和监管过程中广泛深入运用大数据。发展改革委负责对本意见落实工作的统筹协调、跟踪了解、督促检查,确保各项任务和措施落实到位。

国务院办公厅《关于促进和规范健康医疗大数据应用发展的指导意见》

健康医疗大数据是国家重要的基础性战略资源。健康医疗大数据应用发展将带来健康医疗模式的深刻变化,有利于激发深化医药卫生体制改革的动力和活力,提升健康医疗服务效率和质量,扩大资源供给,不断满足人民群众多层次、多样化的健康需求,有利于培育新的业态和经济增长点。为贯彻落实《国务院关于印发促进大数据发展行动纲要的通知》(国发〔2015〕50号)要求,顺应新兴信息技术发展趋势,规范和推动健康医疗大数据融合共享、开放应用,经国务院同意,现提出如下意见。

一、指导思想、基本原则和发展目标

(一)指导思想。深入贯彻落实党的十八大和十八届三中、四中、五中全会精神,牢固树立并切实贯彻创新、协调、绿色、开放、共享的发展理念,按照党中央、国务院决策部署,发挥市场在资源配置中的决定性作用,更好发挥政府作用,以保障全体人民健康为出发点,强化顶层设计,夯实基层基础,完善政策制度,创新工作机制,大力推动政府健康医疗信息系统和公众健康医疗数据互联融合、开放共享,消除信息孤岛,积极营造促进健康医疗大数据安全规范、创新应用的发展环境,通过"互联网+健康医疗"探索服务新模式、培育发展新业态,努力建设人民满意的医疗卫生事业,为打造健康中国、全面建成小康社会和实现中华民族伟大复兴的中国梦提供有力支撑。

(二)基本原则。坚持以人为本、创新驱动。将健康医疗大数据应用发展纳入国家大数据战略布局,推进政产学研用联合协同创新,强化基础研究和核心技术攻关,突出健康医疗重点领域和关键环节,利用大数据拓展服务渠道,延伸和丰富服务内容,更好满足人民健康医疗需求。

坚持规范有序、安全可控。建立健全健康医疗大数据开放、保护等法规制度,强化标准和安全体系建设,强化安全管理责任,妥善处理应用发展与保障安全的关系,增强安全技术支撑能力,有效保护个人隐私和信息安全。

坚持开放融合、共建共享。鼓励政府和社会力量合作,坚持统筹规划、远近结合、示范引领,注重盘活、整合现有资源,推动形成各方支持、依法开放、便民利民、蓬勃发展的良好局面,充分释放数据红利,激发大众创业、万众创新活力。

（三）发展目标。到2017年底，实现国家和省级人口健康信息平台以及全国药品招标采购业务应用平台互联互通，基本形成跨部门健康医疗数据资源共享共用格局。到2020年，建成国家医疗卫生信息分级开放应用平台，实现与人口、法人、空间地理等基础数据资源跨部门、跨区域共享，医疗、医药、医保和健康各相关领域数据融合应用取得明显成效；统筹区域布局，依托现有资源建成100个区域临床医学数据示范中心，基本实现城乡居民拥有规范化的电子健康档案和功能完备的健康卡，健康医疗大数据相关政策法规、安全防护、应用标准体系不断完善，适应国情的健康医疗大数据应用发展模式基本建立，健康医疗大数据产业体系初步形成、新业态蓬勃发展，人民群众得到更多实惠。

二、重点任务和重大工程

（一）夯实健康医疗大数据应用基础。

1. 加快建设统一权威、互联互通的人口健康信息平台。实施全民健康保障信息化工程，按照安全为先、保护隐私的原则，充分依托国家电子政务外网和统一数据共享交换平台，拓展完善现有设施资源，全面建成互通共享的国家、省、市、县四级人口健康信息平台，强化公共卫生、计划生育、医疗服务、医疗保障、药品供应、综合管理等应用信息系统数据采集、集成共享和业务协同。创新管理模式，推动生育登记网上办理。消除数据壁垒，畅通部门、区域、行业之间的数据共享通道，探索社会化健康医疗数据信息互通机制，推动实现健康医疗数据在平台集聚、业务事项在平台办理、政府决策依托平台支撑。

2. 推动健康医疗大数据资源共享开放。鼓励各类医疗卫生机构推进健康医疗大数据采集、存储，加强应用支撑和运维技术保障，打通数据资源共享通道。加快建设和完善以居民电子健康档案、电子病历、电子处方等为核心的基础数据库。建立卫生计生、中医药与教育、科技、工业和信息化、公安、民政、人力资源社会保障、环保、农业、商务、安全监管、检验检疫、食品药品监管、体育、统计、旅游、气象、保险监管、残联等跨部门密切配合、统一归口的健康医疗数据共享机制。探索推进可穿戴设备、智能健康电子产品、健康医疗移动应用等产生的数据资源规范接入人口健康信息平台。建立全国健康医疗数据资源目录体系，制定分类、分级、分域健康医疗大数据开放应用政策规范，稳步推动健康医疗大数据开放。

（二）全面深化健康医疗大数据应用。

3. 推进健康医疗行业治理大数据应用。加强深化医药卫生体制改革评估监测，加强居民健康状况等重要数据精准统计和预测评价，有力支撑健康中国建设规划和决策。综合运用健康医疗大数据资源和信息技术手段，健全医院评价体系，推动深化公立医院改革，完善现代医院管理制度，优化医疗卫生资源布局。加强医疗机构监管，健全对医疗、药品、耗材等收入构成及变化趋势的监测机制，协同医疗服务价格、医保支付、药品招标采购、药品使用等业务信息，助推医疗、医保、医药联动改革。

4. 推进健康医疗临床和科研大数据应用。依托现有资源建设一批心脑血管、肿瘤、老年病和儿科等临床医学数据示范中心，集成基因组学、蛋白质组学等国家医学大数据资源，构建临床决策支持系统。推进基因芯片与测序技术在遗传性疾病诊断、癌症早期诊断和疾病预防检测方面的应用，加强人口基因信息安全管理，推动精准医疗技术发展。围绕重大疾病临床用药研制、药物产业化共性关键技术等需求，建立药物副作用预测、创新药物研发数据融合共享机制。充分利用优势资源，优化生物医学大数据布局，依托国家临床医学研究中心和协同研究网络，系统加强临床和科研数据资源整合共享，提升医学科研及应用效能，推动智慧医疗发展。

5. 推进公共卫生大数据应用。加强公共卫生业务信息系统建设，完善国家免疫规划、网络直报、网络化急救、职业病防控、口岸公共卫生风险预警决策等信息系统以及移动应急业务平台应用功能，推进医疗机构、公共卫生机构和口岸检验检疫机构的信息共享和业务协同，全面提升公共卫生监测评估和决策管理能力。整合社会网络公共信息资源，完善疾病敏感信息预警机制，及时掌握和动态分析全人群疾病发生趋势及全球传染病疫情信息等国际公共卫生风险，提高突发公共卫生事件预警与应急响应能力。整合环境卫生、饮用水、健康危害因素、口岸医学媒介生物和核生化等多方监测数据，有效评价影响健康的社会因素。开展重点传染病、职业病、口岸输入性传染病和医学媒介生物监测，整合传染病、职业病多源监测数据，建立实验室病原检测结果快速识别网络体系，有效预防控制重大疾病。推动疾病危险因素监测评估和妇幼保健、老年保健、国际旅行卫生健康保健等智能应用，普及健康生活方式。

6. 培育健康医疗大数据应用新业态。加强健康医疗海量数据存储清洗、分析挖掘、安全隐私保护等关键技术攻关。积极鼓励社会力量创新发展健康医疗业务，促进健康医疗业务与大数据技术深度融合，加快构建健康医疗大数据产业链，不断推进健康医疗与养生、养老、家政等服务业协同发展。发展居家健康信息服务，规范网上药店和医药物流第三方配送等服务，推动中医药养生、健康养老、健康管理、健康咨询、健康文化、体育健身、健康医疗旅游、健康环境、健康饮食等产业发展。

7. 研制推广数字化健康医疗智能设备。支持研发健康医疗相关的人工智能技术、生物三维(3D)打印技术、医用机器人、大型医疗设备、健康和康复辅助器械、可穿戴设备以及相关微型传感器件。加快研发成果转化,提高数字医疗设备、物联网设备、智能健康产品、中医功能状态检测与养生保健仪器设备的生产制造水平,促进健康医疗智能装备产业升级。

(三)规范和推动"互联网+健康医疗"服务。

8. 发展智慧健康医疗便民惠民服务。发挥优质医疗资源的引领作用,鼓励社会力量参与,整合线上线下资源,规范医疗物联网和健康医疗应用程序(APP)管理,大力推进互联网健康咨询、网上预约分诊、移动支付和检查检验结果查询、随访跟踪等应用,优化形成规范、共享、互信的诊疗流程。探索互联网健康医疗服务模式。以家庭医生签约服务为基础,推进居民健康卡、社会保障卡等应用集成,激活居民电子健康档案应用,推动覆盖全生命周期的预防、治疗、康复和健康管理的一体化电子健康服务。

9. 全面建立远程医疗应用体系。实施健康中国云服务计划,建设健康医疗服务集成平台,提供远程会诊、远程影像、远程病理、远程心电诊断服务,健全检查检验结果互认共享机制。推进大医院与基层医疗卫生机构、全科医生与专科医生的数据资源共享和业务协同,健全基于互联网、大数据技术的分级诊疗信息系统,延伸放大医疗卫生机构服务能力,有针对性地促进"重心下移、资源下沉"。

10. 推动健康医疗教育培训应用。支持建立以国家健康医疗开放大学为基础、中国健康医疗教育慕课联盟为支撑的健康医疗教育培训云平台,鼓励开发慕课健康医疗培训教材,探索新型互联网教学模式和方法,组织优质师资推进网络医学教育资源开放共享和在线互动、远程培训、远程手术示教、学习成效评估等应用,便捷医务人员终身教育,提升基层医疗卫生服务能力。

(四)加强健康医疗大数据保障体系建设。

11. 加强法规和标准体系建设。制定完善健康医疗大数据应用发展的法律法规,强化居民健康信息服务规范管理,明确信息使用权限,切实保护相关各方合法权益。完善数据开放共享支撑服务体系,建立"分级授权、分类应用、权责一致"的管理制度。规范健康医疗大数据应用领域的准入标准,建立大数据应用诚信机制和退出机制,严格规范大数据开发、挖掘、应用行为。建立统一的疾病诊断编码、临床医学术语、检查检验规范、药品应用编码、信息数据接口和传输协议等相关标准，促进健康医疗大数据产品、服务流程标准化。

12. 推进网络可信体系建设。强化健康医疗数字身份管理，建设全国统一标识的医疗卫生人员和医疗卫生机构可信医学数字身份、电子实名认证、数据访问控制信息系统，积极推进电子签名应用，逐步建立服务管理留痕可溯、诊疗数据安全运行、多方协作参与的健康医疗管理新模式。

13. 加强健康医疗数据安全保障。加快健康医疗数据安全体系建设，建立数据安全管理责任制度，制定标识赋码、科学分类、风险分级、安全审查规则。制定人口健康信息安全规划，强化国家、区域人口健康信息工程技术能力，注重内容安全和技术安全，确保国家关键信息基础设施和核心系统自主可控稳定安全。开展大数据平台及服务商的可靠性、可控性和安全性评测以及应用的安全性评测和风险评估，建立安全防护、系统互联共享、公民隐私保护等软件评价和安全审查制度。加强大数据安全监测和预警，建立安全信息通报和应急处置联动机制，建立健全“互联网 + 健康医疗”服务安全工作机制，完善风险隐患化解和应对工作措施，加强对涉及国家利益、公共安全、患者隐私、商业秘密等重要信息的保护，加强医学院、科研机构等方面的安全防范。

14. 加强健康医疗信息化复合型人才队伍建设。实施国家健康医疗信息化人才发展计划，强化医学信息学学科建设和“数字化医生”培育，着力培育高层次、复合型的研发人才和科研团队，培养一批有国际影响力的专门人才、学科带头人和行业领军人物。创新专业人才继续教育形式，完善多层次、多类型人才培养培训体系，推动政府、高等院校、科研院所、医疗机构、企业共同培养人才，促进健康医疗大数据人才队伍建设。

三、加强组织实施

（一）强化统筹规划。建立党委政府领导、多方参与、资源共享、协同推进的工作格局。国家卫生计生委要综合统筹、强化实施，各有关部门要密切配合、形成合力，推动重点任务落实。各地区要重视健康医疗大数据应用发展，切实搞好总体规划、基础建设、安全监管，确保各项任务措施落到实处。推进健康医疗大数据军民融合发展，促进军地健康医疗数据规范衔接、互通共享、协同应用。加强对健康医疗大数据应用发展的指导，强化对技术研发、新业态构建、应用推广的统筹协调，研究建立专家委员会，组织研究制定发展战略及相关政策、法规、标准。

（二）抓住重点着力突破。从人民群众迫切需求的领域入手，重点推进网上预约分诊、远程医疗和检查检验结果共享互认等便民惠民应用。加快推进基本医保全国联网和异地就医结算。支持发展医疗智能设备、智能可穿戴设备,加强疑难疾病等重点方面的研究。选择一批基础条件好、工作积极性高、隐私安全防范有保障的地区和领域开展健康医疗大数据应用试点,总结经验,扎实有序推进。

(三)加大政策扶持力度。研究制定政府支持政策,从财税、投资、创新等方面对健康医疗大数据应用发展给予必要支持。推广运用政府和社会资本合作(PPP)模式,鼓励和引导社会资本参与健康医疗大数据的基础工程、应用开发和运营服务。鼓励政府与企事业单位、社会机构开展合作,探索通过政府采购、社会众包等方式,实现健康医疗大数据领域政府应用与社会应用相融合。充分发挥已设立的有关投资基金作用,充分激发社会资本和民间资本参与热情,鼓励创新多元投资机制,健全风险防范和监管制度,支持健康医疗大数据应用发展。

(四)加强政策宣传普及。加强健康医疗大数据应用发展政策解读,大力宣传应用发展的重要意义和应用前景,积极回应社会关切,形成良好社会氛围。积极引导医疗卫生机构和社会力量参与开展形式多样的科普活动,宣传普及健康医疗大数据应用知识,鼓励开发简便易行的数字医学工具,不断提升人民群众掌握相关应用的能力和社会公众健康素养。

(五)推进国际交流合作。有序推进健康医疗大数据应用发展的人才技术交流与合作。鼓励相关企业和科研单位开展对国际先进技术的引进、消化吸收和再创新,推动我国自主技术与全球同步发展。加大对国际健康医疗大数据应用标准的跟踪、评估和转化力度,积极参与国际标准制定,增强相关规则制定的话语权。坚持以我为主、加强监管、确保安全原则,稳步探索国际健康医疗大数据应用发展合作新模式,不断提升我国健康医疗大数据应用水平、产业核心竞争力和国际化水平。

《关于促进国土资源大数据应用发展的实施意见》

为深入贯彻落实《国务院关于印发促进大数据发展行动纲要的通知》(国发〔2015〕50号)精神,促进国土资源大数据应用发展,提升国土资源治理能力,制定本实施意见。

一、发展形势

(一)充分认识实施国家大数据战略的重大意义。当代信息技术与经济社会的交汇融合引发了数据迅猛增长,数据已成为国家基础性战略资源。党的十八届五中全会明确提出实施国家大数据战略,《国民经济和社会发展第十三个五年规划纲要》将实施国家大数据战略作为"十三五"时期坚持创新驱动发展、培育发展新动力、拓展发展新空间的重要抓手。我国正面临从"数据大国"向"数据强国"转变的历史新机遇,充分利用数据规模优势,实现数据规模、质量和应用水平同步提升,挖掘和释放数据资源的潜在价值,有利于充分发挥数据资源战略性作用,有效提升国家竞争力。将大数据引入政府治理,推进政府数据共享开放,加强大数据分析与挖掘,建立"用数据说话、用数据决策、用数据管理、用数据创新"的管理机制,将有力促进政府从"依靠经验"的定性管理方式迈向"数据驱动"的精准治理方式。大数据发展已成为促进国家治理体系和治理能力现代化的有效途径。

(二)国土资源大数据是实施国家大数据战略的重要内容。国土资源数据作为基础国情信息,在国民经济和社会发展中发挥着极为重要的作用。通过国土资源调查、监测、评价和管理工作,产生和积累了海量的基础地理、土地、地质矿产、地质环境与地质灾害防治和海洋等数据,这些数据对于各级政府部门的规划、调控、监管和社会各界开展与空间和资源相关的活动,以及满足人民群众对国土资源信息日益增长的需求具有重要的价值。推进国土资源数据共享开放,有利于促进自然资源的协调、统一管理,提升国家自然资源综合管理效能;有利于资源产权的管理与保护,促进形成公平普惠、便捷高效的民生服务体系;有利于更为准确地分析和预测经济运行状况,增强政府决策和宏观调控的针对性和时效性。国土资源大数据已成为实施国家大数据战略的重要组成部分。

(三)国土资源大数据应用发展是新时期国土资源事业发展的迫切需要。"十三五"时期是全面建成小康社会决胜阶段。部党组提出,要把创新、协调、绿色、开放、共享的新发展理念贯彻落实到国土资源工作中，以创新理念增强国土资源事业发展新动力，以协调理念构建国土资源保护开发新格局，以绿色理念开辟国土资源永续利用新途径，以开放理念拓展国土资源合作发展新空间，以共享理念实现国土资源惠民利民新成效。做好新时期国土资源工作，迫切需要抓住实施国家大数据战略的机遇，充分利用国土资源行业密集型数据规模的优势，以国土资源数据、相关经济社会发展数据和网络数据为基础，通过数据共享开放以及对大数据的分析、挖掘与应用，创新国土资源管理方式，促进国土资源决策科学化、监管精准化、服务便利化，有效提升国土资源的管理与服务水平。

（四）发展国土资源大数据面临着重大机遇和挑战。在部党组领导下，各级国土资源主管部门通过开展国土资源数据库的建设与应用，不断积累和丰富了海量的数据资源，基本建成全国国土资源“一张图”数据库，为提升国土资源管理与服务水平发挥了重要作用。云计算、大数据、移动互联网、物联网、数据分析挖掘等新一代信息技术的迅猛发展及其在国土资源领域的逐步推广应用，为发展国土资源大数据创造了良好的数据基础和技术条件。然而，国土资源大数据的应用发展仍处于初级阶段，与实施国家大数据战略要求和国土资源事业发展新需求相比还存在较大差距，国土资源数据的完整性和及时性有待提高，数据共享、开放和服务还明显不足，基于数据的决策支持能力还不强，发展国土资源大数据面临着严峻的形势和挑战。抓住机遇，迎接挑战，更新发展理念，创新发展方式，着力推进国土资源大数据应用发展，已成为新时期国土资源事业发展的重要途径。

二、指导思想、基本原则和发展目标

（一）指导思想。

全面贯彻落实党的十八大和十八届三中、四中、五中全会精神及习近平总书记系列重要讲话精神，以创新、协调、绿色、开放、共享的新发展理念为指引，按照实施国家大数据战略部署，围绕“十三五”期间国土资源中心工作和主要任务，加强顶层设计和统筹协调，充分发挥国土资源大数据在国民经济和社会发展中的重要作用，大力推动大数据在国土资源工作中的创新应用，通过基于数据的科学管理、决策与服务，促进国土资源治理能力现代化。

（二）基本原则。

坚持统筹建设，共同发展。以实施国家大数据战略和国土资源管理需求为导向，加强各级国土资源主管部门数据统筹建设。坚持统一标准、统一平台，共同发展，充分发挥各数据支撑单位的特长与优势，共同推动国土资源大数据应用发展。

坚持共享开放，确保安全。建立科学规范的数据共享开放机制，大力推动国土资源数据在系统内及政府部门间的共享，稳步有序推进国土资源数据向社会开放。构建安全、规范的大数据应用发展环境，妥善处理数据开放与安全的关系，切实保障数据安全。

坚持创新发展，强化应用。充分应用云计算、互联网、大数据等现代信息技术，加大大数据应用力度，全面落实国土资源改革发展要求。以应用创新为动力，促进数据管理机制与应用模式的创新，提升数据开发利用水平，提高数据应用服务效益。

坚持政府主导，社会参与。强化国土资源主管部门主导作用，积极探索政府推动、社会参与的大数据发展模式。充分调动市场、行业等社会力量的广泛参与，形成合力，逐步建立和营造国土资源大数据发展的良好氛围，提高大数据应用深度和广度。

（三）发展目标。

按照实施国家大数据战略的要求，立足国土资源工作发展的需要，健全国土资源数据资源体系，实现国土资源数据的充分共享和适度开放，深化国土资源大数据的创新应用，不断提高国土资源参与宏观调控、市场监管、社会治理和公共服务的精准性和有效性，促进国土资源大数据应用新业态发展，形成国土资源大数据应用发展新格局。

构建统一的国土资源数据资源体系。梳理各类国土资源数据，形成数据资源目录。汇聚整合土地、不动产、地质矿产、地质环境与地质灾害防治等各类数据，建立完善并形成内容全面、标准统一的国土资源数据资源体系，全面提升国土资源数据支撑能力。

建立国土资源数据共享开放新机制。构建统一的国土资源数据共享平台和开放平台，建立充分共享、适度开放、安全可靠的国土资源数据共享开放新机制，形成国土资源数据在系统内和政府部门间充分共享和向社会有序开放的新局面。

打造国土资源管理决策服务新模式。创新和深化大数据在国土资源形势分析、决策支持和信息服务中的应用，构建决策支持系统、智库信息化工作平台，加强国土资源信息服务，建立"用数据说话、用数据决策"的管理决策服务新模式。

培育智能化国土资源调查评价监测应用新业态。推进国土资源调查评价监测技术研发,培育智能地质调查、智慧探矿、土地智能监测等应用新业态,鼓励社会力量开发各类国土资源信息产品并提供服务,为大众创业、万众创新注入新活力。

到2018年底,在统筹规划和统一标准的基础上,丰富与完善统一的国土资源数据资源体系。初步建成国土资源数据共享平台和开放平台,实现一定范围的数据共享与开放。各级国土资源主管部门在国土资源形势分析、决策支持和信息服务等领域的大数据应用取得初步成效。

到2020年,国土资源数据资源体系得到较大丰富与完善。国土资源数据实现较为全面的共享和开放。基于数据共享的国土资源治理能力不断提高,基于数据开放的公共服务能力全面提升。国土资源大数据在资源监管和公共服务等领域得到广泛应用。国土资源大数据产业新业态初步形成。

三、主要任务

(一)持续完善国土资源数据资源体系。

国土资源数据是国土资源大数据应用发展的基石。通过建立并不断完善统一的国土资源数据资源体系,提高数据的支撑保障能力。

1. 建立数据资源目录。各级国土资源主管部门要对已有各类国土资源数据进行系统、全面的梳理,摸清数据资源家底,明确各类数据的业务主管、生产单位、基本内容、数据质量、更新要求等,逐步形成横向覆盖土地、不动产、地质矿产、地质环境与地质灾害防治等各专业领域,纵向包括国家、省、市、县四级的、较为完整、准确的国土资源数据资源目录。

2. 完善数据库建设与更新机制。依托各级国土资源部门组织实施的国土资源调查、评价、监测和规划等重大专项工作,建立并完善各类国土资源基础数据库和专题成果数据库,完善数据的及时汇交与更新机制。各业务管理部门要通过数据监测监管备案机制,把履行业务管理职能过程中形成的数据实时更新到数据库系统中。同时,以大数据的发展应用为目标,逐步扩展国土资源数据的内容。按照“谁产生、谁负责”的责任机制,确保国土资源数据的完整性、准确性和及时性。

3. 整合集成各类国土资源数据。各级国土资源主管部门要在国土资源“一张图”基础上,强化制度机制和标准规范建设,加强对土地、不动产、地质矿产、地质环境与地质灾害防治等相关领域的各类成果资料、基础数据、管理数据和统计数据进行有效集成。遵循“物理分散、逻辑集中”原则,将分散的海量数据汇聚整合为逻辑集中的数据资源体系，建立统一的数据管理平台与安全机制，实现对各类国土资源数据的统一管理和应用。按照国家自然资源和空间地理信息库建设的有关要求，开展相关数据库建设。

进度安排：2017 年底前，全面完成国土资源数据资源梳理，形成较为完整的国土资源数据资源目录，国土资源数据资源体系得到完善。到 2020 年，基本形成完整和准确的国土资源数据资源体系，国土资源数据得到较大丰富与完善。

（二）全面推进国土资源系统内部信息互联互通。

全面推动国土资源系统内部的互联互通和数据共享，是打破“信息孤岛”，实现国土资源相关单位之间资源整合、业务协同的重要途径，也是转变政府职能、充分发挥各有关单位作用的有效手段。

1. 建立纵向覆盖四级国土资源主管部门的数据共享与交换机制。以国土资源业务专网为依托，部统一建立国土资源数据共享与交换系统，连接国家、省、市、县四级国土资源主管部门。建立健全数据共享与交换的相关制度，落实数据共享与交换相关主体的权利、责任和义务，形成国土资源系统内部数据共享与交换机制，实现土地“批、供、用、补、查、登”、矿产资源勘查与开采利用全过程、地质环境与地质灾害防治等重要数据在各级国土资源主管部门之间的在线共享与交换。

2. 构建横向国土资源系统内部数据共享应用机制。在部层面，依托涉密内网，按照“物理分散、逻辑集中”原则，整合国土资源系统内部各有关单位现有分散的数据中心资源，形成布局合理、规模适度、保障有力、绿色集约的涉密内网国土资源数据中心体系。建立统一的数据共享平台，实现遥感数据、土地利用、土地规划、不动产登记、矿产资源储量、矿产资源规划、基础地质、地质环境与地质灾害防治、地质资料、科技创新成果和人力资源等基础数据、专题数据及数据产品在部机关、土地督察局及直属单位的共享使用。进一步加强基础地理、土地、地质、矿产和海洋等数据的共享和应用机制建设，促进基础地理、海洋等信息在国土资源管理服务中的应用，构筑“测绘为基，陆海相连”的国土资源空间数据框架。网络基础设施有条件的省级和地市级国土资源主管部门，可依托本级涉密内网，根据需要建立横向连接本级各相关单位的数据共享系统，实现数据资源在同级的共享与交换。

进度安排：2018 年底前，初步实现纵向覆盖四级国土资源主管部门的数据共享与交换，横向覆盖部级部分单位之间的数据共享应用。到 2020 年，基本实现纵向覆盖四级国土资源主管部门、横向覆盖部级和部分省级各单位之间数据的共享与交换。

（三）大力推进政府部门之间的数据共享服务。

大力推进国土资源数据与政府部门的共享服务，是发展国土资源大数据的重要内容，有利于推动数据有效利用，提升政府的服务能力和综合效能。

1. 制定数据共享制度和标准。按照国家数据共享的要求，国土资源部负责制定国土资源数据共享管理办法，明晰数据共享相关主体的权利、责任和义务，形成国土资源数据共享的评估、监督和审查机制。各级国土资源主管部门依据共享管理办法，制定国土资源数据共享目录，厘清共享数据的范围、边界和使用方式，确保共享数据的质量和时效。制定数据共享、交换接口、访问接口和安全保密等标准规范。

2. 开发建立国土资源数据共享平台。各级国土资源主管部门依托国家电子政务内网和外网，开发建立本级统一的国土资源数据共享平台，并与政府数据统一共享交换平台实现对接。分批次、有序开展遥感数据、土地利用现状、土地利用总体规划、土地整治规划、基本农田、农用地分等定级、矿产资源规划、矿产资源储量、矿产资源开发利用、矿产地、基础地质、地质环境与地质灾害防治、地质资料和科技创新成果等国土资源数据向政府部门提供共享服务。尤其是，加快不动产登记有关信息与住建、农业、林业、海洋等部门审批交易信息实时互通共享，以及与公安、民政、财政、税务、工商、金融、审计、统计、司法等部门的共享交换，促进部门间的业务协同。同时，依据其他政府部门的数据共享目录，建立相应的技术机制，获取其他相关部门的数据，为国土资源管理、监管和决策提供支撑服务。

3. 加强国土资源专题信息产品制作与服务。以国土资源数据资源体系为基础，加强各类国土资源数据汇聚整合，设计、开发和制作土地、地质矿产、地质环境与地质灾害防治等方面的专题信息产品，为政府部门和行业提供信息产品的线上和线下服务。

进度安排：2017 年底前，编制国土资源数据共享管理办法，制定国土资源数据共享目录，开发统一的国土资源数据共享平台，研制数据共享标准规范。2018 年底前，初步实现与相关政府部门之间部分数据共享，并开展国土资源信息产品服务。到 2020 年，数据共享制度进一步完善，基本实现与相关政府部门之间数据共享。

(四)稳步推进国土资源数据向社会开放。

在加强安全保障和隐私保护的前提下,稳步推进国土资源数据向社会开放,推进可开放数据的社会化、市场化利用,促进数据资源的深度挖掘和应用。

1. 建立数据开放制度和标准。按照国家数据开放的要求,国土资源部负责制定国土资源数据开放管理办法,形成数据开放的机制。各级国土资源主管部门依据开放管理办法,制定国土资源数据开放清单,实施分年度数据开放计划。制定数据开放、开发接口等标准规范,健全开放前保密审查机制,妥善处理数据开放与保密的关系。

2. 建设全国统一的国土资源数据开放平台。依托互联网"国土资源云"基础设施,建立全国统一的国土资源数据开放平台,平台覆盖国家、省、市、县四级国土资源主管部门,并与国家政府数据统一开放平台对接。各级国土资源主管部门依据本级的数据开放清单和年度数据开放计划,通过统一的国土资源数据开放平台,开展数据的推送与开放。数据开放实行"谁推送、谁负责"的责任机制。

3. 稳步推进各类国土资源数据向社会开放。各级国土资源主管部门以涉及民生保障、公共服务和市场监管等数据为重点向社会开放。有序推进土地利用规划、建设用地审批、土地征用、土地市场、土地价格、土地开发利用等土地数据集,矿产资源规划、矿业权审批登记、矿产资源勘查资质、矿产资源开发利用、矿业权市场等矿产资源数据集,国土资源统计数据集,多种比例尺基础地质图和环境地质图、地质灾害防治与地面沉降等数据集向社会开放。

4. 加强公众版信息产品制作与服务。面向经济发展和社会公众的应用需求,开展土地基础数据、数字地质图件、地质环境与地质灾害调查、监测与预警等方面的标准化、普适化产品制作,形成多样化的各类公众版信息产品,以网站、报告、数据集、APP 等多种形式为社会提供服务,满足广大公众对国土资源信息的需求。

5. 培育国土资源数据开发利用的市场化机制。在国土资源数据向社会开放的同时,积极规范和引导各类市场主体、行业组织等社会力量广泛参与国土资源数据的开发利用,鼓励社会力量设计制作增长性、公益性、创新性信息产品,开展数据增值服务。激发创新创业活力,促进国土资源数据开发服务产业链的逐步形成。

进度安排:2018 年底前,编制国土资源数据开放管理办法,制定国土资源数据开放清单,研制数据开放标准规范,建设全国统一的国土资源数据开放平台,实现部分国土资源数据向社会开放,初步形成公众版国土资源信息产品。到2020年,数据开放制度进一步完善,向社会开放的国土资源数据和专题信息产品明显丰富并基本满足社会公众的需要,国土资源数据的市场化服务机制初步形成。

(五)有效提升国土资源决策支持能力。

紧密围绕国土资源工作实际需要,推进国土资源重点领域大数据高效采集、有效整合和应用拓展,及时收集与汇聚其他行业相关数据、互联网及相关媒体信息,构建决策支持系统,为资源形势分析、管理状况监测和参与宏观调控等提供有效的决策支持服务。

1. 采集与汇聚其他行业相关数据。国家级和省级国土资源主管部门、有条件的市、县级国土资源主管部门要充分利用国土资源数据共享平台,及时采集与汇聚人口、法人、税收、投融资等社会经济数据以及城市建设、交通运输、能源、水利、环保等其他行业相关数据;利用报纸、杂志、电视、广播等传统媒体以及网络、视频、电子杂志、微信、社区、论坛、博客等新媒体,实时监测和采集土地征收、土地审批供应、矿业权审批、土地与矿业权交易、土地与矿产资源开发等方面涉及国土资源领域的民生需求、舆论热点、公众意见等数据;广泛收集和汇聚全球矿产资源数据。利用大数据智能感知技术、预处理技术和分布式虚拟技术,对上述各类结构化、半结构化、非结构化的海量数据进行智能化识别、抽取与组织,建立国土资源决策支持综合信息库和数据持续更新机制。

2. 构建国土资源决策支持系统。国家级、省级国土资源主管部门和有条件的市、县级国土资源主管部门要以国土资源"一张图"、综合信息监管平台数据和决策支持综合信息库为基础,利用大数据分析、挖掘、检索和可视化等技术,建立相关知识库、模型库,构建国土资源决策支持系统,提供资源综合监管、资源勘查开发、管理状况监测、政策制定评估、扶贫开发工作和社会舆情分析等方面的专题服务。

3. 开展重点领域的决策分析应用。利用国土资源决策支持系统,开展涉及社会关切、影响巨大、关乎长远等相关领域重大问题的决策分析工作。重点对国土资源行政审批、规划执行、开发利用、违法违规等开发利用过程和状况进行监测分析;对国土资源利用和管理中的基本情况、发展趋势和存在问题进行形势分析和研判;对国土资源制度改革的热点、难点问题、政策执行和调控效果、管理水平等进行分析与诊断;对网上涉及国土资源领域的民生需求、舆论热点、社会关注等情况开展舆情分析;对扶贫地区的土地利用、矿产资源、地质环境与地质灾害防治以及资源开发利用政策等进行分析、研究和评估;对全球矿产资源开发利用进行分析等。

4. 建立国土资源国家智库信息化平台。按照国土资源新型智库建设的有关要求,依托决策支持系统,构建国土资源国家智库信息化平台,连接相关大专院校、科研机构和资深专家,汇聚和管理各类研究成果,建立国土资源战略研究成果库和专家库,形成决策知识推送、研究理念与成果分享的开放型机制,逐步形成信息化条件下的新型"互联网+"智库运行体系,提高国土资源综合研判、战略谋划能力以及重点领域决策支持能力。

进度安排:2017 年底前,完成国土资源决策综合信息库、决策支持系统和智库信息化平台的相关研究。2018 年底前,基本建立国土资源决策支持综合信息库,初步建立国土资源决策支持系统和智库信息化平台,开展有关领域的决策分析。到 2020 年,基本建成国土资源决策支持系统和智库信息化平台,为国土资源决策提供重要支撑。

(六)加强地质环境与地质灾害分析预警与信息服务。

利用物联网、大数据等新一代数据采集与分析技术,建立智能化地质环境与地质灾害分析预警系统,整合各类地质环境与地质灾害防治数据,全面提升地质环境与地质灾害防治信息的分析与预警、决策与处置能力和信息服务水平。

1. 集成与整合各类地质环境与地质灾害防治数据。利用已有的海量地质环境与地质灾害防治数据,采用大数据分析方法,开展地质灾害、地下水、矿山环境、地面沉降、地质遗迹等业务数据和动态监测数据的集成和整合,并与气象、水利、农业和环保等其他政府部门的数据进行聚合与关联分析,建立分析模型与预测模型,增强地质环境与地质灾害分析预警预报及应急指挥能力。

2. 构建智能化地质环境与地质灾害分析预警系统。基于物联网和大数据技术,建立智能化地质灾害、地下水、地面沉降、矿山地质环境、地质遗迹等调查、监测数据采集、信息分析与预警系统。开展重大地质灾害快速识别、监测预警、应急处置等关键技术研发,实现重大灾害关键部位专业监测与群测群防监测数据实时自动处理和预警分析。

3. 开展地质环境与地质灾害防治信息综合分析与服务。针对国家发展战略,围绕京津冀、长江经济带等重要经济区带社会经济发展规划、重大工程建设,运用大数据分析方法,开展地质环境与地质灾害防治信息综合分析和研究,提供及时、全面、准确的区域地质环境与地质灾害防治总体状况信息,为地质环境与地质灾害防治综合评价分析、资源承载力评价、地质环境与地质灾害防治管理、防治与应急指挥等各项工作提供有效的系列产品和信息服务。

进度安排:2018 年底前,基本完成各类地质环境与地质灾害防治数据的整合集成并提供应用,建立地质环境与地质灾害调查、监测数据采集、分析和预警系统。开展地质环境与地质灾害防治信息综合分析与服务。到 2020 年,地质环境与地质灾害分析预警能力和信息服务水平明显提高。

(七)大力推进地质调查信息服务。

开展地质大数据建设,构建地质数据协同服务体系,深化地质大数据在调查、管理与服务等方面的创新应用,提升地质调查数据获取、分析、处理和服务能力。

1. 建设地质大数据支撑平台。通过大数据等新一代信息技术的开发应用,支撑各类地质调查数据的采集、传输、处理、应用和服务。实现已积累的地质调查存量数据和正在实施的地质调查评价 9 大计划 50 项工程生产的增量数据的高效汇聚、组织、管理与共享,实现与国土资源数据共享平台的互联互通。

2. 构建地质信息协同服务体系。构建由中国地质调查局主服务节点、六大区地调中心服务节点、局属专业地调单位服务节点等组成的多层次、网络化地质信息协同服务体系。各服务节点在地质大数据支撑平台的架构下,实现资源的统一汇聚、互联互通,提供全方位、多层次信息服务。

进度安排:2017 年底前,完成地质大数据支撑平台建设,实现与国土资源数据共享平台互联互通,实现全国性综合服务节点与区域综合服务节点、专业综合服务节点的互联互通。到 2020 年,基本形成地质信息服务新模式。

(八)培育智能化国土资源调查评价监测应用新业态。

充分利用大数据技术,推进国土资源调查、评价和监测技术研发,创新工作模式,培育智能地质调查、智慧探矿、土地智能监测等应用新业态。

1. 建设与完善智能地质调查体系。研发野外调查、监测、物化探、遥感、分析测试、钻探等地质工作手段的数据采集工具软件,提高数据采集效率与智能化。推进数字地质调查系统向智能化、智慧化方向发展,在地质数据快速采集、实时传输、汇聚、处理、综合、建模等方面逐步实现大数据技术支撑下的智能地质调查工作和服务模式的创新。在区域地质调查、矿产资源调查、地质灾害评价、地下水资源调查评价等地质调查领域实现数字调查全覆盖。

2. 培育智慧探矿应用新业态。紧密围绕国家资源战略与找矿需求,开发面向地质大数据的地质矿产数据处理与评价软件工具,促进共享与应用。依托地质大数据、重点实验室与业务中心等平台资源,开展重要矿种找矿专家模型、智慧探矿软件等关键技术攻关与相关系统建设,增强地质数据智能分析处理与评价预测能力。搭建地质矿产软件公共开发与应用平台,提供云端集成开发环境、高性能计算环境、应用接口与技术标准等服务。积极引导和鼓励企业、高等院校、科研机构和社会公众开展智慧探矿创新应用研究,逐步形成以数据驱动的地质矿产调查评价与智慧探矿新业态。

3. 探索土地智能监测新模式。针对进一步加强土地资源数量、质量和生态监管的现实需求,重点开展面向对象的多源遥感数据快速精准校正与融合关键技术研究、面向对象的遥感数据光谱库建设、多尺度土地利用与覆被遥感自动分类规则和方法研究、多尺度土地生态退化和土地质量遥感智能化监测和评估方法研究。充分利用社会力量,研发基于大数据的多尺度和多源遥感数据自动化校正和融合作业平台,以及土地数量、质量和生态状况智能化监测和分析技术平台,提供动态更新的影像库、知识库、光谱库、应用接口与技术标准等,形成土地智能监测应用新模式。

进度安排:2017 年底前,初步建立智能地质调查体系,2018 年底前,初步形成智慧探矿和土地智能监测的探索性应用。到 2020 年,智能地质调查体系基本建立,智慧探矿和土地智能监测达到普适化水平。

推动海洋、测绘地理信息大数据应用发展。国家海洋局、国家测绘地理信息局分别研究编制大数据应用发展意见。

四、保障措施

(一)完善组织实施机制。国土资源大数据应用发展工作由部网络安全和信息化领导小组统一领导。各级国土资源主管部门要按照国土资源大数据应用发展的总体要求,建立国土资源大数据统筹与实施机制,加强与海洋局、测绘地理信息局的沟通协作,形成职责明确、分工有序、共同推进的工作格局。各级国土资源主管部门信息办负责国土资源大数据应用发展的统筹协调和组织实施,牵头编制国土资源数据共享目录和开放清单;业务管理部门会同数据生产和保管单位负责相应主管数据共享和开放的评估、监督、审查和管理等工作;相关技术单位负责有关共享平台和开放平台、数据共享和开放的技术支撑保障工作。政策制度、标准规范和部分平台建设等工作采取统一建设模式,由部统筹规划、主导建设。数据整合、服务分发、产品制作和相关系统建设等工作,按照统一的标准规范,由各级数据生产单位、保管单位和技术单位负责实施。各责任部门和单位要细化工作计划,采取有力措施,确保各项重点任务按计划完成。

（二）健全数据管理制度。各级国土资源主管部门的业务管理部门会同相关技术单位,建立并完善国土资源数据分级分类管理办法,建立健全国土资源数据管理制度,明确数据生产和管理的责任、义务以及数据使用权限,明晰数据管理和数据使用的考核评价方式,合理界定数据的使用方式与范围,规范数据采集、保管、共享、开放和应用,保障数据一致性、准确性和权威性。

（三）强化科技人才支撑。加强国土资源大数据科研创新基地和重点实验室建设,创新人才培养机制,积极引进大数据高层次人才。加大力度培养具有计算机技术、大数据分析、国土资源管理等多学科知识的跨界复合型人才。加强职业技能人才培养,培育国土资源大数据技术和应用创新型人才。鼓励高等院校、科研机构、高新企业联合攻关。充分利用社会资源,重点加强国土资源大数据采集、存储、管理、分析、可视化、信息安全与隐私保护等领域关键技术的研发与应用。

（四）加大经费支持力度。各级国土资源主管部门要加大对大数据应用发展的经费保障力度,把大数据应用发展工作所需经费纳入年度预算,积极支持国土资源大数据的关键技术研发、重大应用示范工程和数据共享开放平台建设等。按要求管好用好已有资金,积极拓宽资金渠道,加强资金使用管理、预算绩效管理和绩效评价,提高资金使用效益。按照国务院关于政府向社会购买服务的要求,制定和完善政府购买大数据服务的配套政策,加大对政府部门和企业合作开发大数据的支持力度。

（五）加强信息数据安全。建立健全大数据安全体系,做好顶层设计,加强对国土资源大数据的安全技术防护和安全管理,明确数据管理和维护责任单位,落实数据安全保护措施,采用安全可信产品和服务,加强日常监管。建立和完善大数据安全标准规范,加强安全监测、预警和应急处置能力。切实加强对涉及国家利益、公共安全、商业秘密、个人隐私等信息的保护。妥善处理共享开放与保障安全的关系,促进数据在安全保障、风险可控的原则下最大程度共享开放。

《关于印发〈生态环境大数据建设总体方案〉的通知》

各省、自治区、直辖市环境保护厅(局),机关各部门,各派出机构、直属单位:

为贯彻落实《国务院关于印发促进大数据发展行动纲要的通知》(国发〔2015〕50号)精神,积极开展生态环境大数据建设与应用工作,我部组织编制了《生态环境大数据建设总体方案》。现印发给你们,请遵照执行。

生态环境大数据建设总体方案

大数据是以容量大、类型多、存取速度快、应用价值高为主要特征的数据集合,正快速发展为对数量巨大、来源分散、格式多样的数据进行采集、存储和关联分析,从中发现新知识、创造新价值、提升新能力的新一代信息技术和服务业态。全面推进大数据发展和应用,加快建设数据强国,已经成为我国的国家战略。

党中央、国务院高度重视大数据在推进生态文明建设中的地位和作用。习近平总书记明确指出,要推进全国生态环境监测数据联网共享,开展生态环境大数据分析。李克强总理强调,要在环保等重点领域引入大数据监管,主动查究违法违规行为。国务院《促进大数据发展行动纲要》等文件要求推动政府信息系统和公共数据互联共享,促进大数据在各行业创新应用;运用现代信息技术加强政府公共服务和市场监管,推动简政放权和政府职能转变;构建"互联网+"绿色生态,实现生态环境数据互联互通和开放共享。陈吉宁部长要求,大数据、"互联网+"等信息技术已成为推进环境治理体系和治理能力现代化的重要手段,要加强生态环境大数据综合应用和集成分析,为生态环境保护科学决策提供有力支撑。

目前,环境信息化存在体制机制不顺,基础设施和系统建设分散,应用"烟囱"和数据"孤岛"林立,业务协同和信息资源开发利用水平低,综合支撑和公众服务能力弱等突出问题,难以适应和满足新时期生态环境保护工作需求。

为落实党中央、国务院决策部署和部党组要求,充分运用大数据、云计算等现代信息技术手段,全面提高生态环境保护综合决策、监管治理和公共服务水平,加快转变环境管理方式和工作方式,制定本方案。

一、总体要求

(一)指导思想

深入贯彻党的十八大、十八届三中、四中、五中全会精神和习近平总书记系列重要讲话精神，按照党中央、国务院决策部署，以改善环境质量为核心，加强顶层设计和统筹协调，完善制度标准体系，统一基础设施建设，推动信息资源整合互联和数据开放共享，促进业务协同，推进大数据建设和应用，保障数据安全。通过生态环境大数据发展和应用，推进环境管理转型，提升生态环境治理能力，为实现生态环境质量总体改善目标提供有力支撑。

（二）基本原则

顶层设计、应用导向。围绕生态环境治理体系和治理能力现代化开展大数据顶层设计，顶层设计开放、创新应用全面、基础架构灵活，不断适应生态环境管理新形势、新任务和新要求。

开放共享、强化应用。统筹整合内外部数据资源，边整合边应用，推动数据资源开放共享。鼓励业务创新、管理创新和模式创新，逐步形成生态环境大数据应用新格局。

健全规范、保障安全。建立生态环境大数据管理工作机制，健全大数据标准规范体系，保障数据准确性、一致性和真实性，强化运维管理和安全防护，保障信息安全。

分步实施、重点突破。大数据建设既要有阶段性，也要有重点突破。先在环境影响评价、环境监测、环境应急、环境信息服务等方面实现突破。

（三）总体架构

生态环境大数据总体架构为“一个机制、两套体系、三个平台”。一个机制即生态环境大数据管理工作机制，两套体系即组织保障和标准规范体系、统一运维和信息安全体系，三个平台即大数据环保云平台、大数据管理平台和大数据应用平台。如下图所示：

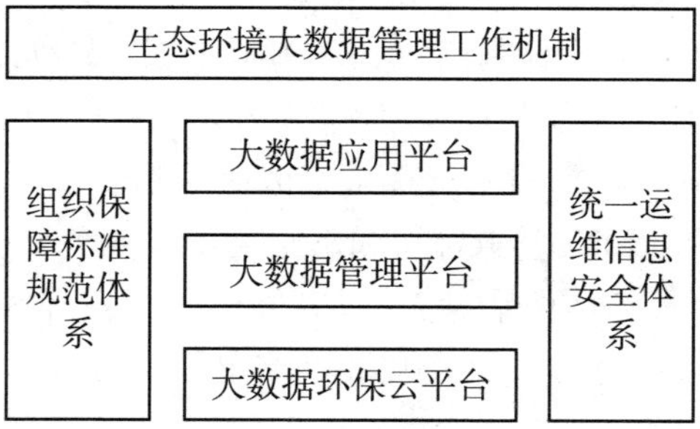

生态环境大数据建设总体架构图

一个机制：生态环境大数据管理工作机制包括数据共享开放、业务协同等工作机制，以及生态环境大数据科学决策、精准监管和公共服务等创新应用机制，促进大数据形成和应用。

两套体系：组织保障和标准规范体系为大数据建设提供组织机构、人才资金及标准规范等体制保障；统一运维和信息安全体系为大数据系统提供稳定运行与安全可靠等技术保障。

三个平台：生态环境大数据平台分为基础设施层、数据资源层和业务应用层。其中，大数据环保云平台是集约化建设的 IT 基础设施层，为大数据处理和应用提供统一基础支撑服务；大数据管理平台是数据资源层，为大数据应用提供统一数据采集、分析和处理等支撑服务；大数据应用平台是业务应用层，为大数据在各领域的应用提供综合服务。

（四）主要目标

通过生态环境大数据建设和应用，在未来五年实现以下目标：

实现生态环境综合决策科学化。将大数据作为支撑生态环境管理科学决策的重要手段，实现“用数据决策”。利用大数据支撑环境形势综合研判、环境政策措施制定、环境风险预测预警、重点工作会商评估，提高生态环境综合治理科学化水平，提升环境保护参与经济发展与宏观调控的能力。

实现生态环境监管精准化。充分运用大数据提高环境监管能力，助力简政放权，健全事中事后监管机制，实现“用数据管理”。利用大数据支撑法治、信用、社会等监管手段，提高生态环境监管的主动性、准确性和有效性。

实现生态环境公共服务便民化。运用大数据创新政府服务理念和服务方式，实现“用数据服务”。利用大数据支撑生态环境信息公开、网上一体化办事和综合信息服务，建立公平普惠、便捷高效的生态环境公共服务体系，提高公共服务共建能力和共享水平，发挥生态环境数据资源对人民群众生产、生活和经济社会活动的服务作用。

二、主要任务

（一）推进数据资源全面整合共享

提升数据资源获取能力。加强生态环境数据资源规划，明确数据资源采集责任，建立数据采集责任目录，避免重复采集，逐步实现“一次采集，多次应用”。利用物联网、移动互联网等新技术，拓宽数据获取渠道，创新数据采集方式，提高对大气、水、土壤、生态、核与辐射等多种环境要素及各种污染源全面感知和实时监控能力。基于环保云规范数据传输，确保数据及时上报和信息安全。

加强数据资源整合。严格实施《环境保护部信息化建设项目管理暂行办法》,统筹信息化项目建设管理,破除数据孤岛。建立生态环境信息资源目录体系,利用信息资源目录体系管理系统,实现系统内数据资源整合集中和动态更新,建设生态环境质量、环境污染、自然生态、核与辐射等国家生态环境基础数据库。通过政府数据统一共享交换平台接入国家人口基础信息库、法人单位资源库、自然资源和空间地理基础库等其他国家基础数据资源。拓展吸纳相关部委、行业协会、大型国企和互联网关联数据,形成环境信息资源中心,实现数据互联互通。

推动数据资源共享服务。明确各部门数据共享的范围边界和使用方式,厘清各部门数据管理及共享的义务和权力,制定数据资源共享管理办法,编制数据资源共享目录,重点推动生态环境质量、环境监管、环境执法、环境应急等数据共享。基于环境保护业务专网建设生态环境数据资源共享平台,提供灵活多样的数据检索服务,形成向平台直接获取为主、部门间数据交换获取为辅的数据共享机制,研发生态环境数据产品,提高数据共享的管理和服务水平。

推进生态环境数据开放。建立生态环境数据开放目录,制定数据开放计划,明确数据开放和维护责任。优先推动向社会开放大气、水、土壤、海洋等生态环境质量监测数据,区域、流域、行业等污染物排放数据,核与辐射、固体废物等风险源数据以及化学品对环境损害的风险评估数据,重要生态功能区、自然保护区、生物多样性保护优先区等自然生态数据,环境违法、处罚等监察执法数据。依托环境保护部政府网站建设生态环境数据开放平台,提高数据开放的规范性和权威性。

(二)加强生态环境科学决策

提升宏观决策水平。建立全景式生态环境形势研判模式,加强生态环境质量、污染源、污染物、环境承载力等数据的关联分析和综合研判,强化经济社会、基础地理、气象水文和互联网等数据资源融合利用和信息服务,为政策法规、规划计划、标准规范等制定提供信息支持,支撑生态保护红线、总量红线和准入红线的科学制定。利用跨部门、跨区域的数据资源,支撑大气、水和土壤三大行动计划实施和工作会商,定量化、可视化评估实施成效,服务京津冀等重点区域联防联控,支撑区域化环境管理与创新。开展环境保护工作进展、计划实施、资金执行、成果绩效等动态监控和评估,支持构建以环境质量改善为核心的专业化、精细化的环境管理体系,提高管理决策预见性、针对性和时效性。

提高环境应急处置能力。运用大数据、云计算等现代信息技术手段,快速搜集和处理涉及环境风险、环保举报、突发环境事件、社会舆论等海量数据,综合利用环保、交通、水利、海洋、安监、气象等部门的环境风险源、危险化学品及其运输、水文气象等数据,开展大数据统计分析,构建大数据分析模型,建设基于空间地理信息系统的环境应急大数据应用,提升应急指挥、处置决策等能力。

加强环境舆情监测和政策引导。建立互联网大数据舆情监测系统,针对环境保护重大政策、建设项目环评、污染事故等热点问题,对互联网信息进行自动抓取、主题检索、专题聚焦,为管理部门提供舆情分析报告,把握事件态势,正确引导舆论。

(三)创新生态环境监管模式

提高科学应对雾霾能力。加强全国雾霾监测数据整合,重点整合 2013 年以来雾霾监测历史数据,同步集成气象、遥感、排放清单、城市源解析和环境执法数据,形成雾霾案例知识库。开展雾霾预测预警大数据分析与应用,支撑雾霾提前发布、应急预案制定、预案执行和监察执法,为雾霾形势研判和应对提供信息服务和技术支撑,提升科学预霾防霾水平。

推动环评统一监管。建立环境影响评价数据标准、共享机制,建设全国环境影响评价管理信息系统,提升环评统计分析、预测预警能力,推动环评监管事前审批向事中和事后监管转变,实现全国环境影响评价数据"一本账"的管理模式。

增强监测预警能力。加快生态环境监测信息传输网络与大数据平台建设,加强生态环境监测数据资源开发与应用,开展大数据关联分析,拓展社会化监测信息采集和融合应用,支撑生态环境质量现状精细化分析和实时可视化表达,提高源解析精度,增强生态环境质量趋势分析和预警能力,为生态环境保护决策、管理和执法提供数据支持。

创新监察执法方式。利用环境违法举报、互联网采集等环境信息采集渠道,结合企业的工商、税务、质检、工信、认证等信息,开展大数据分析,精确打击企业未批先建、偷排漏排、超标排放等违法行为,预警企业违法风险,支撑环境监察执法从被动响应向主动查究违法行为转变,实现排污企业的差别化、精准化和精细化管理。

开展环境督察监管。研究制定绿色发展指标体系,构建自然资源资产负债表,建立健全政府环境评价考核方法和流程,建立生态环境损害评估方法,为地方领导干部自然资源资产离任审计制度、企业赔偿制度、生态补偿机制、责任追究制度的执行和落实提供数据和技术支撑。

强化环境监管手段。建立全国统一的实时在线环境监控系统,实现生态环境质量、重大污染源、生态状况监测监控全覆盖。采集和发布饮用水源地、城市黑臭水体、城市扬尘、土壤污染场地、核与辐射等信息,强化企业排污信息公开,利用“互联网+”方式整合企业信息。

建立“一证式”污染源管理模式。以排污许可证制度为核心,利用排污许可证“证载”内容,支撑排污许可和环境标准、环境监测、环境统计、环评、总量控制、排污收费(环境税)、许可证监管等制度有效衔接,建立唯一的固定污染源信息名录库,对污染源进行统一编码管理,实现污染源排放信息整合共享,有效推进协同治理,开启“一证式”污染源管理新模式。

加强环境信用监管。综合运用信息化手段,在环保行政许可、建设项目环境管理、环境检查执法、环保专项资金管理、环保科技项目立项、环保评先创优等工作流程中,嵌入企业环境信用信息调用和信用状况审核环节。对不同环境信用状况的企业进行分类监管,对环境信用状况良好的企业予以优先支持,加强对失信的约束和惩戒。探索在环境管理中试行企业信用报告和信用承诺制度。

推进生态保护监管。强化卫星遥感、无人机、物联网和调查统计等技术的综合应用,提升自然生态天地一体化监测能力。加强自然生态数据的集成分析,实现对重点生态功能区、生态保护红线、生物多样性保护优先区、自然保护区的监测评估、预测预警、监察执法,支撑生态保护区域联防联控。

保障核与辐射安全。进一步加强核与辐射安全信息标准化建设,提高联网数据共享交换和获取率,不断增强数据汇聚和关联分析能力,推动核设施、核安全设备、核技术利用、核与辐射安全相关关键岗位人员资质及核活动等的联网审查审批,全面实现对核与辐射安全风险的实时管控和预警,提高核与辐射安全监管决策科学化和信息化水平,保障我国的核与辐射安全。

增强社会环境监管能力。通过采集和集成多源异构环保举报数据,实现智能化环保举报感知、异常探测,发掘环保举报需求,智能化分析举报情景,动态生成和调整环保举报管理进程,实现全国环保举报工作协同、有序、高效管理。

开展环保党建大数据应用。加强环保党建信息采集、管理和分析应用,为各级党委提供高效、准确、及时的信息资源和管理手段,开发党建管理应用系统及其 APP 客户端,支撑党员干部管理、党务信息公开、党建工作动态、党规党纪执行、“两个责任”落实,提高党建工作科学化水平。

(四)完善生态环境公共服务

全面推进网上办事服务。整合集成建设项目环评、危险废物越境转移核准、自然保护区建立和调整等行政许可审批系统和信息,建立网上审批数据资源库,构建“一站式”办事平台。建设电子政务办事大厅,形成网上服务与实体大厅服务、线上服务与线下服务相结合的一体化服务模式,实现统一受理、同步审查、信息共享、透明公开。通过国家统一的政府数据共享交换平台,加强行政审批数据跨部门共享,支撑并联审批,不断优化办事流程,提高办事便捷性。

提升信息公开服务质量。加强信息公开渠道建设,通过政府网站、官方微博微信等基于互联网的信息平台建设,提高信息公开的质量和时效。积极做好主动公开工作,满足公众环境信息需求。完善信息公开督促和审查机制,规范信息发布和解读,传递全面、准确、权威信息。不断扩充部长信箱、12369 环保热线、微博微信等政民互动渠道,及时回应公众意见、建议和举报,加大公众参与力度。

拓展政府综合服务能力。以优化提升民生服务、激发社会活力、促进大数据应用市场化为重点,建立生态环境综合服务平台,充分利用行业和社会数据,研发环境质量、环境健康、环境认证、环境信用、绿色生产等方面的信息产品,提供有效便捷的全方位信息服务。推动传统公共服务数据与移动互联网等数据的汇聚整合,开发各类便民应用,优化公共资源配置。

(五)统筹建设大数据平台

建设大数据环保云平台。加强大数据基础设施技术架构、空间布局、建设模式、服务方式、制度保障等方面的顶层设计和统筹布局,实施网络资源、计算资源、存储资源、安全资源的集约建设、集中管理、整体运维,以“一朵云”模式建设环保云平台。实施业务系统环保云平台部署,保障信息安全。推动同城备份和异地灾备中心建设。

建设大数据管理平台。大数据管理平台是数据资源传输交换、存储管理和分析处理的平台,为大数据应用提供统一的数据支撑服务。主要实现数据传输交换、管理监控、共享开放、分析挖掘等基本功能,支撑分布式计算、流式数据处理、大数据关联分析、趋势分析、空间分析,支撑大数据产品研发和应用。

建设大数据应用平台。运用大数据新理念、新技术、新方法,开展生态环境综合决策、环境监管和公共服务等创新应用,为生态环境决策和管理提供服务。

（六）推动大数据试点

开展地方大数据应用试点。根据地方特点，选择有代表性的省、市开展生态环境大数据创新应用，探索应用模式，推动试点成果的推广和实施。

三、保障措施

（一）完善组织实施机制

成立生态环境大数据建设领导小组及其办公室，建立大数据发展和应用统筹协调机制，明确各单位职责分工和工作要求，形成协同配合、全面推进的工作格局。整合优化环境信息化队伍，加强大数据相关基础和应用研究以及人才培养。规范信息化项目管理，充分利用环境保护业务专网等基础设施，严格项目立项审批和验收，加大资金投入，保障大数据建设相关任务顺利开展。

（二）健全数据管理制度

建立健全生态环境数据管理制度，明确各级各部门的数据责任、义务与使用权限，合理界定业务数据的使用方式与范围，规范数据采集、存储、共享和应用，保障数据一致性、准确性和权威性。制定环境信息资源管理和数据贡献考核评估办法，促进数据在风险可控原则下最大程度共享和开放。

（三）建立标准规范体系

加强大数据标准规范研究，结合大数据主要建设任务，重点推进生态环境数据整合集成、传输交换、共享开放、应用支撑、数据质量与信息安全等方面标准规范的制定和实施。

（四）实施统一运维管理

落实生态环境大数据运行管理制度，规范运行维护流程，形成较为完善的运行维护管理体系。加强大数据运行保障、监控预警能力建设，依托专业化运维队伍，对网络、计算、存储、基础软件、安全设备等大数据基础设施实施统一运维，实现系统快速部署更新、资源合理高效调度、网络实时动态监控和安全稳定可靠，有效降低运维经费成本，提高运维服务质量和水平。

（五）强化信息安全保障

建立集中统一的信息安全保障机制，明确数据采集、传输、存储、使用、开放等各环节的信息安全范围边界、责任主体和具体要求。落实信息安全等级保护、分级保护等国家信息安全制度，开展信息安全等级测评、风险评估、安全防范、应急处置等工作。加强网络安全建设，构建环保云安全管理中心，增强大数据环保云基础设施、数据资源和应用系统等的安全保障能力。

《农业农村大数据试点方案》

为贯彻落实《国务院关于印发促进大数据发展行动纲要的通知》(国发〔2015〕50号)和《农业部关于推进农业农村大数据发展的实施意见》(农市发〔2015〕6号)、《农业部关于印发〈“十三五”全国农业农村信息化发展规划〉的通知》(农市发〔2016〕5号)等有关部署要求,鼓励基础较好的地方结合自身实际,积极探索发展农业农村大数据的机制和模式,带动不同地区、不同领域大数据发展和应用,特制定本试点方案。

一、总体要求

紧紧围绕解决制约农业农村大数据发展的突出问题和薄弱环节,瞄准“数从哪来、数谁来用、数怎么管”,充分运用大数据理念和技术创新农业监测统计工作的思路和办法,充分发挥各地农业部门及企业、科研单位、行业协会的作用,推进大数据在农业生产、经营、管理、服务等各环节、各领域的应用,形成一批可复制、可推广、可持续的试点成果,提高农业农村经济运行监测的能力和水平,更好地服务政府部门决策和市场主体生产经营决策。

二、试点目标

力争通过3年左右时间,到2019年底达到以下目标:

——数据共享取得突破。地方各级农业部门内部及涉农部门间的数据共享机制初步形成,省级农业数据中心建设取得显著展,部省联动、数据共享取得突破。

——单品种大数据建设取得突破。结合优势特色产业,建成干单品种全产业链的大数据,并在引导市场预期和指导农业生中充分发挥作用。

——市场化投资、建设和运营机制取得突破。通过政府购买务、政府与社会资本合作(PPP)等方式建设大数据取得实质性展,形成一批项目成果,探索出有效路径和模式。

——大数据应用取得突破。大数据在农业生产经营各环节加应用,大数据关键共性技术研发、关联分析和挖掘利用取得积极展,形成一批创新应用成果。

三、主要任务

(一)推进涉农数据共享开展省级农业农村大数据中心建设,通过软硬件资源整合和构重建,形成上下联动、覆盖全面的省级农业农村大数据共享平。

完善农业信息资源共享机制,以共享促共建,制定涉农信息资目录体系与相关标准,深化农业专项数据建设,促进信息资源共共建、系统互联互通、业务协作协同。推动省部农业大数据共探索农业部各类统计报表、各类数据调查样本和调查结果、批市场监测数据、农村固定观察点数据等开放模式,促进部省之间数据有序共享。(试点省份:天津、上海、江苏、安徽、江西、山东、湖南、广东、广西、重庆、四川、贵州、云南、青海、新疆)

(二)开展单品种大数据建设依托本地区优势特色产业,开展单品种全产业链大数据建设,建立完善的数据采集、数据分析和数据服务机制,增强生产经营的科学决策能力。

1.生猪大数据。利用大数据技术构建生猪价格发现机制,汇聚生猪全产业链数据,通过分析模型和关联分析技术,加强生猪价格周期波动规律研究。(试点省份:北京、重庆重点完善以消费趋势为导向的生猪全产业链数据监测试点,四川重点依托生猪生产及价格监测预警系统开展建设)

2.柑橘大数据。整合柑橘产业资源数据,结合物联网监测数据、调查统计数据及电商平台数据,进行数据挖掘分析,为管理部门决策、生产者经营管理及消费者提供服务。(试点省份:江西重点依托省农业数据云建设柑橘全产业链大数据,重庆重点建设市柑橘产业数据中心)

3.花生大数据。开展花生品种面积、生产资料、气象环境、精深加工、仓储运输、市场价格等数据采集,通过数据清洗、分析、挖掘和服务,指导决策、服务生产、辅助经营。(试点省份:辽宁重点加强数据采集体系、数据处理团队及分析模型构建,吉林以扶余四粒红花生为重点建设大数据支撑平台及统计分析队伍)数据有序共享。(试点省份:天津、上海、江苏、安徽、江西、山东、湖南、广东、广西、重庆、四川、贵州、云南、青海、新疆)

(三)开展单品种大数据建设依托本地区优势特色产业,开展单品种全产业链大数据建设,建立完善的数据采集、数据分析和数据服务机制,增强生产经营的科学决策能力。

1.生猪大数据。利用大数据技术构建生猪价格发现机制,汇聚生猪全产业链数据,通过分析模型和关联分析技术,加强生猪价格周期波动规律研究。(试点省份:北京、重庆重点完善以消费趋势为导向的生猪全产业链数据监测试点,四川重点依托生猪生产及价格监测预警系统开展建设)

2.柑橘大数据。整合柑橘产业资源数据,结合物联网监测数据、调查统计数据及电商平台数据,进行数据挖掘分析,为管理部门决策、生产者经营管理

及消费者提供服务。(试点省份:江西重点依托省农业数据云建设柑橘全产业链大数据,重庆重点建设市柑橘产业数据中心)

3. 花生大数据。开展花生品种面积、生产资料、气象环境、精深加工、仓储运输、市场价格等数据采集,通过数据清洗、分析、挖掘和服务,指导决策、服务生产、辅助经营。(试点省份:辽宁重点加强数据采集体系、数据处理团队及分析模型构建,吉林以扶余四粒红花生为重点建设大数据支撑平台及统计分析队伍)"利益共享、风险共担、全程合作"的原则,引导新型农业经营主体及其他社会资金积极投资农业大数据建设。加强政府和社会资本合作(PPP 模式)的制度设计,研究制定服务外包、项目代建的具体措施,以及与之配套的信息安全保密管理制度,探索大数据建设运营新模式。(试点省份:河北、辽宁、吉林、江西、广西)

(四)推动农业农村大数据应用积极探索农业大数据技术在农业领域集成应用,对海量数据进行分析挖掘,实现决策的智能化、精确化和科学化。结合农业物联网、信息进村入户和农产品电子商务等工作,在测土配方施肥、动植物疫病防控、农机作业、农产品质量安全监管、农业生态环境保护等领域,研发一批有效支撑智慧农业建设的大数据应用系统。联合政产学研用各方主体,开展农业大数据共性关键技术研发和大数据关联分析,开发一批分析模型和应用成果。(试点省份:河北、辽宁、江苏、湖北、云南)

四、保障措施

(一)加强组织领导。各试点地区要制定试点工作方案,细化试点任务和措施,充实人员力量,强化队伍建设。试点工作中要及时总结经验、反映问题、提出建议,为指导面上工作提供参考。农业部市场与经济信息司将定期开展总结评估,推广典型经验。

(二)加强团队协作。各试点地区要充分发挥科研院所、行业协会及企业的作用,加强联合与合作,形成有力的工作团队和协作机制。农业部市场与经济信息司将会同有关单位和专家,在工作指导和数据共享等方面加大推进力度。

(三)强化政策创设。试点地区要认真谋划、积极争取国家和省级关于大数据、"互联网 +"等扶持政策和工程项目,加大资金支持力度。农业部在制定相关政策时,对试点省份优先考虑,支持开展试点工作。

《关于推进水利大数据发展的指导意见》

党的十八届五中全会明确提出实施国家大数据战略,《国民经济和社会发展第十三个五年规划纲要》将实施国家大数据战略作为"十三五"时期坚持创新驱动发展、培育发展新动力、拓展发展新空间的重要抓手。水利在国民经济和社会发展中发挥着重要作用,是大数据产生和应用重要领域之一,历年来,水利结合重大信息化建设项目、资源调查与普查专项工作以及日常工作等产生和积累了海量水利数据,对认识水利规律、强化水利管理、谋划水利未来均具有重要价值。为深入贯彻落实国务院《促进大数据发展行动纲要》(国发〔2015〕50号)精神,充分发挥大数据在水利改革发展中重要作用,促进水利大数据发展,有力支撑和服务水利现代化,制定本指导意见。

一、总体要求

(一)指导思想

深入贯彻党的十八大和十八届三中、四中、五中、六中全会精神及习近平总书记系列重要讲话精神,贯彻国家网络安全和信息化战略部署,紧紧围绕"十三五"水利改革发展,加强顶层设计和统筹协调,以创新为动力,以需求为导向,以整合为手段,以应用为目标,以安全为保障,加快数据整合共享和有序开放,推进水利业务与信息技术深度融合,深化大数据在水利工作中的创新应用,促进水治理体系和治理能力现代化。

(二)基本原则

围绕中心、服务大局。从治水管水兴水新要求入手,协调解决水资源、水环境、水生态和水灾害等问题,明确工作重点,推动水利大数据技术应用高效可持续发展,服务水利事业发展大局。

统筹规划、协同发展。加强顶层设计,坚持统筹规划、统一标准,分级推进、分类实施。加强横向跨业务、纵向跨层级的水利数据资源整合共享。以业务化应用促进数据采集与开发利用,共同推动水利大数据发展。

整合共享、保障安全。建立科学规范的数据共享应用机制,大力推动水利数据在系统内的整合以及政府部门间的共享,稳步有序推进水利数据产品向社会开放。构建安全、规范的大数据应用发展环境,妥善处理数据开放与安全的关系,切实保障数据安全。

融合创新、强化应用。深入推进信息技术与水利工作融合,促进数据管理机制与应用模式创新，加大大数据应用力度，提升数据挖掘利用水平，充分发挥大数据在水利引领作用。

上下联动、社会参与。强化水利部门主导作用，探索中央和地方联动、社会参与的大数据应用与发展模式。引导涉水部门、行业组织等社会力量广泛参与，形成覆盖全面、业务协同、众筹共享的水利大数据发展格局。

（三）主要目标

按照实施国家大数据战略要求，立足水利工作发展需要，健全水利数据资源体系，实现水利数据有序共享、适度开放，深化水利大数据应用与，促进新业态发展，支撑水治理体系和治理能力现代化。

健全水利数据资源体系。梳理整合水文水资源、防汛抗旱、水利工程、水土保持、农村水利、水库移民与扶贫、水行政执法、水利安全监管与水利规划等各类数据，形成内容全面、标准统一的数据资源目录，健全水利数据资源体系，全面提升水利数据支撑能力。

实现水利数据有序共享开放。构建水利数据共享应用平台，建立有序共享、适度开放、安全可靠的水利数据共享应用新机制，形成水利数据在系统内、政府部门间有序共享和向社会适度开放的新格局。

深化水利数据开发应用。在做好水利数据采集与管理的基础上，重点做好水利大数据的深度挖掘、分析研究及产品加工，支撑水资源、水环境、水生态和水灾害等水利应用。不断创新发展模式，探索运用市场机制，拓宽投融资渠道，积极引导社会力量参与，逐步形成水利大数据开发服务。

二、夯实水利大数据发展和应用基础

立足水利工作与水利现代化发展需要，构建完善的水利数据资源体系，推动水利大数据高效采集、有效管理，在确保安全前提下，稳步推进水利数据互联互通、部门共享、社会开放，以及社会数据的高效应用，夯实水利大数据发展和应用基础。

（一）健全水利数据资源体系

水利数据资源是水利大数据发展基础，通过提升数据资源获取能力、整合集成各类水利数据、建立水利数据资源目录、完善数据更新机制，形成标准统一、持续更新的水利数据体系。

1. 提升数据资源获取能力。加强水利数据资源规划，明确数据资源采集责任，避免重复采集，逐步实现“一次采集，多次应用”。利用物联网、移动互联网等新技术，拓宽数据获取渠道，创新数据采集方式，规范数据传输，确保数据及时上报和信息安全。

2. 整合集成各类水利数据资源。加强对各类基础数据、业务数据、管理数据、成果资料和统计数据的有效集成，汇聚整合形成布局合理、规模适度、保障有力、绿色集约的水利数据资源，实现对各类水利数据的统一管理和应用。

3. 建立水利数据资源目录。按照“一数一源”原则，对已有各类水利数据进行系统、全面梳理，摸清家底，逐步建立横向覆盖各业务领域、纵向包括“国家—流域—省”的水利数据资源目录。

4. 完善数据更新机制。按照业务职能和分级管理事权，明确数据更新责任主体，建立横向跨业务纵向跨级在线联动数据更新机制，实现数据同步更新。

近期目标：完成水利部水利数据资源梳理，基本完成水利数据资源整合，形成水利数据资源目录，实现水利数据联动更新。

（二）实现水利内部信息联通

各级水利部门要依托信息资源整合与共享项目建设水信息基础平台，构建横向内部水利业务之间数据共享应用机制、纵向各级水利部门之间数据交换机制，实现水利系统内部数据分层级按权限互联互通，打破“信息孤岛”，充分发挥数据效能。

1. 建设水信息基础平台。流域机构和省级水行政主管部门要依托信息资源整合与共享项目建设水信息基础平台，并与水利部水信息基础平台进行衔接，为实现数据资源传输交换、共享开放、分析挖掘和应用提供统一的支撑服务。

2. 横向构建内部水利业务之间数据共享。各级水利部门要加强数据的共享和应用机制建设，明确信息共享的范围边界和使用方式，在水信息基础平台基础上，实现各类基础数据、专题数据及数据产品在部门内部共享使用。

3. 纵向建立各级水利部门之间数据交换。建立健全数据交换相关制度，落实数据交换相关主体权利、责任和义务，依托水利信息网和水利数据交换平台，实现各级水利部门之间数据交换。

近期目标：基本实现横向内部水利业务之间数据共享、纵向各级水利主管部门之间数据交换。

（三）推进部门之间数据共享

在水利数据资源目录基础上，制定水利信息资源目录，有序推进水利数据与其他政府部门间共享服务，推动数据有效利用，提升政府服务能力和综合效能。

1. 制定水利信息资源目录。按照《政务信息资源目录编制指南》(国发〔2016〕51 号)要求,编制水利信息资源目录,理清共享数据的内容、范围和共享使用方式,确保共享数据质量、时效、安全。

2. 有序开展信息共享服务。各级水利部门利用水信息基础平台,依托水利信息网以及国家电子政务内网和外网,与国家共享平台对接,有序开展信息共享服务。重点加快水利行政审批监管、水利信用体系等信息与相关部门开展共享服务。

近期目标:建立水利信息资源目录,基本实现与相关政府部门之间信息共享服务。

(四)促进大数据开放与应用

按照“大众创业、万众创新”要求,建立水利数据开放机制和标准、建设水利数据开放平台、引导水利数据开发利用,稳步推进水利数据向社会开放,推进可开放数据的社会化应用。

1. 建立水利数据应用机制和标准。明晰数据开放相关主体的权利、责任和义务,规范数据开放管理、社会使用、安全和监督检查等行为。编制水利数据开放清单,制定水利数据开放标准。

2. 建设水利数据开放平台。依托水信息基础平台,构建水利数据开放服务,并与国家政府数据统一开放平台对接,各级水利部门依据数据开放清单,开展水利数据开放服务。

3. 收集与汇聚水利相关社会数据。及时收集与汇聚报纸、杂志、电视、广播等传统媒体以及网络、视频、电子杂志、微信、社区、论坛、博客等新媒体涉及水利领域的民生需求、舆论热点、公众意见等数据。

4. 引导水利大数据开发利用。规范和引导市场主体、行业组织等社会力量广泛参与水利大数据开发利用,加强水利专题数据产品制作与增值服务,逐步提升水利大数据开发服务水平。

近期目标:形成水利数据开放清单,向社会开展水利数据开放服务。

三、把握水利大数据发展和应用重点

紧密围绕水利中心工作,采用现代信息技术,致力水利治理体系与治理能力现代化,为实现“保障防洪安全、优化配置水资源、维护河湖健康、防治水土流失、促进生态文明”政务目标提供有效大数据支撑服务。

(一)实施水资源精细管理与评估

以三条红线管理为重点,利用水文水资源、社会与经济、基础地理、网络舆情等数据,研制水资源开发、利用、保护等预警预报大数据模型,初步开展智能、综合、高效的水资源大数据信息服务。基于跨业务、跨行业、跨层级的数据综合,实现水资源精细管理、红线复核、风险预警和效益评估等大数据应用。

近期目标:开展大数据水资源分析模型研制及示范应用,逐步推广水资源大数据分析信息服务。

(二)增强水环境监测监管能力

以长江流域为试点,开展流域水环境信息服务。通过天地一体化采集和集成多源社会监督数据,提升水环境监测能力。利用大数据技术,加强对水环境数据的关联分析,实现对流域重要水功能区、规模以上入河排污口、重要饮用水源地等监测信息评估,增强水环境趋势分析和预警能力,支撑水环境精细化分析和监管。

近期目标:开展水环境信息服务试点应用,并逐步推广应用,全面支撑和服务水环境监测与监管等工作。

(三)推进水生态管理信息服务

以黄河流域、太湖流域为试点,围绕提升水生态风险防范等能力,开展流域生态大数据应用。围绕贯彻落实国务院批复的《全国水土保持规划》,整合现有土壤侵蚀、监督管理和综合治理等各类业务数据,建立统一的信息采集、管理与服务体系。以黄河流域为试点,为生产建设项目"天地一体化"监管、综合治理工程"精细化"管理、土壤侵蚀快速监测评价等工作提供全面信息服务支撑,实施水土保持目标责任考核、提升水土保持监管能力。围绕贯彻落实国务院批复的《全国重要江河水功能区划》,为实施太湖流域水环境综合治理、河岸带生态修复和重要湖泊水华治理提供全面信息服务支撑。

近期目标:开展水生态管理信息服务试点应用,并逐步推广应用,全面支撑和服务生态流量管理、水土保持综合管理、监测与监管等工作。

(四)加强水旱灾害监测预测预警

利用天地一体化动态监测数据,结合社会与经济、基础地理、网络舆情等数据,重点开展集雨水情趋势预测、山洪灾害预警、旱情监测评估、险情监测预警和灾情评估等功能于一体的水旱灾害预测预警新服务。根据城市防洪排涝特点,重点考虑城市地表微地形及主要设施、地下管网、监控视频、网络舆情等数据,开展城市防洪排涝预测预警示范应用。

近期目标:构建天地一体化水旱灾害预测预警新服务体系,有序开展业务应用,提升天地一体化水旱灾害预测预警新服务能力。

（五）支撑河长制任务落实

紧密围绕河长制实际需要，整合现有各种基础数据、动态监测和监督数据，汇聚其他行业数据和社会监督数据，建立河长制信息报送和管理、专业的数据分析、统一的数据发布、有效的信息服务，形成河长制信息的统一管理与服务，为全面推行河长制提供有效的信息技术支撑。

近期目标：建设全国河长制信息管理系统，开展信息管理应用与服务，支撑河长制动态管理，支撑河长制工作开展。

（六）开展智慧流域试点示范应用

以太湖流域为试点，利用新一代现代信息技术，构建政府、企业、社会参与的水利协同治理新模式，全面提升流域感知水平、切实提高信息传输能力、全面改善数据管理水平、整体优化分析决策模型、提升流域综合管理调度控制能力，开展水利大数据服务分析与应用服务。

近期目标：开展智慧流域大数据应用服务示范，进一步推广智慧流域大数据应用服务。

四、保障措施

（一）完善组织实施机制

水利大数据发展工作由水利部网络安全与信息化领导小组统一领导。各级水行政主管部门按照水利大数据发展的总体要求，建立水利大数据统筹与实施机制，形成责任明确、分工有序、共同推进的工作格局。

各级水行政主管部门网络安全与信息化领导小组办公室负责水利大数据发展的统筹协调和组织实施，会同有关部门编制水利数据共享目录和开放清单；相关技术单位负责有关共享平台和开放平台、数据共享和开放的技术支撑保障工作。政策制度、标准规范和部分平台建设等工作采取统一建设模式，由部统筹规划、主导建设。

（二）健全数据管理制度

各级水行政主管部门的业务管理部门会同相关技术单位，建立并完善水利数据分级分类管理办法，建立健全水利数据管理制度，明确数据生产和管理的责任、义务以及数据使用权限，明晰数据管理和数据使用的考核评价方式，合理界定数据的使用方式与范围，规范数据采集、传输、存储、共享、开放和应用，保障数据一致性、准确性和权威性。

（三）提升科技支撑能力

在统筹考虑现有布局和利用现有科技资源基础上，推进水利部大数据工程技术研究中心成立和建设。建立多层次、多类型的水利大数据人才培养体系,创新人才培养机制,积极引进大数据高层次人才。加大力度培养具有计算机技术、大数据分析、水利管理等多学科知识的跨界复合型人才。加强职业技能人才培养,培育水利大数据技术和应用创新型人才。鼓励高等院校、科研机构、高新企业联合攻关。充分利用社会资源,重点加强水利大数据采集、存储、管理、数据清洗挖掘和分析、可视化、数据安全与隐私保护等领域关键技术的研发与应用,形成安全可靠的大数据技术体系。

(四)创新投入和发展机制

按照水利大数据发展需求,在充分利用已有项目资金基础上,积极拓宽资金来源渠道,强化资金保障。各级水行政主管部门要加大对大数据发展的经费保障力度,把大数据发展工作所需经费纳入年度预算,积极支持水利大数据的关键技术研发、重大应用示范工程和数据共享开放平台建设等。探索可持续发展机制,支持政府部门和企业合作,鼓励市场主体和社会公众开展水利大数据增值性、公益性开发和创新应用,规范引导社会资本进入水利大数据领域。

(五)加强大数据安全管理

建立健全大数据安全体系,做好顶层设计,加强对水利大数据的安全技术防护和安全管理,明确数据管理和维护责任单位,落实数据安全保护措施,采用安全可信产品和服务,加强日常监管。建立和完善大数据安全标准规范,提升安全监测、预警和应急处置能力。切实加强对涉及国家利益、公共安全、商业秘密、个人隐私等信息的保护。妥善处理共享开放与保障安全的关系,促进数据共享开放同时,确保数据安全、风险可控。

全国人民代表大会常务委员会《关于加强网络信息保护的决定》

为了保护网络信息安全,保障公民、法人和其他组织的合法权益,维护国家安全和社会公共利益,特作如下决定:

一、国家保护能够识别公民个人身份和涉及公民个人隐私的电子信息。

任何组织和个人不得窃取或者以其他非法方式获取公民个人电子信息,不得出售或者非法向他人提供公民个人电子信息。

二、网络服务提供者和其他企业事业单位在业务活动中收集、使用公民个人电子信息,应当遵循合法、正当、必要的原则,明示收集、使用信息的目的、方式和范围,并经被收集者同意,不得违反法律、法规的规定和双方的约定收集、使用信息。

网络服务提供者和其他企业事业单位收集、使用公民个人电子信息,应当公开其收集、使用规则。

三、网络服务提供者和其他企业事业单位及其工作人员对在业务活动中收集的公民个人电子信息必须严格保密,不得泄露、篡改、毁损,不得出售或者非法向他人提供。

四、网络服务提供者和其他企业事业单位应当采取技术措施和其他必要措施,确保信息安全,防止在业务活动中收集的公民个人电子信息泄露、毁损、丢失。在发生或者可能发生信息泄露、毁损、丢失的情况时,应当立即采取补救措施。

五、网络服务提供者应当加强对其用户发布的信息的管理,发现法律、法规禁止发布或者传输的信息的,应当立即停止传输该信息,采取消除等处置措施,保存有关记录,并向有关主管部门报告。

六、网络服务提供者为用户办理网站接入服务,办理固定电话、移动电话等入网手续,或者为用户提供信息发布服务,应当在与用户签订协议或者确认提供服务时,要求用户提供真实身份信息。

七、任何组织和个人未经电子信息接收者同意或者请求,或者电子信息接收者明确表示拒绝的,不得向其固定电话、移动电话或者个人电子邮箱发送商业性电子信息。

八、公民发现泄露个人身份、散布个人隐私等侵害其合法权益的网络信息,或者受到商业性电子信息侵扰的,有权要求网络服务提供者删除有关信息或者采取其他必要措施予以制止。

九、任何组织和个人对窃取或者以其他非法方式获取、出售或者非法向他人提供公民个人电子信息的违法犯罪行为以及其他网络信息违法犯罪行为,有权向有关主管部门举报、控告;接到举报、控告的部门应当依法及时处理。被侵权人可以依法提起诉讼。

十、有关主管部门应当在各自职权范围内依法履行职责,采取技术措施和其他必要措施,防范、制止和查处窃取或者以其他非法方式获取、出售或者非法向他人提供公民个人电子信息的违法犯罪行为以及其他网络信息违法犯罪行为。有关主管部门依法履行职责时,网络服务提供者应当予以配合,提供技术支持。

国家机关及其工作人员对在履行职责中知悉的公民个人电子信息应当予以保密,不得泄露、篡改、毁损,不得出售或者非法向他人提供。

十一、对有违反本决定行为的,依法给予警告、罚款、没收违法所得、吊销许可证或者取消备案、关闭网站、禁止有关责任人员从事网络服务业务等处罚,记入社会信用档案并予以公布;构成违反治安管理行为的,依法给予治安管理处罚。构成犯罪的,依法追究刑事责任。侵害他人民事权益的,依法承担民事责任。

十二、本决定自公布之日起施行。

最高人民法院、最高人民检察院《关于办理侵犯公民个人信息刑事案件适用法律若干问题的解释》

为依法惩治侵犯公民个人信息犯罪活动，保护公民个人信息安全和合法权益，根据《中华人民共和国刑法》《中华人民共和国刑事诉讼法》的有关规定，现就办理此类刑事案件适用法律的若干问题解释如下：

第一条 刑法第二百五十三条之一规定的"公民个人信息"，是指以电子或者其他方式记录的能够单独或者与其他信息结合识别特定自然人身份或者反映特定自然人活动情况的各种信息，包括姓名、身份证件号码、通信通讯联系方式、住址、账号密码、财产状况、行踪轨迹等。

第二条 违反法律、行政法规、部门规章有关公民个人信息保护的规定的，应当认定为刑法第二百五十三条之一规定的"违反国家有关规定"。

第三条 向特定人提供公民个人信息，以及通过信息网络或者其他途径发布公民个人信息的，应当认定为刑法第二百五十三条之一规定的"提供公民个人信息"。

未经被收集者同意，将合法收集的公民个人信息向他人提供的，属于刑法第二百五十三条之一规定的"提供公民个人信息"，但是经过处理无法识别特定个人且不能复原的除外。

第四条 违反国家有关规定，通过购买、收受、交换等方式获取公民个人信息，或者在履行职责、提供服务过程中收集公民个人信息的，属于刑法第二百五十三条之一第三款规定的"以其他方法非法获取公民个人信息"。

第五条 非法获取、出售或者提供公民个人信息，具有下列情形之一的，应当认定为刑法第二百五十三条之一规定的"情节严重"：

（一）出售或者提供行踪轨迹信息，被他人用于犯罪的；

（二）知道或者应当知道他人利用公民个人信息实施犯罪，向其出售或者提供的；

（三）非法获取、出售或者提供行踪轨迹信息、通信内容、征信信息、财产信息五十条以上的；

（四）非法获取、出售或者提供住宿信息、通信记录、健康生理信息、交易信息等其他可能影响人身、财产安全的公民个人信息五百条以上的；

（五）非法获取、出售或者提供第三项、第四项规定以外的公民个人信息

五千条以上的;

(六)数量未达到第三项至第五项规定标准,但是按相应比例合计达到有关数量标准的;

(七)违法所得五千元以上的;

(八)将在履行职责或者提供服务过程中获得的公民个人信息出售或者提供给他人,数量或者数额达到第三项至第七项规定标准一半以上的;

(九)曾因侵犯公民个人信息受过刑事处罚或者二年内受过行政处罚,又非法获取、出售或者提供公民个人信息的;

(十)其他情节严重的情形。

实施前款规定的行为,具有下列情形之一的,应当认定为刑法第二百五十三条之一第一款规定的“情节特别严重”:

(一)造成被害人死亡、重伤、精神失常或者被绑架等严重后果的;

(二)造成重大经济损失或者恶劣社会影响的;

(三)数量或者数额达到前款第三项至第八项规定标准十倍以上的;

(四)其他情节特别严重的情形。

第六条 为合法经营活动而非法购买、收受本解释第五条第一款第三项、第四项规定以外的公民个人信息,具有下列情形之一的,应当认定为刑法第二百五十三条之一规定的“情节严重”:

(一)利用非法购买、收受的公民个人信息获利五万元以上的;

(二)曾因侵犯公民个人信息受过刑事处罚或者二年内受过行政处罚,又非法购买、收受公民个人信息的;

(三)其他情节严重的情形。

实施前款规定的行为,将购买、收受的公民个人信息非法出售或者提供的,定罪量刑标准适用本解释第五条的规定。

第七条 单位犯刑法第二百五十三条之一规定之罪的,依照本解释规定的相应自然人犯罪的定罪量刑标准,对直接负责的主管人员和其他直接责任人员定罪处罚,并对单位判处罚金。

第八条 设立用于实施非法获取、出售或者提供公民个人信息违法犯罪活动的网站、通讯群组,情节严重的,应当依照刑法第二百八十七条之一的规定,以非法利用信息网络罪定罪处罚;同时构成侵犯公民个人信息罪的,依照侵犯公民个人信息罪定罪处罚。

第九条 网络服务提供者拒不履行法律、行政法规规定的信息网络安全管理义务，经监管部门责令采取改正措施而拒不改正，致使用户的公民个人信息泄露，造成严重后果的，应当依照刑法第二百八十六条之一的规定，以拒不履行信息网络安全管理义务罪定罪处罚。

第十条　实施侵犯公民个人信息犯罪，不属于“情节特别严重”，行为人系初犯，全部退赃，并确有悔罪表现的，可以认定为情节轻微，不起诉或者免予刑事处罚；确有必要判处刑罚的，应当从宽处罚。

第十一条　非法获取公民个人信息后又出售或者提供的，公民个人信息的条数不重复计算。

向不同单位或者个人分别出售、提供同一公民个人信息的，公民个人信息的条数累计计算。

对批量公民个人信息的条数，根据查获的数量直接认定，但是有证据证明信息不真实或者重复的除外。

第十二条　对于侵犯公民个人信息犯罪，应当综合考虑犯罪的危害程度、犯罪的违法所得数额以及被告人的前科情况、认罪悔罪态度等，依法判处罚金。罚金数额一般在违法所得的一倍以上五倍以下。

第十三条　本解释自2017年6月1日起施行。

《征信业管理条例》

第一章 总 则

第一条 为了规范征信活动,保护当事人合法权益,引导、促进征信业健康发展,推进社会信用体系建设,制定本条例。

第二条 在中国境内从事征信业务及相关活动,适用本条例。

本条例所称征信业务,是指对企业、事业单位等组织(以下统称企业)的信用信息和个人的信用信息进行采集、整理、保存、加工,并向信息使用者提供的活动。

国家设立的金融信用信息基础数据库进行信息的采集、整理、保存、加工和提供,适用本条例第五章规定。

国家机关以及法律、法规授权的具有管理公共事务职能的组织依照法律、行政法规和国务院的规定,为履行职责进行的企业和个人信息的采集、整理、保存、加工和公布,不适用本条例。

第三条 从事征信业务及相关活动,应当遵守法律法规,诚实守信,不得危害国家秘密,不得侵犯商业秘密和个人隐私。

第四条 中国人民银行(以下称国务院征信业监督管理部门)及其派出机构依法对征信业进行监督管理。

县级以上地方人民政府和国务院有关部门依法推进本地区、本行业的社会信用体系建设,培育征信市场,推动征信业发展。

第二章 征信机构

第五条 本条例所称征信机构,是指依法设立,主要经营征信业务的机构。

第六条 设立经营个人征信业务的征信机构,应当符合《中华人民共和国公司法》规定的公司设立条件和下列条件,并经国务院征信业监督管理部门批准:

(一)主要股东信誉良好,最近3年无重大违法违规记录;

(二)注册资本不少于人民币5000万元;

(三)有符合国务院征信业监督管理部门规定的保障信息安全的设施、设备和制度、措施；

（四）拟任董事、监事和高级管理人员符合本条例第八条规定的任职条件；

（五）国务院征信业监督管理部门规定的其他审慎性条件。

第七条　申请设立经营个人征信业务的征信机构，应当向国务院征信业监督管理部门提交申请书和证明其符合本条例第六条规定条件的材料。

国务院征信业监督管理部门应当依法进行审查，自受理申请之日起60日内作出批准或者不予批准的决定。决定批准的，颁发个人征信业务经营许可证；不予批准的，应当书面说明理由。

经批准设立的经营个人征信业务的征信机构，凭个人征信业务经营许可证向公司登记机关办理登记。

未经国务院征信业监督管理部门批准，任何单位和个人不得经营个人征信业务。

第八条　经营个人征信业务的征信机构的董事、监事和高级管理人员，应当熟悉与征信业务相关的法律法规，具有履行职责所需的征信业从业经验和管理能力，最近3年无重大违法违规记录，并取得国务院征信业监督管理部门核准的任职资格。

第九条　经营个人征信业务的征信机构设立分支机构、合并或者分立、变更注册资本、变更出资额占公司资本总额5%以上或者持股占公司股份5%以上的股东的，应当经国务院征信业监督管理部门批准。

经营个人征信业务的征信机构变更名称的，应当向国务院征信业监督管理部门办理备案。

第十条　设立经营企业征信业务的征信机构，应当符合《中华人民共和国公司法》规定的设立条件，并自公司登记机关准予登记之日起30日内向所在地的国务院征信业监督管理部门派出机构办理备案，并提供下列材料：

（一）营业执照；

（二）股权结构、组织机构说明；

（三）业务范围、业务规则、业务系统的基本情况；

（四）信息安全和风险防范措施。

备案事项发生变更的，应当自变更之日起30日内向原备案机构办理变更备案。

第十一条　征信机构应当按照国务院征信业监督管理部门的规定，报告上一年度开展征信业务的情况。

国务院征信业监督管理部门应当向社会公告经营个人征信业务和企业征信业务的征信机构名单,并及时更新。

第十二条 征信机构解散或者被依法宣告破产的,应当向国务院征信业监督管理部门报告,并按照下列方式处理信息数据库:

(一)与其他征信机构约定并经国务院征信业监督管理部门同意,转让给其他征信机构;

(二)不能依照前项规定转让的,移交给国务院征信业监督管理部门指定的征信机构;

(三)不能依照前两项规定转让、移交的,在国务院征信业监督管理部门的监督下销毁。

经营个人征信业务的征信机构解散或者被依法宣告破产的,还应当在国务院征信业监督管理部门指定的媒体上公告,并将个人征信业务经营许可证交国务院征信业监督管理部门注销。

第三章 征信业务规则

第十三条 采集个人信息应当经信息主体本人同意,未经本人同意不得采集。但是,依照法律、行政法规规定公开的信息除外。

企业的董事、监事、高级管理人员与其履行职务相关的信息,不作为个人信息。

第十四条 禁止征信机构采集个人的宗教信仰、基因、指纹、血型、疾病和病史信息以及法律、行政法规规定禁止采集的其他个人信息。

征信机构不得采集个人的收入、存款、有价证券、商业保险、不动产的信息和纳税数额信息。但是,征信机构明确告知信息主体提供该信息可能产生的不利后果,并取得其书面同意的除外。

第十五条 信息提供者向征信机构提供个人不良信息,应当事先告知信息主体本人。但是,依照法律、行政法规规定公开的不良信息除外。

第十六条 征信机构对个人不良信息的保存期限,自不良行为或者事件终止之日起为5年;超过5年的,应当予以删除。

在不良信息保存期限内,信息主体可以对不良信息作出说明,征信机构应当予以记载。

第十七条 信息主体可以向征信机构查询自身信息。个人信息主体有权每年两次免费获取本人的信用报告。

第十八条 向征信机构查询个人信息的，应当取得信息主体本人的书面同意并约定用途。但是，法律规定可以不经同意查询的除外。

征信机构不得违反前款规定提供个人信息。

第十九条 征信机构或者信息提供者、信息使用者采用格式合同条款取得个人信息主体同意的，应当在合同中作出足以引起信息主体注意的提示，并按照信息主体的要求作出明确说明。

第二十条 信息使用者应当按照与个人信息主体约定的用途使用个人信息，不得用作约定以外的用途，不得未经个人信息主体同意向第三方提供。

第二十一条 征信机构可以通过信息主体、企业交易对方、行业协会提供信息，政府有关部门依法已公开的信息，人民法院依法公布的判决、裁定等渠道，采集企业信息。

征信机构不得采集法律、行政法规禁止采集的企业信息。

第二十二条 征信机构应当按照国务院征信业监督管理部门的规定，建立健全和严格执行保障信息安全的规章制度，并采取有效技术措施保障信息安全。

经营个人征信业务的征信机构应当对其工作人员查询个人信息的权限和程序作出明确规定，对工作人员查询个人信息的情况进行登记，如实记载查询工作人员的姓名，查询的时间、内容及用途。工作人员不得违反规定的权限和程序查询信息，不得泄露工作中获取的信息。

第二十三条 征信机构应当采取合理措施，保障其提供信息的准确性。

征信机构提供的信息供信息使用者参考。

第二十四条 征信机构在中国境内采集的信息的整理、保存和加工，应当在中国境内进行。

征信机构向境外组织或者个人提供信息，应当遵守法律、行政法规和国务院征信业监督管理部门的有关规定。

第四章 异议和投诉

第二十五条 信息主体认为征信机构采集、保存、提供的信息存在错误、遗漏的，有权向征信机构或者信息提供者提出异议，要求更正。

征信机构或者信息提供者收到异议，应当按照国务院征信业监督管理部门的规定对相关信息作出存在异议的标注，自收到异议之日起 20 日内进行核查和处理，并将结果书面答复异议人。

经核查,确认相关信息确有错误、遗漏的,信息提供者、征信机构应当予以更正;确认不存在错误、遗漏的,应当取消异议标注;经核查仍不能确认的,对核查情况和异议内容应当予以记载。

第二十六条 信息主体认为征信机构或者信息提供者、信息使用者侵害其合法权益的,可以向所在地的国务院征信业监督管理部门派出机构投诉。

受理投诉的机构应当及时进行核查和处理,自受理之日起30日内书面答复投诉人。

信息主体认为征信机构或者信息提供者、信息使用者侵害其合法权益的,可以直接向人民法院起诉。

第五章 金融信用信息基础数据库

第二十七条 国家设立金融信用信息基础数据库,为防范金融风险、促进金融业发展提供相关信息服务。

金融信用信息基础数据库由专业运行机构建设、运行和维护。该运行机构不以营利为目的,由国务院征信业监督管理部门监督管理。

第二十八条 金融信用信息基础数据库接收从事信贷业务的机构按照规定提供的信贷信息。

金融信用信息基础数据库为信息主体和取得信息主体本人书面同意的信息使用者提供查询服务。国家机关可以依法查询金融信用信息基础数据库的信息。

第二十九条 从事信贷业务的机构应当按照规定向金融信用信息基础数据库提供信贷信息。

从事信贷业务的机构向金融信用信息基础数据库或者其他主体提供信贷信息,应当事先取得信息主体的书面同意,并适用本条例关于信息提供者的规定。

第三十条 不从事信贷业务的金融机构向金融信用信息基础数据库提供、查询信用信息以及金融信用信息基础数据库接收其提供的信用信息的具体办法,由国务院征信业监督管理部门会同国务院有关金融监督管理机构依法制定。

第三十一条 金融信用信息基础数据库运行机构可以按照补偿成本原则收取查询服务费用,收费标准由国务院价格主管部门规定。

第三十二条 本条例第十四条、第十六条、第十七条、第十八条、第二十二条、第二十三条、第二十四条、第二十五条、第二十六条适用于金融信用信息基础数据库运行机构。

第六章　监督管理

第三十三条　国务院征信业监督管理部门及其派出机构依照法律、行政法规和国务院的规定，履行对征信业和金融信用信息基础数据库运行机构的监督管理职责，可以采取下列监督检查措施：

（一）进入征信机构、金融信用信息基础数据库运行机构进行现场检查，对向金融信用信息基础数据库提供或者查询信息的机构遵守本条例有关规定的情况进行检查；

（二）询问当事人和与被调查事件有关的单位和个人，要求其对与被调查事件有关的事项作出说明；

（三）查阅、复制与被调查事件有关的文件、资料，对可能被转移、销毁、隐匿或者篡改的文件、资料予以封存；

（四）检查相关信息系统。

进行现场检查或者调查的人员不得少于2人，并应当出示合法证件和检查、调查通知书。

被检查、调查的单位和个人应当配合，如实提供有关文件、资料，不得隐瞒、拒绝和阻碍。

第三十四条　经营个人征信业务的征信机构、金融信用信息基础数据库、向金融信用信息基础数据库提供或者查询信息的机构发生重大信息泄露等事件的，国务院征信业监督管理部门可以采取临时接管相关信息系统等必要措施，避免损害扩大。

第三十五条　国务院征信业监督管理部门及其派出机构的工作人员对在工作中知悉的国家秘密和信息主体的信息，应当依法保密。

第七章　法律责任

第三十六条　未经国务院征信业监督管理部门批准，擅自设立经营个人征信业务的征信机构或者从事个人征信业务活动的，由国务院征信业监督管理部门予以取缔，没收违法所得，并处5万元以上50万元以下的罚款；构成犯罪的，依法追究刑事责任。

第三十七条　经营个人征信业务的征信机构违反本条例第九条规定的，

由国务院征信业监督管理部门责令限期改正，对单位处 2 万元以上 20 万元以下的罚款；对直接负责的主管人员和其他直接责任人员给予警告，处 1 万元以下的罚款。

经营企业征信业务的征信机构未按照本条例第十条规定办理备案的，由其所在地的国务院征信业监督管理部门派出机构责令限期改正；逾期不改正的，依照前款规定处罚。

第三十八条 征信机构、金融信用信息基础数据库运行机构违反本条例规定，有下列行为之一的，由国务院征信业监督管理部门或者其派出机构责令限期改正，对单位处 5 万元以上 50 万元以下的罚款；对直接负责的主管人员和其他直接责任人员处 1 万元以上 10 万元以下的罚款；有违法所得的，没收违法所得。给信息主体造成损失的，依法承担民事责任；构成犯罪的，依法追究刑事责任：

（一）窃取或者以其他方式非法获取信息；

（二）采集禁止采集的个人信息或者未经同意采集个人信息；

（三）违法提供或者出售信息；

（四）因过失泄露信息；

（五）逾期不删除个人不良信息；

（六）未按照规定对异议信息进行核查和处理；

（七）拒绝、阻碍国务院征信业监督管理部门或者其派出机构检查、调查或者不如实提供有关文件、资料；

（八）违反征信业务规则，侵害信息主体合法权益的其他行为。

经营个人征信业务的征信机构有前款所列行为之一，情节严重或者造成严重后果的，由国务院征信业监督管理部门吊销其个人征信业务经营许可证。

第三十九条 征信机构违反本条例规定，未按照规定报告其上一年度开展征信业务情况的，由国务院征信业监督管理部门或者其派出机构责令限期改正；逾期不改正的，对单位处 2 万元以上 10 万元以下的罚款；对直接负责的主管人员和其他直接责任人员给予警告，处 1 万元以下的罚款。

第四十条 向金融信用信息基础数据库提供或者查询信息的机构违反本条例规定，有下列行为之一的，由国务院征信业监督管理部门或者其派出机构责令限期改正，对单位处 5 万元以上 50 万元以下的罚款；对直接负责的主管人员和其他直接责任人员处 1 万元以上 10 万元以下的罚款；有违法所得的，没收违法所得。给信息主体造成损失的，依法承担民事责任；构成犯罪的，依法追究刑事责任：

（一）违法提供或者出售信息；

（二）因过失泄露信息；

（三）未经同意查询个人信息或者企业的信贷信息；

（四）未按照规定处理异议或者对确有错误、遗漏的信息不予更正；

（五）拒绝、阻碍国务院征信业监督管理部门或者其派出机构检查、调查或者不如实提供有关文件、资料。

第四十一条 信息提供者违反本条例规定，向征信机构、金融信用信息基础数据库提供非依法公开的个人不良信息，未事先告知信息主体本人，情节严重或者造成严重后果的，由国务院征信业监督管理部门或者其派出机构对单位处2万元以上20万元以下的罚款；对个人处1万元以上5万元以下的罚款。

第四十二条 信息使用者违反本条例规定，未按照与个人信息主体约定的用途使用个人信息或者未经个人信息主体同意向第三方提供个人信息，情节严重或者造成严重后果的，由国务院征信业监督管理部门或者其派出机构对单位处2万元以上20万元以下的罚款；对个人处1万元以上5万元以下的罚款；有违法所得的，没收违法所得。给信息主体造成损失的，依法承担民事责任；构成犯罪的，依法追究刑事责任。

第四十三条 国务院征信业监督管理部门及其派出机构的工作人员滥用职权、玩忽职守、徇私舞弊，不依法履行监督管理职责，或者泄露国家秘密、信息主体信息的，依法给予处分。给信息主体造成损失的，依法承担民事责任；构成犯罪的，依法追究刑事责任。

第八章 附 则

第四十四条 本条例下列用语的含义：

（一）信息提供者，是指向征信机构提供信息的单位和个人，以及向金融信用信息基础数据库提供信息的单位。

（二）信息使用者，是指从征信机构和金融信用信息基础数据库获取信息的单位和个人。

（三）不良信息，是指对信息主体信用状况构成负面影响的下列信息：信息主体在借贷、赊购、担保、租赁、保险、使用信用卡等活动中未按照合同履行义务的信息，对信息主体的行政处罚信息，人民法院判决或者裁定信息主体履行义务以及强制执行的信息，以及国务院征信业监督管理部门规定的其他不良信息。

第四十五条 外商投资征信机构的设立条件，由国务院征信业监督管理部门会同国务院有关部门制定，报国务院批准。

境外征信机构在境内经营征信业务，应当经国务院征信业监督管理部门批准。

第四十六条 本条例施行前已经经营个人征信业务的机构，应当自本条例施行之日起6个月内，依照本条例的规定申请个人征信业务经营许可证。

本条例施行前已经经营企业征信业务的机构，应当自本条例施行之日起3个月内，依照本条例的规定办理备案。

第四十七条 本条例自2013年3月15日起施行。

《政务信息资源共享管理暂行办法》

第一章　总　　则

第一条　为加快推动政务信息系统互联和公共数据共享,增强政府公信力,提高行政效率,提升服务水平,充分发挥政务信息资源共享在深化改革、转变职能、创新管理中的重要作用,依据相关法律法规和《国务院关于印发促进大数据发展行动纲要的通知》(国发〔2015〕50号)等规定,制定本办法。

第二条　本办法所称政务信息资源,是指政务部门在履行职责过程中制作或获取的,以一定形式记录、保存的文件、资料、图表和数据等各类信息资源,包括政务部门直接或通过第三方依法采集的、依法授权管理的和因履行职责需要依托政务信息系统形成的信息资源等。

本办法所称政务部门,是指政府部门及法律法规授权具有行政职能的事业单位和社会组织。

第三条　本办法用于规范政务部门间政务信息资源共享工作,包括因履行职责需要使用其他政务部门政务信息资源和为其他政务部门提供政务信息资源的行为。

第四条　促进大数据发展部际联席会议(以下简称联席会议)负责组织、指导、协调和监督政务信息资源共享工作,指导和组织国务院各部门、各地方政府编制政务信息资源目录,组织编制国家政务信息资源目录,并指导国家数据共享交换平台建设、运行、管理单位开展国家政务信息资源目录的日常维护工作。

各政务部门按本办法规定负责本部门与数据共享交换平台(以下简称共享平台)的联通,并按照政务信息资源目录向共享平台提供共享的政务信息资源(以下简称共享信息),从共享平台获取并使用共享信息。

第五条　政务信息资源共享应遵循以下原则:

(一)以共享为原则,不共享为例外。各政务部门形成的政务信息资源原则上应予共享,涉及国家秘密和安全的,按相关法律法规执行。

(二)需求导向,无偿使用。因履行职责需要使用共享信息的部门(以下简称使用部门)提出明确的共享需求和信息使用用途,共享信息的产生和提供部门(以下统称提供部门)应及时响应并无偿提供共享服务。

（三）统一标准，统筹建设。按照国家政务信息资源相关标准进行政务信息资源的采集、存储、交换和共享工作，坚持“一数一源”、多元校核，统筹建设政务信息资源目录体系和共享交换体系。

（四）建立机制，保障安全。联席会议统筹建立政务信息资源共享管理机制和信息共享工作评价机制，各政务部门和共享平台管理单位应加强对共享信息采集、共享、使用全过程的身份鉴别、授权管理和安全保障，确保共享信息安全。

第六条 各政务部门应加强基于信息共享的业务流程再造和优化，创新社会管理和服务模式，提高信息化条件下社会治理能力和公共服务水平。

第二章 政务信息资源目录

第七条 国家发展改革委负责制定《政务信息资源目录编制指南》，明确政务信息资源的分类、责任方、格式、属性、更新时限、共享类型、共享方式、使用要求等内容。

第八条 各政务部门按照《政务信息资源目录编制指南》要求编制、维护部门政务信息资源目录，并在有关法律法规作出修订或行政管理职能发生变化之日起15个工作日内更新本部门政务信息资源目录。各地方政府按照《政务信息资源目录编制指南》要求编制、维护地方政务信息资源目录，并负责对本级各政务部门政务信息资源目录更新工作的监督考核。

国家发展改革委汇总形成国家政务信息资源目录，并建立目录更新机制。国家政务信息资源目录是实现国家政务信息资源共享和业务协同的基础，是政务部门间信息资源共享的依据。

第三章 政务信息资源分类与共享要求

第九条 政务信息资源按共享类型分为无条件共享、有条件共享、不予共享等三种类型。

可提供给所有政务部门共享使用的政务信息资源属于无条件共享类。

可提供给相关政务部门共享使用或仅能够部分提供给所有政务部门共享使用的政务信息资源属于有条件共享类。

不宜提供给其他政务部门共享使用的政务信息资源属于不予共享类。

第十条 政务信息资源共享及目录编制应遵循以下要求：

（一）凡列入不予共享类的政务信息资源，必须有法律、行政法规或党中央、国务院政策依据。

（二）人口信息、法人单位信息、自然资源和空间地理信息、电子证照信息等基础信息资源的基础信息项是政务部门履行职责的共同需要，必须依据整合共建原则，通过在各级共享平台上集中建设或通过接入共享平台实现基础数据统筹管理、及时更新，在部门间实现无条件共享。基础信息资源的业务信息项可按照分散和集中相结合的方式建设，通过各级共享平台予以共享。基础信息资源目录由基础信息资源库的牵头建设部门负责编制并维护。

（三）围绕经济社会发展的同一主题领域，由多部门共建项目形成的主题信息资源，如健康保障、社会保障、食品药品安全、安全生产、价格监管、能源安全、信用体系、城乡建设、社区治理、生态环保、应急维稳等，应通过各级共享平台予以共享。主题信息资源目录由主题信息资源牵头部门负责编制并维护。

第四章　共享信息的提供与使用

第十一条　国家发展改革委负责组织推动国家共享平台及全国共享平台体系建设。各地市级以上地方人民政府要明确政务信息资源共享主管部门，负责组织本级共享平台建设。共享平台是管理国家政务信息资源目录、支撑各政务部门开展政务信息资源共享交换的国家关键信息基础设施，包括共享平台（内网）和共享平台（外网）两部分。

共享平台（内网）应按照涉密信息系统分级保护要求，依托国家电子政务内网建设和管理；共享平台（外网）应按照国家网络安全相关制度和要求，依托国家电子政务外网建设和管理。

各政务部门业务信息系统原则上通过国家电子政务内网或国家电子政务外网承载，通过共享平台与其他政务部门共享交换数据。各政务部门应抓紧推进本部门业务信息系统向国家电子政务内网或国家电子政务外网迁移，并接入本地区共享平台。凡新建的需要跨部门共享信息的业务信息系统，必须通过各级共享平台实施信息共享，原有跨部门信息共享交换系统应逐步迁移到共享平台。

第十二条　使用部门应根据履行职责需要使用共享信息。属于无条件共享类的信息资源，使用部门在共享平台上直接获取；属于有条件共享类的信息资源，使用部门通过共享平台向提供部门提出申请，提供部门应在10个工作日内予以答复，使用部门按答复意见使用共享信息，对不予共享的，提供部门应说明理由；属于不予共享类的信息资源，以及有条件共享类中提供部门不予共享的信息资源,使用部门因履行职责确需使用的,由使用部门与提供部门协商解决,协商未果的由本级政务信息资源共享主管部门协调解决,涉及中央有关部门的由联席会议协调解决。

提供部门在向使用部门提供共享信息时,应明确信息的共享范围和使用用途(如,作为行政依据、工作参考,用于数据校核、业务协同等),原则上通过共享平台提供,鼓励采用系统对接、前置机共享、联机查询、部门批量下载等方式。

各政务部门应充分利用共享信息。凡属于共享平台可以获取的信息,各政务部门原则上不得要求自然人、法人或其他组织重复提交。

第十三条 按照“谁主管,谁提供,谁负责”的原则,提供部门应及时维护和更新信息,保障数据的完整性、准确性、时效性和可用性,确保所提供的共享信息与本部门所掌握信息的一致性。

第十四条 按照“谁经手,谁使用,谁管理,谁负责”的原则,使用部门应根据履行职责需要依法依规使用共享信息,并加强共享信息使用全过程管理。

使用部门对从共享平台获取的信息,只能按照明确的使用用途用于本部门履行职责需要,不得直接或以改变数据形式等方式提供给第三方,也不得用于或变相用于其他目的。

第十五条 建立疑义、错误信息快速校核机制,使用部门对获取的共享信息有疑义或发现有明显错误的,应及时反馈提供部门予以校核。校核期间,办理业务涉及自然人、法人或其他组织的,如已提供合法有效证明材料,受理单位应照常办理,不得拒绝、推诿或要求办事人办理信息更正手续。

第五章 信息共享工作的监督和保障

第十六条 联席会议负责政务信息资源共享的统筹协调,建立信息共享工作评价机制,督促检查政务信息资源共享工作落实情况。

第十七条 国家发展改革委、国家网信办组织编制信息共享工作评价办法,每年会同中央编办、财政部等部门,对各政务部门提供和使用共享信息情况进行评估,并公布评估报告和改进意见。

第十八条 国务院各部门、各省级人民政府和国家共享平台管理单位应于每年2月底前向联席会议报告上一年度政务信息资源共享情况,联席会议向国务院提交政务信息资源共享情况年度报告。

第十九条 国家标准委会同共享平台管理单位,在已有政务信息资源相关标准基础上，建立完善政务信息资源的目录分类、采集、共享交换、平台对接、网络安全保障等方面的标准，形成完善的政务信息资源共享标准体系。

第二十条 国家网信办负责组织建立政务信息资源共享网络安全管理制度，指导督促政务信息资源采集、共享、使用全过程的网络安全保障工作，指导推进政务信息资源共享风险评估和安全审查。

共享平台管理单位要加强共享平台安全防护，切实保障政务信息资源共享交换时的数据安全；提供部门和使用部门要加强政务信息资源采集、共享、使用时的安全保障工作，落实本部门对接系统的网络安全防护措施。

共享信息涉及国家秘密的，提供部门和使用部门应当遵守有关保密法律法规的规定，在信息共享工作中分别承担相关保障责任。

第二十一条 国家发展改革委、财政部、国家网信办建立国家政务信息化项目建设投资和运维经费协商机制，对政务部门落实政务信息资源共享要求和网络安全要求的情况进行联合考核，凡不符合政务信息资源共享要求的，不予审批建设项目，不予安排运维经费。

国家发展改革委负责在国家政务信息化建设规划制定、项目审批、投资计划安排、项目验收等环节进行考核。财政部负责在国家政务信息化建设项目预算下达、运维经费安排等环节进行考核。国家网信办负责在网络安全保障方面进行考核。

政务信息化项目立项申请前应预编形成项目信息资源目录，作为项目审批要件。项目建成后应将项目信息资源目录纳入共享平台目录管理系统，作为项目验收要求。

政务信息资源共享相关项目建设资金纳入政府固定资产投资，政务信息资源共享相关工作经费纳入部门财政预算，并给予优先安排。

第二十二条 审计机关应依法履行职责，在国家大数据政策的贯彻落实、政务信息资源共享中发挥监督作用，保障专项资金使用的真实性、合法性和效益性，推动完善相关政策制度。

第二十三条 各政务部门应建立健全政务信息资源共享工作管理制度，明确目标、责任和实施机构。各政务部门主要负责人是本部门政务信息资源共享工作的第一责任人。

第二十四条 国务院各部门、各省级人民政府有下列情形之一的，由国家发展改革委通知整改；未在规定时限内完成整改的，国家发展改革委要及时将有关情况上报国务院：

(一)未按要求编制或更新政务信息资源目录;

(二)未向共享平台及时提供共享信息;

(三)向共享平台提供的数据和本部门所掌握信息不一致,未及时更新数据或提供的数据不符合有关规范、无法使用;

(四)将共享信息用于履行本单位职责需要以外的目的;

(五)违反本办法规定的其他行为。

第六章　附　　则

第二十五条　本办法由国家发展改革委负责解释。

第二十六条　本办法自印发之日起施行。

《个人信用信息基础数据库管理暂行办法》

第一章 总 则

第一条 为维护金融稳定,防范和降低商业银行的信用风险,促进个人信贷业务的发展,保障个人信用信息的安全和合法使用,根据《中华人民共和国中国人民银行法》等有关法律规定,制定本办法。

第二条 中国人民银行负责组织商业银行建立个人信用信息基础数据库(以下简称个人信用数据库),并负责设立征信服务中心,承担个人信用数据库的日常运行和管理。

第三条 个人信用数据库采集、整理、保存个人信用信息,为商业银行和个人提供信用报告查询服务,为货币政策制定、金融监管和法律、法规规定的其他用途提供有关信息服务。

第四条 本办法所称个人信用信息包括个人基本信息、个人信贷交易信息以及反映个人信用状况的其他信息。

前款所称个人基本信息是指自然人身份识别信息、职业和居住地址等信息;个人信贷交易信息是指商业银行提供的自然人在个人贷款、贷记卡、准贷记卡、担保等信用活动中形成的交易记录;反映个人信用状况的其他信息是指除信贷交易信息之外的反映个人信用状况的相关信息。

第五条 中国人民银行、商业银行及其工作人员应当为在工作中知悉的个人信用信息保密。

第二章 报送和整理

第六条 商业银行应当遵守中国人民银行发布的个人信用数据库标准及其有关要求,准确、完整、及时地向个人信用数据库报送个人信用信息。

第七条 商业银行不得向未经信贷征信主管部门批准建立或变相建立的个人信用信息基础数据库提供个人信用信息。

第八条 征信服务中心应当建立完善的规章制度和采取先进的技术手段确保个人信用信息安全。

第九条 征信服务中心根据生成信用报告的需要,对商业银行报送的个人信用信息进行客观整理、保存,不得擅自更改原始数据。

第十条 征信服务中心认为有关商业银行报送的信息可疑时,应当按有关规定的程序及时向该商业银行发出复核通知。

商业银行应当在收到复核通知之日起5个工作日内给予答复。

第十一条 商业银行发现其所报送的个人信用信息不准确时,应当及时报告征信服务中心,征信服务中心收到纠错报告应当立即进行更正。

第三章 查 询

第十二条 商业银行办理下列业务,可以向个人信用数据库查询个人信用报告:

(一)审核个人贷款申请的;

(二)审核个人贷记卡、准贷记卡申请的;

(三)审核个人作为担保人的;

(四)对已发放的个人信贷进行贷后风险管理的;

(五)受理法人或其他组织的贷款申请或其作为担保人,需要查询其法定代表人及出资人信用状况的。

第十三条 除本办法第十二条第(四)项规定之外,商业银行查询个人信用报告时应当取得被查询人的书面授权。书面授权可以通过在贷款、贷记卡、准贷记卡以及担保申请书中增加相应条款取得。

第十四条 商业银行应当制定贷后风险管理查询个人信用报告的内部授权制度和查询管理程序。

第十五条 征信服务中心可以根据个人申请有偿提供其本人信用报告。

征信服务中心应当制定相应的处理程序,核实申请人身份。

第四章 异议处理

第十六条 个人认为本人信用报告中的信用信息存在错误(以下简称异议信息)时,可以通过所在地中国人民银行征信管理部门或直接向征信服务中心提出书面异议申请。

中国人民银行征信管理部门应当在收到异议申请的2个工作日内将异议申请转交征信服务中心。

第十七条 征信服务中心应当在接到异议申请的2个工作日内进行内部核查。

征信服务中心发现异议信息是由于个人信用数据库信息处理过程造成的,

应当立即进行更正,并检查个人信用数据库处理程序和操作规程存在的问题。

第十八条　征信服务中心内部核查未发现个人信用数据库处理过程存在问题的,应当立即书面通知提供相关信息的商业银行进行核查。

第十九条　商业银行应当在接到核查通知的10个工作日内向征信服务中心作出核查情况的书面答复。异议信息确实有误的,商业银行应当采取以下措施:

(一)应当向征信服务中心报送更正信息;

(二)检查个人信用信息报送的程序;

(三)对后续报送的其他个人信用信息进行检查,发现错误的,应当重新报送。

第二十条　征信服务中心收到商业银行重新报送的更正信息后,应当在2个工作日内对异议信息进行更正。

异议信息确实有误,但因技术原因暂时无法更正的,征信服务中心应当对该异议信息作特殊标注,以有别于其他异议信息。

第二十一条　经过核查,无法确认异议信息存在错误的,征信服务中心不得按照异议申请人要求更改相关个人信用信息。

第二十二条　征信服务中心应当在接受异议申请后15个工作日内,向异议申请人或转交异议申请的中国人民银行征信管理部门提供书面答复;异议信息得到更正的,征信服务中心同时提供更正后的信用报告。

异议信息确实有误,但因技术原因暂时无法更正异议信息的,征信服务中心应当在书面答复中予以说明,待异议信息更正后,提供更正后的信用报告。

第二十三条　转交异议申请的中国人民银行征信管理部门应当自接到征信服务中心书面答复和更正后的信用报告之日起2个工作日内,向异议申请人转交。

第二十四条　对于无法核实的异议信息,征信服务中心应当允许异议申请人对有关异议信息附注100字以内的个人声明。个人声明不得包含与异议信息无关的内容,异议申请人应当对个人声明的真实性负责。

征信服务中心应当妥善保存个人声明原始档案,并将个人声明载入异议人信用报告。

第二十五条　征信服务中心应当对处于异议处理期的信息予以标注。

第五章　安全管理

第二十六条　商业银行应当根据中国人民银行的有关规定,制定相关信用信息报送、查询、使用、异议处理、安全管理等方面的内部管理制度和操作规程,并报中国人民银行备案。

第二十七条 商业银行应当建立用户管理制度,明确管理员用户、数据上报用户和信息查询用户的职责及操作规程。

商业银行管理员用户、数据上报用户和查询用户不得互相兼职。

第二十八条 商业银行管理员用户应当根据操作规程,为得到相关授权的人员创建相应用户。管理员用户不得直接查询个人信用信息。

管理员用户应当加强对同级查询用户、数据上报用户与下一级管理员用户的日常管理。查询用户工作人员调离,该用户应当立即予以停用。

第二十九条 商业银行管理员用户、数据上报用户和查询用户须报中国人民银行征信管理部门和征信服务中心备案。

前款用户工作人员发生变动,商业银行应当在2个工作日内向中国人民银行征信管理部门和征信服务中心变更备案。

第三十条 商业银行应当制定管理员用户和查询用户的口令控制制度,并定期检查口令控制执行情况。

第三十一条 商业银行应当建立保证个人信用信息安全的管理制度,确保只有得到内部授权的人员才能接触个人信用报告,不得将个人信用报告用于本办法第十二条规定以外的其他用。

第三十二条 征信服务中心应当制定信用信息采集、整理、保存、查询、异议处理、用户管理、安全管理等方面的管理制度和操作规程,明确岗位职责,完善内控制度,保障个人信用数据库的正常运行和个人信用信息的安全。

第三十三条 征信服务中心及其工作人员不得违反法律、法规及本办法的规定,篡改、毁损、泄露或非法使用个人信用信息,不得与自然人、法人、其他组织恶意串通,提供虚假信用报告。

第三十四条 征信服务中心应当建立个人信用数据库内部运行和外部访问的监控制度,监督个人信用数据库用户和商业银行用户的操作,防范对个人信用数据库的非法入侵。

第三十五条 征信服务中心应当建立灾难备份系统,采取必要的安全保障措施,防止系统数据丢失。

第三十六条 征信服务中心应当对商业银行的所有查询进行记录,并及时向商业银行反馈。

第三十七条 商业银行应当经常对个人信用数据库的查询情况进行检

查,确保所有查询符合本办法的规定,并定期向中国人民银行及征信服务中心报告查询检查结果。

征信服务中心应当定期核查商业银行对个人信用数据库的查询情况。

第六章　罚　　则

第三十八条　商业银行未按照本办法规定建立相应管理制度及操作规程的,由中国人民银行责令改正,逾期不改正的,给予警告,并处以三万元罚款。

第三十九条　商业银行有下列情形之一的,由中国人民银行责令改正,并处一万元以上三万元以下罚款;涉嫌犯罪的,依法移交司法机关处理:

(一)违反本办法规定,未准确、完整、及时报送个人信用信息的;

(二)违反本办法第七条规定的;

(三)越权查询个人信用数据库的;

(四)将查询结果用于本办法规定之外的其他目的的;

(五)违反异议处理规定的;

(六)违反本办法安全管理要求的。

第四十条　商业银行有本办法第三十八条至第三十九条规定情形的,中国人民银行可以建议商业银行对直接负责的董事、高级管理人员和其他直接责任人员给予纪律处分;涉嫌犯罪的,依法移交司法机关处理。

第四十一条　征信服务中心工作人员有下列情形之一的,由中国人民银行依法给予行政处分;涉嫌犯罪的,依法移交司法机关处理:

(一)违反本办法规定,篡改、毁损、泄露或非法使用个人信用信息的;

(二)与自然人、法人、其他组织恶意串通,提供虚假信用报告的。

第四十二条　中国人民银行其他工作人员有违反本办法规定的行为,造成个人信用信息被泄露的,依法给予行政处分;涉嫌犯罪的,依法移交司法机关处理。

第七章　附　　则

第四十三条　本办法所称商业银行,是指在中华人民共和国境内设立的商业银行、城市信用合作社、农村信用合作社以及经国务院银行业监督管理机构批准的专门从事信贷业务的其他金融机构。

第四十四条　本办法由中国人民银行负责解释。

第四十五条　本办法自 2005 年 10 月 1 日起施行。

《电信和互联网用户个人信息保护规定》

第一章　总　　则

第一条　为了保护电信和互联网用户的合法权益,维护网络信息安全,根据《全国人民代表大会常务委员会关于加强网络信息保护的决定》、《中华人民共和国电信条例》和《互联网信息服务管理办法》等法律、行政法规,制定本规定。

第二条　在中华人民共和国境内提供电信服务和互联网信息服务过程中收集、使用用户个人信息的活动,适用本规定。

第三条　工业和信息化部和各省、自治区、直辖市通信管理局(以下统称电信管理机构)依法对电信和互联网用户个人信息保护工作实施监督管理。

第四条　本规定所称用户个人信息,是指电信业务经营者和互联网信息服务提供者在提供服务的过程中收集的用户姓名、出生日期、身份证件号码、住址、电话号码、账号和密码等能够单独或者与其他信息结合识别用户的信息以及用户使用服务的时间、地点等信息。

第五条　电信业务经营者、互联网信息服务提供者在提供服务的过程中收集、使用用户个人信息,应当遵循合法、正当、必要的原则。

第六条　电信业务经营者、互联网信息服务提供者对其在提供服务过程中收集、使用的用户个人信息的安全负责。

第七条　国家鼓励电信和互联网行业开展用户个人信息保护自律工作。

第二章　信息收集和使用规范

第八条　电信业务经营者、互联网信息服务提供者应当制定用户个人信息收集、使用规则,并在其经营或者服务场所、网站等予以公布。

第九条　未经用户同意,电信业务经营者、互联网信息服务提供者不得收集、使用用户个人信息。

电信业务经营者、互联网信息服务提供者收集、使用用户个人信息的,应当明确告知用户收集、使用信息的目的、方式和范围,查询、更正信息的渠道以及拒绝提供信息的后果等事项。

电信业务经营者、互联网信息服务提供者不得收集其提供服务所必需以外的用户个人信息或者将信息用于提供服务之外的目的,不得以欺骗、误导或者强迫等方式或者违反法律、行政法规以及双方的约定收集、使用信息。

电信业务经营者、互联网信息服务提供者在用户终止使用电信服务或者互联网信息服务后,应当停止对用户个人信息的收集和使用,并为用户提供注销号码或者账号的服务。

法律、行政法规对本条第一款至第四款规定的情形另有规定的,从其规定。

第十条　电信业务经营者、互联网信息服务提供者及其工作人员对在提供服务过程中收集、使用的用户个人信息应当严格保密,不得泄露、篡改或者毁损,不得出售或者非法向他人提供。

第十一条　电信业务经营者、互联网信息服务提供者委托他人代理市场销售和技术服务等直接面向用户的服务性工作,涉及收集、使用用户个人信息的,应当对代理人的用户个人信息保护工作进行监督和管理,不得委托不符合本规定有关用户个人信息保护要求的代理人代办相关服务。

第十二条　电信业务经营者、互联网信息服务提供者应当建立用户投诉处理机制,公布有效的联系方式,接受与用户个人信息保护有关的投诉,并自接到投诉之日起十五日内答复投诉人。

第三章　安全保障措施

第十三条　电信业务经营者、互联网信息服务提供者应当采取以下措施防止用户个人信息泄露、毁损、篡改或者丢失:

(一)确定各部门、岗位和分支机构的用户个人信息安全管理责任;

(二)建立用户个人信息收集、使用及其相关活动的工作流程和安全管理制度;

(三)对工作人员及代理人实行权限管理,对批量导出、复制、销毁信息实行审查,并采取防泄密措施;

(四)妥善保管记录用户个人信息的纸介质、光介质、电磁介质等载体,并采取相应的安全储存措施;

(五)对储存用户个人信息的信息系统实行接入审查,并采取防入侵、防病毒等措施;

(六)记录对用户个人信息进行操作的人员、时间、地点、事项等信息;

(七)按照电信管理机构的规定开展通信网络安全防护工作;

（八）电信管理机构规定的其他必要措施。

第十四条 电信业务经营者、互联网信息服务提供者保管的用户个人信息发生或者可能发生泄露、毁损、丢失的，应当立即采取补救措施；造成或者可能造成严重后果的，应当立即向准予其许可或者备案的电信管理机构报告，配合相关部门进行的调查处理。

电信管理机构应当对报告或者发现的可能违反本规定的行为的影响进行评估；影响特别重大的，相关省、自治区、直辖市通信管理局应当向工业和信息化部报告。电信管理机构在依据本规定作出处理决定前，可以要求电信业务经营者和互联网信息服务提供者暂停有关行为，电信业务经营者和互联网信息服务提供者应当执行。

第十五条 电信业务经营者、互联网信息服务提供者应当对其工作人员进行用户个人信息保护相关知识、技能和安全责任培训。

第十六条 电信业务经营者、互联网信息服务提供者应当对用户个人信息保护情况每年至少进行一次自查，记录自查情况，及时消除自查中发现的安全隐患。

第四章 监督检查

第十七条 电信管理机构应当对电信业务经营者、互联网信息服务提供者保护用户个人信息的情况实施监督检查。

电信管理机构实施监督检查时，可以要求电信业务经营者、互联网信息服务提供者提供相关材料，进入其生产经营场所调查情况，电信业务经营者、互联网信息服务提供者应当予以配合。

电信管理机构实施监督检查，应当记录监督检查的情况，不得妨碍电信业务经营者、互联网信息服务提供者正常的经营或者服务活动，不得收取任何费用。

第十八条 电信管理机构及其工作人员对在履行职责中知悉的用户个人信息应当予以保密，不得泄露、篡改或者毁损，不得出售或者非法向他人提供。

第十九条 电信管理机构实施电信业务经营许可及经营许可证年检时，应当对用户个人信息保护情况进行审查。

第二十条 电信管理机构应当将电信业务经营者、互联网信息服务提供者违反本规定的行为记入其社会信用档案并予以公布。

第二十一条 鼓励电信和互联网行业协会依法制定有关用户个人信息保护的自律性管理制度，引导会员加强自律管理，提高用户个人信息保护水平。

第五章　法 律 责 任

第二十二条　电信业务经营者、互联网信息服务提供者违反本规定第八条、第十二条规定的，由电信管理机构依据职权责令限期改正，予以警告，可以并处一万元以下的罚款。

第二十三条　电信业务经营者、互联网信息服务提供者违反本规定第九条至第十一条、第十三条至第十六条、第十七条第二款规定的，由电信管理机构依据职权责令限期改正，予以警告，可以并处一万元以上三万元以下的罚款，向社会公告；构成犯罪的，依法追究刑事责任。

第二十四条　电信管理机构工作人员在对用户个人信息保护工作实施监督管理的过程中玩忽职守、滥用职权、徇私舞弊的，依法给予处理；构成犯罪的，依法追究刑事责任。

第六章　附　　则

第二十五条　本规定自 2013 年 9 月 1 日起施行。

《个人信息和重要数据出境安全评估办法(征求意见稿)》

第一条 为保障个人信息和重要数据安全,维护网络空间主权和国家安全、社会公共利益,保护公民、法人和其他组织的合法利益,根据《中华人民共和国国家安全法》《中华人民共和国网络安全法》等法律法规,制定本办法。

第二条 网络运营者在中华人民共和国境内运营中收集和产生的个人信息和重要数据,应当在境内存储。因业务需要,确需向境外提供的,应当按照本办法进行安全评估。

第三条 数据出境安全评估应遵循公正、客观、有效的原则,保障个人信息和重要数据安全,促进网络信息依法有序自由流动。

第四条 个人信息出境,应向个人信息主体说明数据出境的目的、范围、内容、接收方及接收方所在的国家或地区,并经其同意。未成年人个人信息出境须经其监护人同意。

第五条 国家网信部门统筹协调数据出境安全评估工作,指导行业主管或监管部门组织开展数据出境安全评估。

第六条 行业主管或监管部门负责本行业数据出境安全评估工作,定期组织开展本行业数据出境安全检查。

第七条 网络运营者应在数据出境前,自行组织对数据出境进行安全评估,并对评估结果负责。

第八条 数据出境安全评估应重点评估以下内容:

(一)数据出境的必要性;

(二)涉及个人信息情况,包括个人信息的数量、范围、类型、敏感程度,以及个人信息主体是否同意其个人信息出境等;

(三)涉及重要数据情况,包括重要数据的数量、范围、类型及其敏感程度等;

(四)数据接收方的安全保护措施、能力和水平,以及所在国家和地区的网络安全环境等;

(五)数据出境及再转移后被泄露、毁损、篡改、滥用等风险;

(六)数据出境及出境数据汇聚可能对国家安全、社会公共利益、个人合法利益带来的风险;

（七）其他需要评估的重要事项。

第九条　出境数据存在以下情况之一的，网络运营者应报请行业主管或监管部门组织安全评估：

（一）含有或累计含有50万人以上的个人信息；

（二）数据量超过1000GB；

（三）包含核设施、化学生物、国防军工、人口健康等领域数据，大型工程活动、海洋环境以及敏感地理信息数据等；

（四）包含关键信息基础设施的系统漏洞、安全防护等网络安全信息；

（五）关键信息基础设施运营者向境外提供个人信息和重要数据；

（六）其他可能影响国家安全和社会公共利益，行业主管或监管部门认为应该评估。

行业主管或监管部门不明确的，由国家网信部门组织评估。

第十条　行业主管或监管部门组织的安全评估，应当于六十个工作日内完成，及时向网络运营者反馈安全评估情况，并报国家网信部门。

第十一条　存在以下情况之一的，数据不得出境：

（一）个人信息出境未经个人信息主体同意，或可能侵害个人利益；

（二）数据出境给国家政治、经济、科技、国防等安全带来风险，可能影响国家安全、损害社会公共利益；

（三）其他经国家网信部门、公安部门、安全部门等有关部门认定不能出境的。

第十二条　网络运营者应根据业务发展和网络运营情况，每年对数据出境至少进行一次安全评估，及时将评估情况报行业主管或监管部门。

当数据接收方出现变更，数据出境目的、范围、数量、类型等发生较大变化，数据接收方或出境数据发生重大安全事件时，应及时重新进行安全评估。

第十三条　对违反相关法律法规和本办法向境外提供数据的行为，任何个人和组织有权向国家网信部门、公安部门等有关部门举报。

第十四条　违反本办法规定的，依照有关法律法规进行处罚。

第十五条　我国政府与其他国家、地区签署的关于数据出境的协议，按照协议的规定执行。

涉及国家秘密信息的按照相关规定执行。

第十六条　其他个人和组织在中华人民共和国境内收集和产生的个人信息和重要数据出境的安全评估工作参照本办法执行。

第十七条 本办法下列用语的含义：

网络运营者，是指网络的所有者、管理者和网络服务提供者。

数据出境，是指网络运营者将在中华人民共和国境内运营中收集和产生的个人信息和重要数据，提供给位于境外的机构、组织、个人。

个人信息，是指以电子或者其他方式记录的能够单独或者与其他信息结合识别自然人个人身份的各种信息，包括但不限于自然人的姓名、出生日期、身份证件号码、个人生物识别信息、住址、电话号码等。

重要数据，是指与国家安全、经济发展，以及社会公共利益密切相关的数据，具体范围参照国家有关标准和重要数据识别指南。

第十八条 本办法自2017年 月 日起实施。

《中华人民共和国电信条例》

第一章　总　　则

第一条　为了规范电信市场秩序,维护电信用户和电信业务经营者的合法权益,保障电信网络和信息的安全,促进电信业的健康发展,制定本条例。

第二条　在中华人民共和国境内从事电信活动或者与电信有关的活动,必须遵守本条例。

本条例所称电信,是指利用有线、无线的电磁系统或者光电系统,传送、发射或者接收语音、文字、数据、图像以及其他任何形式信息的活动。

第三条　国务院信息产业主管部门依照本条例的规定对全国电信业实施监督管理。

省、自治区、直辖市电信管理机构在国务院信息产业主管部门的领导下,依照本条例的规定对本行政区域内的电信业实施监督管理。

第四条　电信监督管理遵循政企分开、破除垄断、鼓励竞争、促进发展和公开、公平、公正的原则。

电信业务经营者应当依法经营,遵守商业道德,接受依法实施的监督检查。

第五条　电信业务经营者应当为电信用户提供迅速、准确、安全、方便和价格合理的电信服务。

第六条　电信网络和信息的安全受法律保护。任何组织或者个人不得利用电信网络从事危害国家安全、社会公共利益或者他人合法权益的活动。

第二章　电信市场

第一节　电信业务许可

第七条　国家对电信业务经营按照电信业务分类,实行许可制度。

经营电信业务,必须依照本条例的规定取得国务院信息产业主管部门或者省、自治区、直辖市电信管理机构颁发的电信业务经营许可证。

未取得电信业务经营许可证,任何组织或者个人不得从事电信业务经营活动。

第八条　电信业务分为基础电信业务和增值电信业务。

基础电信业务,是指提供公共网络基础设施、公共数据传送和基本话音通信服务的业务。增值电信业务,是指利用公共网络基础设施提供的电信与信息服务的业务。

电信业务分类的具体划分在本条例所附的《电信业务分类目录》中列出。国务院信息产业主管部门根据实际情况,可以对目录所列电信业务分类项目作局部调整,重新公布。

第九条 经营基础电信业务,须经国务院信息产业主管部门审查批准,取得《基础电信业务经营许可证》。

经营增值电信业务,业务覆盖范围在两个以上省、自治区、直辖市的,须经国务院信息产业主管部门审查批准,取得《跨地区增值电信业务经营许可证》;业务覆盖范围在一个省、自治区、直辖市行政区域内的,须经省、自治区、直辖市电信管理机构审查批准,取得《增值电信业务经营许可证》。

运用新技术试办《电信业务分类目录》未列出的新型电信业务的,应当向省、自治区、直辖市电信管理机构备案。

第十条 经营基础电信业务,应当具备下列条件:

(一)经营者为依法设立的专门从事基础电信业务的公司,且公司中国有股权或者股份不少于51%;

(二)有可行性研究报告和组网技术方案;

(三)有与从事经营活动相适应的资金和专业人员;

(四)有从事经营活动的场地及相应的资源;

(五)有为用户提供长期服务的信誉或者能力;

(六)国家规定的其他条件。

第十一条 申请经营基础电信业务,应当向国务院信息产业主管部门提出申请,并提交本条例第十条规定的相关文件。国务院信息产业主管部门应当自受理申请之日起180日内审查完毕,作出批准或者不予批准的决定。予以批准的,颁发《基础电信业务经营许可证》;不予批准的,应当书面通知申请人并说明理由。

第十二条 国务院信息产业主管部门审查经营基础电信业务的申请时,应当考虑国家安全、电信网络安全、电信资源可持续利用、环境保护和电信市场的竞争状况等因素。

颁发《基础电信业务经营许可证》,应当按照国家有关规定采用招标方式。

第十三条　经营增值电信业务，应当具备下列条件：

（一）经营者为依法设立的公司；

（二）有与开展经营活动相适应的资金和专业人员；

（三）有为用户提供长期服务的信誉或者能力；

（四）国家规定的其他条件。

第十四条　申请经营增值电信业务，应当根据本条例第九条第二款的规定，向国务院信息产业主管部门或者省、自治区、直辖市电信管理机构提出申请，并提交本条例第十三条规定的相关文件。申请经营的增值电信业务，按照国家有关规定须经有关主管部门审批的，还应当提交有关主管部门审核同意的文件。国务院信息产业主管部门或者省、自治区、直辖市电信管理机构应当自收到申请之日起60日内审查完毕，作出批准或者不予批准的决定。予以批准的，颁发《跨地区增值电信业务经营许可证》或者《增值电信业务经营许可证》；不予批准的，应当书面通知申请人并说明理由。

第十五条　电信业务经营者在经营过程中，变更经营主体、业务范围或者停止经营的，应当提前90日向原颁发许可证的机关提出申请，并办理相应手续；停止经营的，还应当按照国家有关规定做好善后工作。

第十六条　经批准经营电信业务的，应当持依法取得的电信业务经营许可证，向企业登记机关办理登记手续。

专用电信网运营单位在所在地区经营电信业务的，应当依照本条例规定的条件和程序提出申请，经批准，取得电信业务经营许可证，并依照前款规定办理登记手续。

第二节　电信网间互联

第十七条　电信网之间应当按照技术可行、经济合理、公平公正、相互配合的原则，实现互联互通。

主导的电信业务经营者不得拒绝其他电信业务经营者和专用网运营单位提出的互联互通要求。

前款所称主导的电信业务经营者，是指控制必要的基础电信设施并且在电信业务市场中占有较大份额，能够对其他电信业务经营者进入电信业务市场构成实质性影响的经营者。

主导的电信业务经营者由国务院信息产业主管部门确定。

第十八条　主导的电信业务经营者应当按照非歧视和透明化的原则，制定包括网间互联的程序、时限、非捆绑网络元素目录等内容的互联规程。互联规程应当报国务院信息产业主管部门审查同意。该互联规程对主导的电信业务经营者的互联互通活动具有约束力。

第十九条 公用电信网之间、公用电信网与专用电信网之间的网间互联，由网间互联双方按照国务院信息产业主管部门的网间互联管理规定进行互联协商，并订立网间互联协议。

网间互联协议应当向国务院信息产业主管部门备案。

第二十条 网间互联双方经协商未能达成网间互联协议的，自一方提出互联要求之日起60日内，任何一方均可以按照网间互联覆盖范围向国务院信息产业主管部门或者省、自治区、直辖市电信管理机构申请协调；收到申请的机关应当依照本条例第十七条第一款规定的原则进行协调，促使网间互联双方达成协议；自网间互联一方或者双方申请协调之日起45日内经协调仍不能达成协议的，由协调机关随机邀请电信技术专家和其他有关方面专家进行公开论证并提出网间互联方案。协调机关应当根据专家论证结论和提出的网间互联方案作出决定，强制实现互联互通。

第二十一条 网间互联双方必须在协议约定或者决定规定的时限内实现互联互通。未经国务院信息产业主管部门批准，任何一方不得擅自中断互联互通。网间互联遇有通信技术障碍的，双方应当立即采取有效措施予以消除。网间互联双方在互联互通中发生争议的，依照本条例第二十条规定的程序和办法处理。

网间互联的通信质量应当符合国家有关标准。主导的电信业务经营者向其他电信业务经营者提供网间互联，服务质量不得低于本网内的同类业务及向其子公司或者分支机构提供的同类业务质量。

第二十二条 网间互联的费用结算与分摊应当执行国家有关规定，不得在规定标准之外加收费用。

网间互联的技术标准、费用结算办法和具体管理规定，由国务院信息产业主管部门制定。

第三节 电信资费

第二十三条 电信资费标准实行以成本为基础的定价原则，同时考虑国民经济与社会发展要求、电信业的发展和电信用户的承受能力等因素。

第二十四条 电信资费分为市场调节价、政府指导价和政府定价。

基础电信业务资费实行政府定价、政府指导价或者市场调节价；增值电信业务资费实行市场调节价或者政府指导价。

市场竞争充分的电信业务，电信资费实行市场调节价。

实行政府定价、政府指导价和市场调节价的电信资费分类管理目录，由国务院信息产业主管部门经征求国务院价格主管部门意见制定并公布施行。

第二十五条　政府定价的重要的电信业务资费标准，由国务院信息产业主管部门提出方案，经征求国务院价格主管部门意见，报国务院批准后公布施行。

政府指导价的电信业务资费标准幅度，由国务院信息产业主管部门经征求国务院价格主管部门意见，制定并公布施行。电信业务经营者在标准幅度内，自主确定资费标准，报省、自治区、直辖市电信管理机构备案。

第二十六条　制定政府定价和政府指导价的电信业务资费标准，应当采取举行听证会等形式，听取电信业务经营者、电信用户和其他有关方面的意见。

电信业务经营者应当根据国务院信息产业主管部门和省、自治区、直辖市电信管理机构的要求，提供准确、完备的业务成本数据及其他有关资料。

第四节　电信资源

第二十七条　国家对电信资源统一规划、集中管理、合理分配，实行有偿使用制度。

前款所称电信资源，是指无线电频率、卫星轨道位置、电信网码号等用于实现电信功能且有限的资源。

第二十八条　电信业务经营者占有、使用电信资源，应当缴纳电信资源费。具体收费办法由国务院信息产业主管部门会同国务院财政部门、价格主管部门制定，报国务院批准后公布施行。

第二十九条　电信资源的分配，应当考虑电信资源规划、用途和预期服务能力。

分配电信资源，可以采取指配的方式，也可以采用拍卖的方式。

取得电信资源使用权的，应当在规定的时限内启用所分配的资源，并达到规定的最低使用规模。未经国务院信息产业主管部门或者省、自治区、直辖市电信管理机构批准，不得擅自使用、转让、出租电信资源或者改变电信资源的用途。

第三十条 电信资源使用者依法取得电信网码号资源后，主导的电信业务经营者和其他有关单位有义务采取必要的技术措施，配合电信资源使用者实现其电信网码号资源的功能。

法律、行政法规对电信资源管理另有特别规定的，从其规定。

第三章 电信服务

第三十一条 电信业务经营者应当按照国家规定的电信服务标准向电信用户提供服务。电信业务经营者提供服务的种类、范围、资费标准和时限，应当向社会公布，并报省、自治区、直辖市电信管理机构备案。

电信用户有权自主选择使用依法开办的各类电信业务。

第三十二条 电信用户申请安装、移装电信终端设备的，电信业务经营者应当在其公布的时限内保证装机开通；由于电信业务经营者的原因逾期未能装机开通的，应当每日按照收取的安装费、移装费或者其他费用数额百分之一的比例，向电信用户支付违约金。

第三十三条 电信用户申告电信服务障碍的，电信业务经营者应当自接到申告之日起，城镇 48 小时、农村 72 小时内修复或者调通；不能按期修复或者调通的，应当及时通知电信用户，并免收障碍期间的月租费用。但是，属于电信终端设备的原因造成电信服务障碍的除外。

第三十四条 电信业务经营者应当为电信用户交费和查询提供方便。电信用户要求提供国内长途通信、国际通信、移动通信和信息服务等收费清单的，电信业务经营者应当免费提供。

电信用户出现异常的巨额电信费用时，电信业务经营者一经发现，应当尽可能迅速告知电信用户，并采取相应的措施。

前款所称巨额电信费用，是指突然出现超过电信用户此前三个月平均电信费用 5 倍以上的费用。

第三十五条 电信用户应当按照约定的时间和方式及时、足额地向电信业务经营者交纳电信费用；电信用户逾期不交纳电信费用的，电信业务经营者有权要求补交电信费用，并可以按照所欠费用每日加收 3‰的违约金。

对超过收费约定期限 30 日仍不交纳电信费用的电信用户，电信业务经营者可以暂停向其提供电信服务。电信用户在电信业务经营者暂停服务 60 日内仍未补交电信费用和违约金的，电信业务经营者可以终止提供服务，并可以依法追缴欠费和违约金。

经营移动电信业务的经营者可以与电信用户约定交纳电信费用的期限、方式，不受前款规定期限的限制。

电信业务经营者应当在迟延交纳电信费用的电信用户补足电信费用、违约金后的48小时内，恢复暂停的电信服务。

第三十六条　电信业务经营者因工程施工、网络建设等原因，影响或者可能影响正常电信服务的，必须按照规定的时限及时告知用户，并向省、自治区、直辖市电信管理机构报告。

因前款原因中断电信服务的，电信业务经营者应当相应减免用户在电信服务中断期间的相关费用。

出现本条第一款规定的情形，电信业务经营者未及时告知用户的，应当赔偿由此给用户造成的损失。

第三十七条　经营本地电话业务和移动电话业务的电信业务经营者，应当免费向用户提供火警、匪警、医疗急救、交通事故报警等公益性电信服务并保障通信线路畅通。

第三十八条　电信业务经营者应当及时为需要通过中继线接入其电信网的集团用户，提供平等、合理的接入服务。

未经批准，电信业务经营者不得擅自中断接入服务。

第三十九条　电信业务经营者应当建立健全内部服务质量管理制度，并可以制定并公布施行高于国家规定的电信服务标准的企业标准。

电信业务经营者应当采取各种形式广泛听取电信用户意见，接受社会监督，不断提高电信服务质量。

第四十条　电信业务经营者提供的电信服务达不到国家规定的电信服务标准或者其公布的企业标准的，或者电信用户对交纳电信费用持有异议的，电信用户有权要求电信业务经营者予以解决；电信业务经营者拒不解决或者电信用户对解决结果不满意的，电信用户有权向国务院信息产业主管部门或者省、自治区、直辖市电信管理机构或者其他有关部门申诉。收到申诉的机关必须对申诉及时处理，并自收到申诉之日起30日内向申诉者作出答复。

电信用户对交纳本地电话费用有异议的，电信业务经营者还应当应电信用户的要求免费提供本地电话收费依据，并有义务采取必要措施协助电信用户查找原因。

第四十一条　电信业务经营者在电信服务中，不得有下列行为：

（一）以任何方式限定电信用户使用其指定的业务；

(二)限定电信用户购买其指定的电信终端设备或者拒绝电信用户使用自备的已经取得入网许可的电信终端设备;

(三)违反国家规定,擅自改变或者变相改变资费标准,擅自增加或者变相增加收费项目;

(四)无正当理由拒绝、拖延或者中止对电信用户的电信服务;

(五)对电信用户不履行公开作出的承诺或者作容易引起误解的虚假宣传;

(六)以不正当手段刁难电信用户或者对投诉的电信用户打击报复。

第四十二条 电信业务经营者在电信业务经营活动中,不得有下列行为:

(一)以任何方式限制电信用户选择其他电信业务经营者依法开办的电信服务;

(二)对其经营的不同业务进行不合理的交叉补贴;

(三)以排挤竞争对手为目的,低于成本提供电信业务或者服务,进行不正当竞争。

第四十三条 国务院信息产业主管部门或者省、自治区、直辖市电信管理机构应当依据职权对电信业务经营者的电信服务质量和经营活动进行监督检查,并向社会公布监督抽查结果。

第四十四条 电信业务经营者必须按照国家有关规定履行相应的电信普遍服务义务。

国务院信息产业主管部门可以采取指定的或者招标的方式确定电信业务经营者具体承担电信普遍服务的义务。

电信普遍服务成本补偿管理办法,由国务院信息产业主管部门会同国务院财政部门、价格主管部门制定,报国务院批准后公布施行。

第四章 电信建设

第一节 电信设施建设

第四十五条 公用电信网、专用电信网、广播电视传输网的建设应当接受国务院信息产业主管部门的统筹规划和行业管理。

属于全国性信息网络工程或者国家规定限额以上建设项目的公用电信网、专用电信网、广播电视传输网建设,在按照国家基本建设项目审批程序报批前,应当征得国务院信息产业主管部门同意。

基础电信建设项目应当纳入地方各级人民政府城市建设总体规划和村镇、集镇建设总体规划。

第四十六条　城市建设和村镇、集镇建设应当配套设置电信设施。建筑物内的电信管线和配线设施以及建设项目用地范围内的电信管道，应当纳入建设项目的设计文件，并随建设项目同时施工与验收。所需经费应当纳入建设项目概算。

有关单位或者部门规划、建设道路、桥梁、隧道或者地下铁道等，应当事先通知省、自治区、直辖市电信管理机构和电信业务经营者，协商预留电信管线等事宜。

第四十七条　基础电信业务经营者可以在民用建筑物上附挂电信线路或者设置小型天线、移动通信基站等公用电信设施，但是应当事先通知建筑物产权人或者使用人，并按照省、自治区、直辖市人民政府规定的标准向该建筑物的产权人或者其他权利人支付使用费。

第四十八条　建设地下、水底等隐蔽电信设施和高空电信设施，应当按照国家有关规定设置标志。

基础电信业务经营者建设海底电信缆线，应当征得国务院信息产业主管部门同意，并征求有关部门意见后，依法办理有关手续。海底电信缆线由国务院有关部门在海图上标出。

第四十九条　任何单位或者个人不得擅自改动或者迁移他人的电信线路及其他电信设施；遇有特殊情况必须改动或者迁移的，应当征得该电信设施产权人同意，由提出改动或者迁移要求的单位或者个人承担改动或者迁移所需费用，并赔偿由此造成的经济损失。

第五十条　从事施工、生产、种植树木等活动，不得危及电信线路或者其他电信设施的安全或者妨碍线路畅通；可能危及电信安全时，应当事先通知有关电信业务经营者，并由从事该活动的单位或者个人负责采取必要的安全防护措施。

违反前款规定，损害电信线路或者其他电信设施或者妨碍线路畅通的，应当恢复原状或者予以修复，并赔偿由此造成的经济损失。

第五十一条　从事电信线路建设，应当与已建的电信线路保持必要的安全距离；难以避开或者必须穿越，或者需要使用已建电信管道的，应当与已建电信线路的产权人协商，并签订协议；经协商不能达成协议的，根据不同情况，由国务院信息产业主管部门或者省、自治区、直辖市电信管理机构协调解决。

第五十二条 任何组织或者个人不得阻止或者妨碍基础电信业务经营者依法从事电信设施建设和向电信用户提供公共电信服务;但是,国家规定禁止或者限制进入的区域除外。

第五十三条 执行特殊通信、应急通信和抢修、抢险任务的电信车辆,经公安交通管理机关批准,在保障交通安全畅通的前提下可以不受各种禁止机动车通行标志的限制。

第二节 电信设备进网

第五十四条 国家对电信终端设备、无线电通信设备和涉及网间互联的设备实行进网许可制度。

接入公用电信网的电信终端设备、无线电通信设备和涉及网间互联的设备,必须符合国家规定的标准并取得进网许可证。

实行进网许可制度的电信设备目录,由国务院信息产业主管部门会同国务院产品质量监督部门制定并公布施行。

第五十五条 办理电信设备进网许可证的,应当向国务院信息产业主管部门提出申请,并附送经国务院产品质量监督部门认可的电信设备检测机构出具的检测报告或者认证机构出具的产品质量认证证书。

国务院信息产业主管部门应当自收到电信设备进网许可申请之日起60日内,对申请及电信设备检测报告或者产品质量认证证书审查完毕。经审查合格的,颁发进网许可证;经审查不合格的,应当书面答复并说明理由。

第五十六条 电信设备生产企业必须保证获得进网许可的电信设备的质量稳定、可靠,不得降低产品质量和性能。

电信设备生产企业应当在其生产的获得进网许可的电信设备上粘贴进网许可标志。

国务院产品质量监督部门应当会同国务院信息产业主管部门对获得进网许可证的电信设备进行质量跟踪和监督抽查,公布抽查结果。

第五章 电信安全

第五十七条 任何组织或者个人不得利用电信网络制作、复制、发布、传播含有下列内容的信息:

(一)反对宪法所确定的基本原则的;

(二)危害国家安全,泄露国家秘密,颠覆国家政权,破坏国家统一的;

（三）损害国家荣誉和利益的；

（四）煽动民族仇恨、民族歧视，破坏民族团结的；

（五）破坏国家宗教政策，宣扬邪教和封建迷信的；

（六）散布谣言，扰乱社会秩序，破坏社会稳定的；

（七）散布淫秽、色情、赌博、暴力、凶杀、恐怖或者教唆犯罪的；

（八）侮辱或者诽谤他人，侵害他人合法权益的；

（九）含有法律、行政法规禁止的其他内容的。

第五十八条　任何组织或者个人不得有下列危害电信网络安全和信息安全的行为：

（一）对电信网的功能或者存储、处理、传输的数据和应用程序进行删除或者修改；

（二）利用电信网从事窃取或者破坏他人信息、损害他人合法权益的活动；

（三）故意制作、复制、传播计算机病毒或者以其他方式攻击他人电信网络等电信设施；

（四）危害电信网络安全和信息安全的其他行为。

第五十九条　任何组织或者个人不得有下列扰乱电信市场秩序的行为：

（一）采取租用电信国际专线、私设转接设备或者其他方法，擅自经营国际或者香港特别行政区、澳门特别行政区和台湾地区电信业务；

（二）盗接他人电信线路，复制他人电信码号，使用明知是盗接、复制的电信设施或者码号；

（三）伪造、变造电话卡及其他各种电信服务有价凭证；

（四）以虚假、冒用的身份证件办理入网手续并使用移动电话。

第六十条　电信业务经营者应当按照国家有关电信安全的规定，建立健全内部安全保障制度，实行安全保障责任制。

第六十一条　电信业务经营者在电信网络的设计、建设和运行中，应当做到与国家安全和电信网络安全的需求同步规划，同步建设，同步运行。

第六十二条　在公共信息服务中，电信业务经营者发现电信网络中传输的信息明显属于本条例第五十七条所列内容的，应当立即停止传输，保存有关记录，并向国家有关机关报告。

第六十三条　使用电信网络传输信息的内容及其后果由电信用户负责。

电信用户使用电信网络传输的信息属于国家秘密信息的，必须依照保守国家秘密法的规定采取保密措施。

第六十四条 在发生重大自然灾害等紧急情况下，经国务院批准，国务院信息产业主管部门可以调用各种电信设施，确保重要通信畅通。

第六十五条 在中华人民共和国境内从事国际通信业务，必须通过国务院信息产业主管部门批准设立的国际通信出入口局进行。

我国内地与香港特别行政区、澳门特别行政区和台湾地区之间的通信，参照前款规定办理。

第六十六条 电信用户依法使用电信的自由和通信秘密受法律保护。除因国家安全或者追查刑事犯罪的需要，由公安机关、国家安全机关或者人民检察院依照法律规定的程序对电信内容进行检查外，任何组织或者个人不得以任何理由对电信内容进行检查。

电信业务经营者及其工作人员不得擅自向他人提供电信用户使用电信网络所传输信息的内容。

第六章 罚 则

第六十七条 违反本条例第五十七条、第五十八条的规定，构成犯罪的，依法追究刑事责任；尚不构成犯罪的，由公安机关、国家安全机关依照有关法律、行政法规的规定予以处罚。

第六十八条 有本条例第五十九条第（二）、（三）、（四）项所列行为之一，扰乱电信市场秩序，构成犯罪的，依法追究刑事责任；尚不构成犯罪的，由国务院信息产业主管部门或者省、自治区、直辖市电信管理机构依据职权责令改正，没收违法所得，处违法所得 3 倍以上 5 倍以下罚款；没有违法所得或者违法所得不足 1 万元的，处 1 万元以上 10 万元以下罚款。

第六十九条 违反本条例的规定，伪造、冒用、转让电信业务经营许可证、电信设备进网许可证或者编造在电信设备上标注的进网许可证编号的，由国务院信息产业主管部门或者省、自治区、直辖市电信管理机构依据职权没收违法所得，处违法所得 3 倍以上 5 倍以下罚款；没有违法所得或者违法所得不足 1 万元的，处 1 万元以上 10 万元以下罚款。

第七十条 违反本条例规定，有下列行为之一的，由国务院信息产业主管部门或者省、自治区、直辖市电信管理机构依据职权责令改正，没收违法所得，处违法所得 3 倍以上 5 倍以下罚款；没有违法所得或者违法所得不足 5 万元的，处 10 万元以上 100 万元以下罚款；情节严重的，责令停业整顿：

（一）违反本条例第七条第三款的规定或者有本条例第五十九条第（一）项所列行为，擅自经营电信业务的，或者超范围经营电信业务的；

（二）未通过国务院信息产业主管部门批准，设立国际通信出入口进行国际通信的；

（三）擅自使用、转让、出租电信资源或者改变电信资源用途的；

（四）擅自中断网间互联互通或者接入服务的；

（五）拒不履行普遍服务义务的。

第七十一条　违反本条例的规定，有下列行为之一的，由国务院信息产业主管部门或者省、自治区、直辖市电信管理机构依据职权责令改正，没收违法所得，处违法所得1倍以上3倍以下罚款；没有违法所得或者违法所得不足1万元的，处1万元以上10万元以下罚款；情节严重的，责令停业整顿：

（一）在电信网间互联中违反规定加收费用的；

（二）遇有网间通信技术障碍，不采取有效措施予以消除的；

（三）擅自向他人提供电信用户使用电信网络所传输信息的内容的；

（四）拒不按照规定缴纳电信资源使用费的。

第七十二条　违反本条例第四十二条的规定，在电信业务经营活动中进行不正当竞争的，由国务院信息产业主管部门或者省、自治区、直辖市电信管理机构依据职权责令改正，处10万元以上100万元以下罚款；情节严重的，责令停业整顿。

第七十三条　违反本条例的规定，有下列行为之一的，由国务院信息产业主管部门或者省、自治区、直辖市电信管理机构依据职权责令改正，处5万元以上50万元以下罚款；情节严重的，责令停业整顿：

（一）拒绝其他电信业务经营者提出的互联互通要求的；

（二）拒不执行国务院信息产业主管部门或者省、自治区、直辖市电信管理机构依法作出的互联互通决定的；

（三）向其他电信业务经营者提供网间互联的服务质量低于本网及其子公司或者分支机构的。

第七十四条　违反本条例第三十四条第一款、第四十条第二款的规定，电信业务经营者拒绝免费为电信用户提供国内长途通信、国际通信、移动通信和信息服务等收费清单，或者电信用户对交纳本地电话费用有异议并提出要求时，拒绝为电信用户免费提供本地电话收费依据的，由省、自治区、直辖市电信管理机构责令改正，并向电信用户赔礼道歉；拒不改正并赔礼道歉的，处以警告，并处5000元以上5万元以下的罚款。

第七十五条 违反本条例第四十一条的规定，由省、自治区、直辖市电信管理机构责令改正，并向电信用户赔礼道歉，赔偿电信用户损失；拒不改正并赔礼道歉、赔偿损失的，处以警告，并处1万元以上10万元以下的罚款；情节严重的，责令停业整顿。

第七十六条 违反本条例的规定，有下列行为之一的，由省、自治区、直辖市电信管理机构责令改正，处1万元以上10万元以下的罚款：

（一）销售未取得进网许可的电信终端设备的；

（二）非法阻止或者妨碍电信业务经营者向电信用户提供公共电信服务的；

（三）擅自改动或者迁移他人的电信线路及其他电信设施的。

第七十七条 违反本条例的规定，获得电信设备进网许可证后降低产品质量和性能的，由产品质量监督部门依照有关法律、行政法规的规定予以处罚。

第七十八条 有本条例第五十七条、第五十八条和第五十九条所列禁止行为之一，情节严重的，由原发证机关吊销电信业务经营许可证。

国务院信息产业主管部门或者省、自治区、直辖市电信管理机构吊销电信业务经营许可证后，应当通知企业登记机关。

第七十九条 国务院信息产业主管部门或者省、自治区、直辖市电信管理机构工作人员玩忽职守、滥用职权、徇私舞弊，构成犯罪的，依法追究刑事责任；尚不构成犯罪的，依法给予行政处分。

第七章　附　　则

第八十条 外国的组织或者个人在中华人民共和国境内投资与经营电信业务和香港特别行政区、澳门特别行政区与台湾地区的组织或者个人在内地投资与经营电信业务的具体办法，由国务院另行制定。

第八十一条 本条例自公布之日起施行。

附：

电信业务分类目录

一、基础电信业务

（一）固定网络国内长途及本地电话业务；

（二）移动网络电话和数据业务；

（三）卫星通信及卫星移动通信业务；

（四）互联网及其他公共数据传送业务；

（五）带宽、波长、光纤、光缆、管道及其他网络元素出租、出售业务；

（六）网络承载、接入及网络外包等业务；

（七）国际通信基础设施、国际电信业务；

（八）无线寻呼业务；

（九）转售的基础电信业务。

第（八）、（九）项业务比照增值电信业务管理。

二、增值电信业务

（一）电子邮件；

（二）语音信箱；

（三）在线信息库存储和检索；

（四）电子数据交换；

（五）在线数据处理与交易处理；

（六）增值传真；

（七）互联网接入服务；

（八）互联网信息服务；

（九）可视电话会议服务。

《信息安全等级保护管理办法》

第一章 总 则

第一条 为规范信息安全等级保护管理，提高信息安全保障能力和水平，维护国家安全、社会稳定和公共利益，保障和促进信息化建设，根据《中华人民共和国计算机信息系统安全保护条例》等有关法律法规，制定本办法。

第二条 国家通过制定统一的信息安全等级保护管理规范和技术标准，组织公民、法人和其他组织对信息系统分等级实行安全保护，对等级保护工作的实施进行监督、管理。

第三条 公安机关负责信息安全等级保护工作的监督、检查、指导。国家保密工作部门负责等级保护工作中有关保密工作的监督、检查、指导。国家密码管理部门负责等级保护工作中有关密码工作的监督、检查、指导。涉及其他职能部门管辖范围的事项，由有关职能部门依照国家法律法规的规定进行管理。国务院信息化工作办公室及地方信息化领导小组办事机构负责等级保护工作的部门间协调。

第四条 信息系统主管部门应当依照本办法及相关标准规范，督促、检查、指导本行业、本部门或者本地区信息系统运营、使用单位的信息安全等级保护工作。

第五条 信息系统的运营、使用单位应当依照本办法及其相关标准规范，履行信息安全等级保护的义务和责任。

第二章 等级划分与保护

第六条 国家信息安全等级保护坚持自主定级、自主保护的原则。信息系统的安全保护等级应当根据信息系统在国家安全、经济建设、社会生活中的重要程度，信息系统遭到破坏后对国家安全、社会秩序、公共利益以及公民、法人和其他组织的合法权益的危害程度等因素确定。

第七条 信息系统的安全保护等级分为以下五级：

第一级，信息系统受到破坏后，会对公民、法人和其他组织的合法权益造成损害，但不损害国家安全、社会秩序和公共利益。

第二级，信息系统受到破坏后，会对公民、法人和其他组织的合法权益产生严重损害，或者对社会秩序和公共利益造成损害，但不损害国家安全。

第三级，信息系统受到破坏后，会对社会秩序和公共利益造成严重损害，或者对国家安全造成损害。

第四级，信息系统受到破坏后，会对社会秩序和公共利益造成特别严重损害，或者对国家安全造成严重损害。

第五级，信息系统受到破坏后，会对国家安全造成特别严重损害。

第八条　信息系统运营、使用单位依据本办法和相关技术标准对信息系统进行保护，国家有关信息安全监管部门对其信息安全等级保护工作进行监督管理。

第一级信息系统运营、使用单位应当依据国家有关管理规范和技术标准进行保护。

第二级信息系统运营、使用单位应当依据国家有关管理规范和技术标准进行保护。国家信息安全监管部门对该级信息系统信息安全等级保护工作进行指导。

第三级信息系统运营、使用单位应当依据国家有关管理规范和技术标准进行保护。国家信息安全监管部门对该级信息系统信息安全等级保护工作进行监督、检查。

第四级信息系统运营、使用单位应当依据国家有关管理规范、技术标准和业务专门需求进行保护。国家信息安全监管部门对该级信息系统信息安全等级保护工作进行强制监督、检查。

第五级信息系统运营、使用单位应当依据国家管理规范、技术标准和业务特殊安全需求进行保护。国家指定专门部门对该级信息系统信息安全等级保护工作进行专门监督、检查。

第三章　等级保护的实施与管理

第九条　信息系统运营、使用单位应当按照《信息系统安全等级保护实施指南》具体实施等级保护工作。

第十条　信息系统运营、使用单位应当依据本办法和《信息系统安全等级保护定级指南》确定信息系统的安全保护等级。有主管部门的，应当经主管部门审核批准。

跨省或者全国统一联网运行的信息系统可以由主管部门统一确定安全保护等级。

对拟确定为第四级以上信息系统的，运营、使用单位或者主管部门应当请国家信息安全保护等级专家评审委员会评审。

第十一条 信息系统的安全保护等级确定后，运营、使用单位应当按照国家信息安全等级保护管理规范和技术标准，使用符合国家有关规定，满足信息系统安全保护等级需求的信息技术产品，开展信息系统安全建设或者改建工作。

第十二条 在信息系统建设过程中，运营、使用单位应当按照《计算机信息系统安全保护等级划分准则》（GB17859—1999）、《信息系统安全等级保护基本要求》等技术标准，参照《信息安全技术 信息系统通用安全技术要求》（GB/T20271—2006）、《信息安全技术 网络基础安全技术要求》（GB/T20270—2006）、《信息安全技术 操作系统安全技术要求》（GB/T20272—2006）、《信息安全技术 数据库管理系统安全技术要求》（GB/T20273—2006）、《信息安全技术 服务器技术要求》《信息安全技术 终端计算机系统安全等级技术要求》（GA/T671—2006）等技术标准同步建设符合该等级要求的信息安全设施。

第十三条 运营、使用单位应当参照《信息安全技术 信息系统安全管理要求》（GB/T20269—2006）、《信息安全技术 信息系统安全工程管理要求》（GB/T20282—2006）、《信息系统安全等级保护基本要求》等管理规范，制定并落实符合本系统安全保护等级要求的安全管理制度。

第十四条 信息系统建设完成后，运营、使用单位或者其主管部门应当选择符合本办法规定条件的测评机构，依据《信息系统安全等级保护测评要求》等技术标准，定期对信息系统安全等级状况开展等级测评。第三级信息系统应当每年至少进行一次等级测评，第四级信息系统应当每半年至少进行一次等级测评，第五级信息系统应当依据特殊安全需求进行等级测评。

信息系统运营、使用单位及其主管部门应当定期对信息系统安全状况、安全保护制度及措施的落实情况进行自查。第三级信息系统应当每年至少进行一次自查，第四级信息系统应当每半年至少进行一次自查，第五级信息系统应当依据特殊安全需求进行自查。

经测评或者自查，信息系统安全状况未达到安全保护等级要求的，运营、使用单位应当制定方案进行整改。

第十五条 已运营（运行）的第二级以上信息系统，应当在安全保护等级确定后30日内，由其运营、使用单位到所在地设区的市级以上公安机关办理备案手续。

新建第二级以上信息系统，应当在投入运行后30日内，由其运营、使用单位到所在地设区的市级以上公安机关办理备案手续。

隶属于中央的在京单位，其跨省或者全国统一联网运行并由主管部门统一定级的信息系统，由主管部门向公安部办理备案手续。跨省或者全国统一联网运行的信息系统在各地运行、应用的分支系统，应当向当地设区的市级以上公安机关备案。

第十六条　办理信息系统安全保护等级备案手续时，应当填写《信息系统安全等级保护备案表》，第三级以上信息系统应当同时提供以下材料：

（一）系统拓扑结构及说明；

（二）系统安全组织机构和管理制度；

（三）系统安全保护设施设计实施方案或者改建实施方案；

（四）系统使用的信息安全产品清单及其认证、销售许可证明；

（五）测评后符合系统安全保护等级的技术检测评估报告；

（六）信息系统安全保护等级专家评审意见；

（七）主管部门审核批准信息系统安全保护等级的意见。

第十七条　信息系统备案后，公安机关应当对信息系统的备案情况进行审核，对符合等级保护要求的，应当在收到备案材料之日起的10个工作日内颁发信息系统安全等级保护备案证明；发现不符合本办法及有关标准的，应当在收到备案材料之日起的10个工作日内通知备案单位予以纠正；发现定级不准的，应当在收到备案材料之日起的10个工作日内通知备案单位重新审核确定。

运营、使用单位或者主管部门重新确定信息系统等级后，应当按照本办法向公安机关重新备案。

第十八条　受理备案的公安机关应当对第三级、第四级信息系统的运营、使用单位的信息安全等级保护工作情况进行检查。对第三级信息系统每年至少检查一次，对第四级信息系统每半年至少检查一次。对跨省或者全国统一联网运行的信息系统的检查，应当会同其主管部门进行。

对第五级信息系统，应当由国家指定的专门部门进行检查。

公安机关、国家指定的专门部门应当对下列事项进行检查：

（一）信息系统安全需求是否发生变化，原定保护等级是否准确；

（二）运营、使用单位安全管理制度、措施的落实情况；

（三）运营、使用单位及其主管部门对信息系统安全状况的检查情况；

（四）系统安全等级测评是否符合要求；

（五）信息安全产品使用是否符合要求；

（六）信息系统安全整改情况；

（七）备案材料与运营、使用单位、信息系统的符合情况；

（八）其他应当进行监督检查的事项。

第十九条 信息系统运营、使用单位应当接受公安机关、国家指定的专门部门的安全监督、检查、指导，如实向公安机关、国家指定的专门部门提供下列有关信息安全保护的信息资料及数据文件：

（一）信息系统备案事项变更情况；

（二）安全组织、人员的变动情况；

（三）信息安全管理制度、措施变更情况；

（四）信息系统运行状况记录；

（五）运营、使用单位及主管部门定期对信息系统安全状况的检查记录；

（六）对信息系统开展等级测评的技术测评报告；

（七）信息安全产品使用的变更情况；

（八）信息安全事件应急预案，信息安全事件应急处置结果报告；

（九）信息系统安全建设、整改结果报告。

第二十条 公安机关检查发现信息系统安全保护状况不符合信息安全等级保护有关管理规范和技术标准的，应当向运营、使用单位发出整改通知。运营、使用单位应当根据整改通知要求，按照管理规范和技术标准进行整改。整改完成后，应当将整改报告向公安机关备案。必要时，公安机关可以对整改情况组织检查。

第二十一条 第三级以上信息系统应当选择使用符合以下条件的信息安全产品：

（一）产品研制、生产单位是由中国公民、法人投资或者国家投资或者控股的，在中华人民共和国境内具有独立的法人资格；

（二）产品的核心技术、关键部件具有我国自主知识产权；

（三）产品研制、生产单位及其主要业务、技术人员无犯罪记录；

（四）产品研制、生产单位声明没有故意留有或者设置漏洞、后门、木马等程序和功能；

（五）对国家安全、社会秩序、公共利益不构成危害；

（六）对已列入信息安全产品认证目录的，应当取得国家信息安全产品认证机构颁发的认证证书。

第二十二条 第三级以上信息系统应当选择符合下列条件的等级保护测评机构进行测评：

（一）在中华人民共和国境内注册成立（港澳台地区除外）；

（二）由中国公民投资、中国法人投资或者国家投资的企事业单位（港澳台地区除外）；

（三）从事相关检测评估工作两年以上，无违法记录；

（四）工作人员仅限于中国公民；

（五）法人及主要业务、技术人员无犯罪记录；

（六）使用的技术装备、设施应当符合本办法对信息安全产品的要求；

（七）具有完备的保密管理、项目管理、质量管理、人员管理和培训教育等安全管理制度；

（八）对国家安全、社会秩序、公共利益不构成威胁。

第二十三条 从事信息系统安全等级测评的机构，应当履行下列义务：

（一）遵守国家有关法律法规和技术标准，提供安全、客观、公正的检测评估服务，保证测评的质量和效果；

（二）保守在测评活动中知悉的国家秘密、商业秘密和个人隐私，防范测评风险；

（三）对测评人员进行安全保密教育，与其签订安全保密责任书，规定应当履行的安全保密义务和承担的法律责任，并负责检查落实。

第四章 涉及国家秘密信息系统的分级保护管理

第二十四条 涉密信息系统应当依据国家信息安全等级保护的基本要求，按照国家保密工作部门有关涉密信息系统分级保护的管理规定和技术标准，结合系统实际情况进行保护。非涉密信息系统不得处理国家秘密信息。

第二十五条 涉密信息系统按照所处理信息的最高密级，由低到高分为秘密、机密、绝密三个等级。

涉密信息系统建设使用单位应当在信息规范定密的基础上，依据涉密信息系统分级保护管理办法和国家保密标准BMB17—2006《涉及国家秘密的计算机信息系统分级保护技术要求》确定系统等级。对于包含多个安全域的涉密信息系统，各安全域可以分别确定保护等级。

保密工作部门和机构应当监督指导涉密信息系统建设使用单位准确、合理地进行系统定级。

第二十六条 涉密信息系统建设使用单位应当将涉密信息系统定级和建设使用情况，及时上报业务主管部门的保密工作机构和负责系统审批的保密工作部门备案，并接受保密部门的监督、检查、指导。

第二十七条 涉密信息系统建设使用单位应当选择具有涉密集成资质的单位承担或者参与涉密信息系统的设计与实施。

涉密信息系统建设使用单位应当依据涉密信息系统分级保护管理规范和技术标准，按照秘密、机密、绝密三级的不同要求，结合系统实际进行方案设计，实施分级保护，其保护水平总体上不低于国家信息安全等级保护第三级、第四级、第五级的水平。

第二十八条 涉密信息系统使用的信息安全保密产品原则上应当选用国产品，并应当通过国家保密局授权的检测机构依据有关国家保密标准进行的检测，通过检测的产品由国家保密局审核发布目录。

第二十九条 涉密信息系统建设使用单位在系统工程实施结束后，应当向保密工作部门提出申请，由国家保密局授权的系统测评机构依据国家保密标准BMB22—2007《涉及国家秘密的计算机信息系统分级保护测评指南》，对涉密信息系统进行安全保密测评。

涉密信息系统建设使用单位在系统投入使用前，应当按照《涉及国家秘密的信息系统审批管理规定》，向设区的市级以上保密工作部门申请进行系统审批，涉密信息系统通过审批后方可投入使用。已投入使用的涉密信息系统，其建设使用单位在按照分级保护要求完成系统整改后，应当向保密工作部门备案。

第三十条 涉密信息系统建设使用单位在申请系统审批或者备案时，应当提交以下材料：

（一）系统设计、实施方案及审查论证意见；

（二）系统承建单位资质证明材料；

（三）系统建设和工程监理情况报告；

（四）系统安全保密检测评估报告；

（五）系统安全保密组织机构和管理制度情况；

（六）其他有关材料。

第三十一条 涉密信息系统发生涉密等级、连接范围、环境设施、主要应用、安全保密管理责任单位变更时,其建设使用单位应当及时向负责审批的保密工作部门报告。保密工作部门应当根据实际情况,决定是否对其重新进行测评和审批。

第三十二条　涉密信息系统建设使用单位应当依据国家保密标准 BMB20－2007《涉及国家秘密的信息系统分级保护管理规范》,加强涉密信息系统运行中的保密管理,定期进行风险评估,消除泄密隐患和漏洞。

第三十三条　国家和地方各级保密工作部门依法对各地区、各部门涉密信息系统分级保护工作实施监督管理,并做好以下工作:(一)指导、监督和检查分级保护工作的开展;(二)指导涉密信息系统建设使用单位规范信息定密,合理确定系统保护等级;(三)参与涉密信息系统分级保护方案论证,指导建设使用单位做好保密设施的同步规划设计;(四)依法对涉密信息系统集成资质单位进行监督管理;(五)严格进行系统测评和审批工作,监督检查涉密信息系统建设使用单位分级保护管理制度和技术措施的落实情况;(六)加强涉密信息系统运行中的保密监督检查。对秘密级、机密级信息系统每两年至少进行一次保密检查或者系统测评,对绝密级信息系统每年至少进行一次保密检查或者系统测评;(七)了解掌握各级各类涉密信息系统的管理使用情况,及时发现和查处各种违规违法行为和泄密事件。

第五章　信息安全等级保护的密码管理

第三十四条　国家密码管理部门对信息安全等级保护的密码实行分类分级管理。根据被保护对象在国家安全、社会稳定、经济建设中的作用和重要程度,被保护对象的安全防护要求和涉密程度,被保护对象被破坏后的危害程度以及密码使用部门的性质等,确定密码的等级保护准则。

信息系统运营、使用单位采用密码进行等级保护的,应当遵照《信息安全等级保护密码管理办法》《信息安全等级保护商用密码技术要求》等密码管理规定和相关标准。

第三十五条　信息系统安全等级保护中密码的配备、使用和管理等,应当严格执行国家密码管理的有关规定。

第三十六条　信息系统运营、使用单位应当充分运用密码技术对信息系统进行保护。采用密码对涉及国家秘密的信息和信息系统进行保护的,应报经国家密码管理局审批,密码的设计、实施、使用、运行维护和日常管理等,应当按照国家密码管理有关规定和相关标准执行;采用密码对不涉及国家秘密的信息和信息系统进行保护的,须遵守《商用密码管理条例》和密码分类分级保护有关规定与相关标准,其密码的配备使用情况应当向国家密码管理机构备案。

第三十七条 运用密码技术对信息系统进行系统等级保护建设和整改的,必须采用经国家密码管理部门批准使用或者准于销售的密码产品进行安全保护,不得采用国外引进或者擅自研制的密码产品;未经批准不得采用含有加密功能的进口信息技术产品。

第三十八条 信息系统中的密码及密码设备的测评工作由国家密码管理局认可的测评机构承担,其他任何部门、单位和个人不得对密码进行评测和监控。

第三十九条 各级密码管理部门可以定期或者不定期对信息系统等级保护工作中密码配备、使用和管理的情况进行检查和测评,对重要涉密信息系统的密码配备、使用和管理情况每两年至少进行一次检查和测评。在监督检查过程中,发现存在安全隐患或者违反密码管理相关规定或者未达到密码相关标准要求的,应当按照国家密码管理的相关规定进行处置。

第六章 法律责任

第四十条 第三级以上信息系统运营、使用单位违反本办法规定,有下列行为之一的,由公安机关、国家保密工作部门和国家密码工作管理部门按照职责分工责令其限期改正;逾期不改正的,给予警告,并向其上级主管部门通报情况,建议对其直接负责的主管人员和其他直接责任人员予以处理,并及时反馈处理结果:

(一)未按本办法规定备案、审批的;

(二)未按本办法规定落实安全管理制度、措施的;

(三)未按本办法规定开展系统安全状况检查的;

(四)未按本办法规定开展系统安全技术测评的;

(五)接到整改通知后,拒不整改的;

(六)未按本办法规定选择使用信息安全产品和测评机构的;

(七)未按本办法规定如实提供有关文件和证明材料的;

(八)违反保密管理规定的;

(九)违反密码管理规定的;

(十)违反本办法其他规定的。

违反前款规定,造成严重损害的,由相关部门依照有关法律、法规予以处理。

第四十一条　信息安全监管部门及其工作人员在履行监督管理职责中,玩忽职守、滥用职权、徇私舞弊的,依法给予行政处分;构成犯罪的,依法追究刑事责任。

第七章　附　　则

第四十二条　已运行信息系统的运营、使用单位自本办法施行之日起180日内确定信息系统的安全保护等级;新建信息系统在设计、规划阶段确定安全保护等级。

第四十三条　本办法所称“以上”包含本数(级)。

第四十四条　本办法自发布之日起施行,《信息安全等级保护管理办法(试行)》(公通字〔2006〕7号)同时废止。

《金融机构计算机信息系统安全保护工作暂行规定》

第一章　总　　则

第一条　为加强金融机构计算机信息系统安全保护工作,保障国家财产的安全,保证金融事业的顺利发展,根据《中华人民共和国中国人民银行法》、《中华人民共和国计算机信息系统安全保护条例》等有关法律、法规制定本暂行规定。

第二条　金融机构计算机信息系统安全保护工作实行谁主管、谁负责、预防为主、综合治理、人员防范与技术防范相结合的原则,逐级建立安全保护责任制,加强制度建设,逐步实现科学化、规范化管理。

第三条　金融机构计算机信息系统安全保护工作的基本任务是:预防、打击利用或者针对金融机构计算机信息系统进行的违法犯罪活动,预防、处理各种安全事故,提高金融机构计算机信息系统的整体安全水平,保障国家、集体和个人财产的安全。

第四条　金融机构的主要负责人为本单位计算机信息系统安全保护工作的第一责任人。金融机构的计算机信息系统安全保护领导小组、专职部门和专(兼)职安全管理人员以及其他有关人员应当协助第一责任人组织落实有关规定。

第五条　金融机构应当建立同公安机关计算机管理监察部门的通报联系制度,及时通报有关计算机信息系统案件和事故情况,协助公安机关查处与本单位有关的案件和事故。

第六条　公安机关计算机管理监察部门应当加强对金融机构计算机信息系统安全保护工作实施的指导和监督,及时查处金融机构计算机信息系统发生的案件和事故。

第二章　安全防范设施

第七条　本暂行规定所称金融机构计算机信息系统安全防范设施包括计算机主机房的构筑防护设施和计算机信息系统及其相关的配套设备的技术防护设施。

第八条　金融机构的数据处理中心计算机主机房应当符合下列基本要求:

（一）主机房在建筑内应为独立区域。

（二）主机房周围100米内不得有危险建筑，如：加油站、煤气站等。

（三）主机房必须按照有关标准配置防火、防水、防盗设施并和当地公安机关110联网，以便报警。

（四）对不能停机的主机房必须采用双回路供电，或者配置发电机、持续工作八小时以上的UPS等设施。

第九条 计算机设备必须有可靠接地，接地电阻不大于相应设备的技术要求，并装置必要的防雷电设施。

第十条 金融机构应当在主机房、柜面等要害部位安装监控设备，落实值班监视制度。

第十一条 对不能停机的计算机信息系统，金融机构应当配置必要的备份机，以便故障时切换使用。

第十二条 重要的通讯控制装置及通讯线必须要有备份。

第十三条 网络通讯设施要有安全技术措施。

第三章 安全防范管理

第十四条 中国人民银行和各政策性银行、商业银行应当加强信息科技管理部门，并设立专职的计算机信息系统安全管理人员。

第十五条 县级以上金融机构必须成立计算机信息系统安全保护领导小组，由分管领导任组长，并确定专职部门负责日常的计算机信息安全保护工作。领导小组名单应当报同级人民银行计算机信息系统安全保护领导小组和公安机关计算机管理监察部门备案。其专职部门应当接受公安机关计算机管理监察部门的工作指导和监督。

第十六条 金融基层单位应当设立专职或者兼职计算机信息系统安全管理人员。

第十七条 各级金融机构应当将计算机信息系统安全防范工作纳入职工的岗位责任制，并与其他工作同时进行检查考核。定期对职工进行法制教育、安全意识教育和防范技能训练。

第十八条 计算机信息系统安全保护领导小组负责本单位内各部门计算机信息系统安全管理和检查，并积极配合和支持公安机关计算机管理监察部门开展安全监察和查处案件。

第十九条 计算机信息系统安全保护专职部门或者安全管理人员应当对

本单位的主要计算机信息系统资源配置、技术人员构成进行登记,报同级公安机关计算机管理监察部门备案。

第二十条 金融机构应当加强主要岗位工作人员的录用、考核制度,不适宜的人员必须及时调离。对重要岗位计算机信息系统的安全情况经常进行检查,及时整改不安全隐患。

第二十一条 计算机工作人员调离时,必须移交全部技术手册及有关资料,并更换计算机的有关口令和密钥。涉及银行业务核心部分开发的技术人员调离本系统时,应当确认对本系统安全不会造成危害后方可调离。

第二十二条 金融机构应当对与计算机有关的卫星天线、电源接口、通信接口等设备进行定期检查维护。

第二十三条 金融机构应当建立计算机主机房的值班及人员出入管理登记等制度。

第二十四条 金融机构应当建立操作人员密码制度,分清各自责任。密码修改要有记录。

第二十五条 金融机构应当实行权限分散原则。明确系统管理员、系统操作员、终端操作员、程序员的权限和操作范围。建立系统运行日志,每天打印重要的操作清单。日志信息长期保存,以备稽查。

第二十六条 金融机构应当对易受病毒攻击的计算机信息系统,定期进行病毒检查,用介质交换信息要按规定手续管理,并进行病毒预检,防止病毒对系统和数据的破坏。

第二十七条 金融机构对证券交易、储蓄、会计等业务的计算机数据处理,应当建立严格的管理措施,以防止各类事故的发生。

第二十八条 金融机构应当用软、硬件技术严格控制各级用户对数据信息的访问权限,包括访问的方式和内容。

第二十九条 金融机构应当对重要的数据建立数据备份制度;并做到异地保存。

第三十条 金融机构应当对贮有重要数据的故障设备,交外单位人员修理时,本单位必须派专人在场监督。

第三十一条 金融机构应当建立废弃数据、介质的处理制度。

第三十二条 金融机构修改金融业务程序和系统参数,必须履行一定的审批手续,并做好文档资料的相应修改。

第三十三条 金融机构的开发系统应当和业务系统分离,程序员只能在开发系统上工作。业务用机不得用于项目开发,不得含有源程序、编译工具、连接工具等工具软件,不使用与业务无关的任何存贮介质。

第三十四条　系统管理员不能兼任柜面及事后稽核等工作,不得参与相关软件开发。参加过应用系统开发的人员,不得担任相应系统的管理员。

第三十五条　金融机构启用新的应用软件,应当按规定手续交系统维护人员安装到业务系统,并做好日志记录。

第三十六条　重要系统应用软件运行过程中出现异常现象,金融机构应当立即报告本级银行安全管理职能部门,做好详细记录,经领导同意后,由系统管理人员进行检查、修改、维护。

第三十七条　金融机构应当建立定期的系统和程序备份制度,异地保存两个以上最新的版本及其目录打印清单,以备系统和程序的恢复。

第三十八条　金融机构对重要的业务系统及设备,必须制定应急情况处理方案。

第三十九条　金融机构对联网的计算机及其网络设备和通讯设备的安装、使用,应当建立严格的管理措施,以防"黑客"的侵袭。

第四十条　金融机构对重要通信应当采用加密措施,并定期更换通讯密钥。重要线路应当采用专线联接方式或者虚拟专线联接方式。

第四十一条　金融机构应当建立严格的密钥管理制度和在紧急情况下销毁密钥的手段和措施,以防止密钥的失密。

第四十二条　金融机构对与国际联网的计算机信息系统,要按有关规定向公安机关登记备案。对生产机以及存放重要数据的计算机不得以任何方式与国际互联网联网。

第四十三条　公安机关应当定期对金融机构的计算机信息系统进行检查,发现有影响计算机信息系统安全的隐患时,应当及时通知该金融机构。

第四十四条　公安机关应当对金融机构的计算机信息系统安全管理人员进行安全知识培训,并颁发《计算机安全员上岗证》,并协助金融机构建立、完善计算机信息系统安全保护制度。

第四章　事故与案件的处理

第四十五条　金融机构计算机信息系统发生重大事故,应当立即报告本单位计算机信息系统安全保护领导小组和专职部门,并填写《计算机事故申报表》,报同级公安机关计算机管理监察部门和人民银行计算机信息系统安全保护领导小组。

第四十六条 金融机构发现计算机犯罪案件,应当立即向当地公安机关报案,并保护好发案现场。发现其他不属公安机关管辖的案件,要将主要案情通报当地公安机关。

第四十七条 公安机关接到金融单位报案后,应当立即派人赶赴现场,查处案件。

第五章 奖励与处罚

第四十八条 执行本暂行规定,在金融机构计算机信息系统安全保护工作中成绩显著的单位和个人,由上级金融主管部门、本单位或者公安机关给予表彰、奖励。

第四十九条 违反本暂行规定,存在计算机信息系统安全隐患的金融机构,由公安机关发出整改通知,限期整改。因不及时整改而发生重大案件和事故的,由上级金融主管部门对该单位的主管负责人和直接责任人予以行政处分;构成违反治安管理或者计算机管理监察行为的,由公安机关依法予以处罚;构成犯罪的,由司法机关依法追究刑事责任。

第六章 附 则

第五十条 本暂行规定由公安部和中国人民银行负责解释。

第五十一条 本暂行规定自发布之日起施行。

附二　境外数据与信息保护规则

（一）德国《联邦数据保护法》（Federal Data Protection Act）

本法包括三部分，其中，第一部分 1 章，第二部分 3 章，第三部分 6 章，共 48 条（另有 1 个附录）。该法旨在执行欧洲议会和理事会于 1995 年 10 月 24 日通过，《有关个人资料处理以及数据自由流动的联邦数据保护法第 95/46/EC 号指令》（OJEC 第 L281 号）。该法界定了"公共机构""私人机构""个人数据""自动处理""修改""匿名"等关键词的含义，扩大了个人数据保护范围，赋予了数据官更多权能以更好地实现个人权利保护。

（二）韩国《个人信息保护法》（Personal Information Protection Act）

本法于2011 年3 月29 日公布，2011 年9 月30 日生效，共分为9 章、75 条（另有附录7 条）。由总则、个人信息保护政策的树立、个人信息的处理、个人信息的安全管理、信息主体的权利保障、个人信息纷争调停委员会、个人信息团体诉讼、附则、罚则等章节组成，对个人信息保护的基本原则、个人信息保护的基准、信息主体的权利保障、个人信息自决权的救济等问题作出了全面规定。

（三）新加坡《个人数据保护法》（Republic of Singapore Government Gazette Supplement）

本法于2012年通过，共10章、68条（另有9个附件）。本法列出了一些企业在数据收集、使用、披露等方面的重要义务，授予了委员会各种权力以执行法令和调查违反法令的职权，承认了个人保护其个人资料的各项权利（包括获得权和修改权），通过设立个人数据保护委员会以及特殊的登记方式，对个人数据的处理活动进行管理，以巩固新加坡作为可信的、世界级商业中心的地位。

（四）加拿大《个人信息保护法案》（Personal Information Protection Act）

本法案于2003年10月23日通过，自2004年1月1日实施，共12个部分、60条。本法案规范的对象是从事个人信息商业运作的机构，包括与信息采集、使用和披露相关的作业。法律定义个人信息为"个人识别信息"，但不包括姓名、职务、办公地址、办公电话。法律描写的"商业活动"是指任何交易，即具有商业特征的常规活动，包括销售、换货、出租。该法案对个人隐私权的保护，主要体现在个人信息保护条款之中。

（五）法国《数字共和国法案》（Digital Republic Law）

本法案于2016年10月9日生效，共4编、113条。该法引入了许多新的规定，旨在对数字经济进行一体化的管理，管理内容包括数据开放、在线合作经济、打击色情行业、访问互联网等。本法对与隐私相关的行业来说十分重要，在欧盟《一般数据保护条例》生效之前，本法率先对法国《1978年数据保护法》和其他法律作出了一系列重要修订。

（六）英国《2017年数据保护法案（草案）》（Data Protection Bill [HL]）

本法案由英国数字、文化媒体和体育部于2017年8月7日发布，共7个部分、194条。该法案进一步强化了对个人信息的保护，给予了公民更多的个人信息控制权，完善了对企业利益的保护，也为刑事司法机构设定了专门的数据保护框架，旨在营造一个最好的、最安全的在线生活和商业环境，并致力于实现维持可信、推动未来贸易发展和确保安全三大目标。

(七)欧盟《一般数据保护条例》(General Data Protection Regulation)

为了应对数字时代个人数据的新挑战,并确保欧盟规则的前瞻性,欧盟委员会重新审视现有的个人数据保护法律框架,于2012年11月制定了具有更强包容性和合作性的《一般数据保护条例》。本条例于2016年5月25日公布,2018年5月25日生效,正文部分共6章、99条。本条例目的在于在当今快速的技术变化中,加强对欧盟所有人的隐私权保护、物联网的隐私权保护,并简化数据保护的管理。新的数据监管方案将取代1995年欧盟《数据保护指令》,着重强调个人隐私权利以及欧盟内部的隐私和安全法律。

(中国政法大学互联网金融法律研究院已对以上7部规则进行了翻译整理,形成《国际数据保护规则要览》,该书将由法律出版社于2018年3月正式出版。)

图书在版编目(CIP)数据

中国大数据法治发展报告 / 李爱君主编. -- 北京 : 法律出版社, 2018

(中国政法大学互联网金融法律研究院文库 / 李爱君主编)

ISBN 978-7-5197-2135-0

Ⅰ. ①中… Ⅱ. ①李… Ⅲ. ①社会主义法制－研究报告－中国 Ⅳ. ①D920.0

中国版本图书馆 CIP 数据核字(2018)第061711号

中国大数据法治发展报告
ZHONGGUO DASHUJU FAZHI FAZHAN BAOGAO

李爱君 主编

策划编辑 刘晓萌
责任编辑 刘晓萌
装帧设计 马 帅

出版 法律出版社
总发行 中国法律图书有限公司
经销 新华书店
印刷 固安华明印业有限公司
责任校对 马 丽
责任印制 吕亚莉

编辑统筹 财经法治出版分社
开本 720毫米×960毫米 1/16
印张 21.25
字数 397千
版本 2018年4月第1版
印次 2018年4月第1次印刷

法律出版社/北京市丰台区莲花池西里7号(100073)
网址/www.lawpress.com.cn
投稿邮箱/info@lawpress.com.cn
举报维权邮箱/jbwq@lawpress.com.cn
销售热线/010-63939792
咨询电话/010-63939796

中国法律图书有限公司/北京市丰台区莲花池西里7号(100073)
全国各地中法图分、子公司销售电话:
统一销售客服/400-660-6393
第一法律书店/010-63939781/9782　西安分公司/029-85330678　重庆分公司/023-67453036
上海分公司/021-62071639/1636　深圳分公司/0755-83072995

书号:ISBN 978-7-5197-2135-0　**定价**:86.00元
(如有缺页或倒装,中国法律图书有限公司负责退换)